KB196622

이 문장은 누구의 것인가

이 문장은 누구의 것인가
현대 사회를 움직이는 저작권의 역사

초판 1쇄 발행 2024년 11월 15일

지은이 | 데이비드 벨로스, 알렉상드르 몬터규
옮긴이 | 이영아

펴낸이 | 조미현
책임편집 | 김솔지
교정교열 | 정차임
디자인 | 이경란

펴낸곳 | (주)현암사
등록 | 1951년 12월 24일 · 제10-126호
주소 | 04029 서울시 마포구 동교로12안길 35
전화 | 02-365-5051
팩스 | 02-313-2729
전자우편 | editor@hyeonamsa.com
홈페이지 | www.hyeonamsa.com
ISBN 978-89-323-2391-6 (03360)
책값은 뒤표지에 있습니다. 잘못된 책은 바꾸어 드립니다.

WHO OWNS THIS SENTENCE?

이 문장은
누구의 것인가

현대 사회를 움직이는 저작권의 역사

초판 1쇄 발행 2024년 11월 15일

지은이 | **데이비드 벨로스·알렉상드르 몬터규**
옮긴이 | **이영아**

펴낸이 | 조미현
책임편집 | 김솔지
디자인 | 이경란

펴낸곳 | (주)현암사
전자우편 | editor@hyeonamsa.com
홈페이지 | www.hyeonamsa.com
ISBN 978-89-323-2391-6 (03360)

책값은 뒤표지에 있습니다. 잘못된 책은 바꾸어 드립니다.

이 책에 관하여

한 저자는 비교문학 학사학위를 받은 지식 재산 전문 변호사다.

다른 한 명은 비교문학 교수로 다수의 책을 번역하고 저술했다.

두 사람은 5년 전 저작권과 문화의 관계를 연구하면서 학생들을 가르치고 학생들에게 배우기 위해 의기투합했다.

그 연구를 이어 나가고 공유하기 위한 노력의 일환으로 이 책을 썼다.

이 책은 법률서도 아니고(변호사들이 읽어줬으면 좋겠지만), 오늘날의 복잡한 저작권법을 설명하는 실용서도 아니다.

저작자가 저작물에 대한 권리를 갖는다는 비교적 단순한 아이디어가, 기묘하고도 놀라운 우여곡절 끝에 우리의 다양한 활동을 틀에 가두고 제약하며 다수가 아닌 소수에게 이득을 가져다주게 된 사연이 이 책에 담겨 있다.

데이비드 벨로스
알렉상드르 몬터규

크리스토퍼와 쿠클라에게 이 책을 바칩니다.

법은 목초지에서 거위를 훔치는
남자나 여자를 벌한다.
하지만 거위에게서 목초지를 빼앗는
더 고약한 악당은 풀어준다.
-영국의 옛 시

차례

4부 갈림길에 서다

1부

저작권의 탄생

1장
저작권의 의미

2021년 12월 16일, 소니 뮤직 그룹은 72세의 가수 겸 작곡가 브루스 스프링스틴의 저작물에 대한 권리를 인수했다고 발표했다.《뉴욕 타임스》보도에 따르면 매입가는 약 5억 5,000만 달러였다.[1]

모차르트는 운이 나빴다! 레이 찰스도 마찬가지.

노래와 음반이 편대 규모의 소형 항공기들을 사들일 만한 가격에 팔리고 있는 이유가 바로 이 책의 주제, 저작권에 있다.

스프링스틴의 평생 작업물을 매입한 사람들에게 저작권이란, 21세기가 끝날 때까지 가수의 노래가 사용될 때마다(악보, 리메이크, 옛 음반의 방송 및 새 음반의 스트리밍 등등) 수수료를 받을 권리를 의미한다. 소니는 예상되는 회수액보다 적은 금액을 투자했을 테니, 다음 세기에 스프링스틴의 전 세계 팬들로부터 뽑아내리라 목표하고 있는 금액은 수십억 달러에 이를 것이다.

반면 여러분과 나 같은 일반인에게 저작권은, 근현대 문화물의 대부분―스프링스틴이나 비틀스뿐만 아니라 국적을 불문하고 현존하는 창작자들이 만든 모든 영화, 만화, 소설, 연극, 그림, 발레, 비디오 게임, 컴퓨터 소프트웨어, 전화번호부, 바나나 의상―을 유료로 또는 엄격한 제약하에 사용해야 한다는 의미다. 우리 손자들이 은퇴한 후까지도 쭉.

서너 세대에 걸쳐 모든 종류의 창작물을 점유하고 이용해먹을 기회를 만들어주는 저작권법은 역사가 그리 길지 않다. 거액을 긁어모을 수 있는 돈줄이 될 만큼 그 범위와 기간, 위력이 확대된 지는 불과 수십 년밖에 되지 않는다. 저작권이 예전보다 더 중요해진 만큼, 현대 생활에서 그 권리기 갑자기 큰 자리를 차지하게 된 연유를 이해해야 한다.

이 책에서 우리는 그 아이디어의 씨앗이 처음 뿌려진 뒤 몇 세기 동안 싹을 틔우고 자라며 가지를 내다가 단기간에 역대 최대의 현금 지급기로 탈바꿈한 경위를 설명하고자 한다.

아무도 예상치 못한 전개였다. 예전에는 당대의 위대한 지성들이 유창한 웅변을 토해내는 시끌벅적한 공개 토론을 통해 저작권이 수정되었다. 잉글랜드에서는 이 모든 이야기가 시작된 17세기에 존 로크, 대니얼 디포, 알렉산더 포프가, 그리고 후대의 윌리엄 워즈워스, 찰스 디킨스, 토머스 매콜리*가 저작권 탄생에 기여했다. 18세기 프랑스에서는 극작가 보마르셰, 수학자

---

* 영국의 시인·역사가·정치가(1800~1859년). ―옮긴이

콩도르세 그리고 최초의 백과전서를 편찬한 드니 디드로가 저작권을 명료하고도 공공연히 지지했다. 19세기의 위대한 작가 중 다수, 특히 오노레 드 발자크와 빅토르 위고가 저작권법 발전에 큰 족적을 남겼다. 하지만 지난 50년간 저작권은 철학자나 시인의 뚜렷한 개입 없이, 공적인 토론도 거의 없이 전 세계로 퍼져 나갔다. 오늘날의 창작자들 그리고 창작물의 소비자들 가운데, 음반 무단 복제로부터 음반 제작자를 보호하기 위한 제네바 협약을 들어본 사람이 얼마나 있을까? 미국 연방 법전 제107조, TRIPS(무역 관련 지식 재산권에 관한 협정), 디지털 밀레니엄 저작권법, CTEA(저작권 보호 기간 연장법)는? 스프링스틴의 음악을 큰 재산으로 만드는 데 일조한 이 법적 조치들은 각각 1971년, 1976년, 1994년, 1996년, 1998년에 이루어졌다. 애즈버리 파크 출신의 이 가수가 처음 기타를 집어 든 후 얼마간의 시간이 지나서였다.

저작권 관련 법들이 미국에서 제정되고 국제 협약을 통해 세계로 확장되면서 개인의 권리, 법인의 특권, 전 분야 예술가들의 지위·실질적 보수·창작의 자유에 근본적인 변화가 일어났다. 그런데 철학자, 시인, 음악가뿐 아니라 새로운 규정이 적용되는 광범위한 분야의 창작자들은 왜 아무 소리도 내지 않을까? 현재 거의 모든 형태의 창작과 발명이 세계적으로 체계화되고 현금화되는 기본 구조는 정치적·사회적 논쟁의 범위 밖에 있는, 그저 기술적인 문제로 취급되어왔다. 그러나 그 결과로 초래된 현 상황이, 타인의 정신적 산물을 소비하는 우리 모두에게 과연 이

득인지 이제라도 의문을 던져보는 것이 좋을 듯싶다.

현대의 저작권은 삶의 기본 요소가 아니라 사회적 구조물이다. 그 복잡한 역사의 각 단계는 말로 이루어져 있으며, "한 번 내려진 판결에 충실"하자는 선례 구속의 원리(stare decisis)*에 따라 각각의 단계가 차곡차곡 쌓여 올려졌다. 다시 말해 저작권이 곧 저작권의 역사다. 우리가 지금 인간 정신의 산물을 통제하고 보호하고 있는 방식을 설명하려면, 그 경위를 이야기하는 수밖에 없다. 기묘한 점은, 창작물이 만들어지고 배포되는 방식이 어마어마하게 변했는데도 저작권법 용어는 여전히 맨 처음에 사용된 단어들에 얽매여 있다는 것이다.

저작권은 18세기 초반 런던에서 생겨났다. 책 저자와 그의 양수인(讓受人)들에게 책의 인쇄 및 판매에 대한 독점을 단기간 허용해주는 것이 최초의 형태였다. 그런 독점이 허용되는 대상은 그 후 몇 세기 동안 점점 많아졌고 독점 가능 햇수도 거듭 늘어났다. 그다음엔 저작권의 범위가 차차 넓어져 축약, 각색, 공연, 번역 등등의 2차적 사용으로까지 확장되었다. 각 단계를 거칠 때마다 저항이 있었지만 살금살금 전진하며 세력을 넓혀갔다. 저작권을 멈춰 세우려는 철학적·윤리적·현실적 논거가 먹힌 적은 단 한 번도 없었다. 그렇다면 회의론자들은 처음부터 쭉 틀렸던 걸까? 옳고 그름을 떠나 저작권은 사회적·산업적·기술적 진보의 불가피한 결과, 즉 현대화의 부산물일까?

---

* 동일하거나 유사한 사건에 대한 재판은 선례에 따라 이루어져야 한다는 원칙. -옮긴이

그 답은 '아니다'이다. 첫째, 현대 저작권법의 부정적 효과 중 다수는 이미 18세기에 예견된 바 있다. 타당한 경고들이 묵살당했을 뿐이다. 둘째, 저작권이 특히 지난 반세기 동안 현대 세계의 형성에 역동적 역할을 한 것은 분명한 사실이다. 그것은 거스를 수 없는 거대한 역사적 흐름의 부작용이 아니라 그 흐름 자체를 밀어붙이는 거대한 힘이다. 그러나 현대화의 다른 동력과는 차별화된 특징을 한 가지 갖고 있다. 불가피하게 불평등을 초래한다는 것이다.

좀 더 공평한 토지 소유를 위한 격렬한 투쟁이 여러 번 벌어졌다. 천연자원과 생산적 자산에 대한 더 평등한 접근권을 보장하는 대혁명이 일어났다. 정당과 정치인들은 더 공정한 주택 공급, 교육, 보건을 촉구했다. 하지만 저작권의 더 공평한 분배를 외치고 나설 생각은 아무도 하지 않았다.

그도 그럴 것이 저작권과 그 자매들인 특허권·디자인권·상표권·퍼블리시티권(통틀어 '지식 재산권'이라고 부른다)은 다수가 이용하거나 즐기는 저작물, 장치, 서비스, 이미지로부터 임대료('로열티'라는 고풍스러운 이름으로 알려져 있다)를 받을 수 있는 독점적 권리를 단 한 명의 창작자에게 부여하기 때문이다. 어떤 임대료를 어떻게 더 균등하게 분배할 수 있겠는가? 그 목적 자체가 이미 단수의 창작자와 다수의 대중 사이에, 텍스트·이미지·발명품·이름·브랜드의 '소유자'와 '사용자' 사이에, 권리 보유자와 나머지 사람들 사이에 불평등을 초래하는데 말이다.

이 시스템의 수혜자가 찰스 디킨스나 빅토르 위고처럼 큰 사랑을 받는 인물이었을 때는 완고한 평등주의자들의 눈에도 그리 큰 문제로 보이지 않았을 것이다. 그들은 소수였고, 위대했으며, (대부분은) 진보적이었다. 윌리엄 새커리가 『허영의 시장(Vanity Fair)』으로 벌어들인 수입이나 피카소가 그림으로 축적한 부에 분개하는 사람은 아무도 없었다. 하지만 이제 상황이 달라졌다.

현재 상업적 가치가 있는 저작권은 대부분 예술가가 아닌 법인이 갖고 있다. 스프링스틴의 음악을 사들인 회사처럼 대형 법인인 경우가 많은데, 더 면밀히 들여다보면 일부 대기업에 집중되어 있음을 알 수 있다. 요즘의 저작권 소송은 창작자와 저작권 침해자 사이에 벌어시는 일이 아니다. 임대물을 점유하려는 기대 기업 간의 싸움이다. 이런 법적 분쟁에 쓰이는 용어는 300년 전과 거의 비슷하지만 이해관계는 변했다. 지금의 고액 소송은 남들의 지적 산물에 수십 년간 라이선스 요금을 부과하는 대기업 사이의 세력 균형을 조정하는 역할만 한다.

저작권법을 기업들의 금광으로 바꾸어놓은 인상적인 사례가 있다. 안드로이드 운영 체제에 자바 프로그래밍 언어의 일부(애플리케이션 프로그래밍 인터페이스, API)를 사용한 구글에게 오라클이 거액의 사용료를 요구하며 소송을 제기했다. 시작은 특허법 소송이었지만 10년을 넘기면서 저작권 소송으로 변했다. 특허보다 저작권의 보호 기간이 훨씬 더 길기 때문이다. 그러나 '저작자'와 '저작물'이라는 오래된 용어가 사용되는 저작권법은 이 다툼에 전혀 어울리지 않았으므로 지방법원과 연방법원은 항소 재판마다 일관성 없고 모순된 판결을 내렸고, 이미 수천만 달러의 변호사 비용이 사용된 후 소송은 결국 미국 대법원에까지 올라갔다. 2021년 4월, 대법원은 API가 저작권 보호 대상인지 아닌지는 명시하지 않았다. 다만 그렇다고 가정할 경우, 구글이 자바의 특정 요소들을 용도 변경한 것은 소유자의 권리를 침해한 것이 아니라는 판결을 내렸다. 이를 공익의 승리로 평가하는 사람들도 있었다. 저작권자가 저작물의 2차적 사용까지 통제하는 것을 막았기 때문이다. 그러나 그 판결은 어떤 언어가 한 기업에 소유될 수 있는가 없는가의 문제에 답을 주지는 못한다. 저작권법은 그 범위가 광대하고 세부는 미로처럼 복잡하지만 아직 안정적으로 확립되지 않았으며, 역사를 보건대 치열한 공적 논의를 통한 정착이 필요하다. 자칫하다간 모든 것이 소수의 기업들 손에 들어갈지도 모른다.

중세 유럽에서 '만물'은 신의 소유였고, 신의 창조물을 분배하여 그 특권을 신하들에게 허락하는 것은 군주의 재량이었다. 수백 년이 흐르는 동안 봉건 군주제의 종교적 토대가 무너져 내렸다. 강제로 비워진 왕권의 자리를 처음엔 영주의 권리가, 그다음엔 평민의 권리가, 결국엔 국민의 권리가 대신 채우게 되었다.

재산과 권리의 독점에서 분산으로 진행되던 역사적 흐름은 지난 50년간 상당히 역행했다. 지금 우리가 지적 산물을 취급하는 방식을 보면 그 사실을 명백히 알 수 있다.

처음에 저작권은 몇몇 분야의 창작자에게 창작물을 그들의 뜻대로 규제해도 좋다고 약속하는 권리였다. 그러나 농업 경제에서 산업 시대, 정보 시대로 변화하면서 무형 재산의 가치가 토지·농작물·기계 같은 유형 재산의 가치를 능가하게 되었다. 그 결과, 중요한 지식 재산의 대부분을 거머쥔 소수의 기업이 21세기의 새로운 봉건 영주로서 세계 무대를 장악하고 있다. 현재 세계 6대 기업인 애플, 마이크로소프트, 알파벳, 아마존, 메타, 디즈니—각각의 자본 가치는 많은 국가들의 국내총생산(GDP)보다 더 크다—는 영화와 노래 등의 콘텐츠(디즈니, 아마존), 디자인 등록과 특허(애플, 마이크로소프트), 컴퓨터 소프트웨어(알파벳, 메타) 같은 저작권 보호 자료에 대한 소유권과 통제권으로 유지되고 있다 해도 과언이 아니다. 지식 재산의 제국은 곧 우리 시대의 봉토다.

따라서 저작권의 최근 역사를 개인 자유와 권리의 성장으로 단언하기는 어렵다. 오히려 그 반대가 진실에 가까울 것이다. 20세기 후반 저작권법에 생긴 변화는, 1604년부터 1914년까지 잉글랜드의 공유지를 거의 다 사유화한 인클로저 법(Acts of Enclosure)에서 이름을 따와 '뉴 인클로저(New Enclosure)'라 불린다. 오늘날의 공유지는 옛날의 푸른 들판과 마을 연못이 아니고, 우리가 소비하는 재화는 깃털과 살과 뼈로 이루어진 거위와 다르다. 그래도 가난한 무지렁이인 우리는 무형의 재화를 즐길 때마다 교묘하게 숨겨진 세금을 토해내야 한다. 기업 대지주들의 광활한 사유지를 침범하는 자는 화를 당할지니!

이 책에서 우리는 현 상황에 이르게 된 복잡한 사연을 이야기하고, 그로 인해 초래되는 실질적 위험을 논하려고 한다. 당장 시급한 문제는, 급부상 중인 AI(인공지능) 분야다. 머신 러닝 (machine learning) 알고리듬을 통해 컴퓨터가 음악을 만드는 세상이 되었다. 유로비전 송 콘테스트를 본뜬 어느 국제 대회에서는 AI가 제작한 음악들이 경연을 벌인다. 슈퍼마켓에 울리는 음악, 영화와 드라마의 배경 음악, 모바일 기기에서 재생되는 히트곡 대부분을 인간 창작자가 아닌 기계가 만들어낼 날이 머지않아 올 것이다. 어쩌면 이미 그럴지도 모른다! 그 음악의 주인은 누구일까? 저작권법은 아직 대답하지 않고 있다. 웹 기반의 자동 번역 시스템이 만들어낸 텍스트의 주인이 누구인지도. 그런 음악과 더불어 점점 더 매끄러워지고 있는 번역을 생성하는 컴퓨터 코드의 저작권자들은 그들의 장치가 낳은 산물에 대해 저작권을 주장하려 했다. 미국에서는 이미지 캡처 시스템의 소유자들이 디즈니를 상대로 지방법원에 제기한 소송에서 패했다.[2] 반면 중국에서는, 영어로 된 시장 보고서를 자동으로 작성해주는 AI 프로그램의 주인들이 자동 보고서에 대한 저작권을 인정받았다.[3] 가까운 미래에 AI는 지금까지 인간의 머릿속에서만 가능했던 많은 활동을 시뮬레이션할 테고, 이를 위해 저작권 보호를 받는 기존 자료들을 처리할 것이다. 그 과정에서 제기되는 소송의 결과는 전 세계 권력과 돈의 관계에 막대한 영향을 미칠 것이다. AI 프로그램의 저작권자인 소수의 대형 소프트웨어 기업들이 그 시스템에서 창출된 서비스와 시뮬레이션에 대한 권리까지 소유하게 된다면, 우리는 영원히 그들의 손아귀에서 벗어나지 못할 것이다.

경제학자나 정치 이론가나 역사가들은 저작권이 조장하는 불평등 문제를 거의 다루지 않았다. 저작권과 특허법이 뜨겁게 논의되던 시기에 영국 국립 도서관에서 근무하던 카를 마르크스는 자본주의의 해체를 논하면서 지식 재산을 언급하지 않았다. 그래서일까. 좌파는 저작권에 관해 입을 잘 열지 않고, 토마 피케티(Thomas Piketty)*가 2013년에 발표하여 뜻밖의 베스트셀러가 된 『21세기 자본(Capital in the Twenty-First Century)』에는 지식 재산에 관한 논의가 생략되어 있다.

아이러니하게도 피케티는 자신이 논하지 않은 저작권 덕분에 쏠쏠한 재미를 보았다. 그는 전 세계에서 200만 부 넘게 팔린 책의 저작권으로 상당한 금액의 인세를 챙겼다. 팔린 부수 중 대부분이 번역본이었으므로, 피케티는 저작권 자체뿐만 아니라 저작권 범위의 확장(1886년 몇몇 국가에서, 1891년 미국에서, 1911년 영국에서, 1990년대에 러시아 · 중국 · 알바니아 등 다수의 국가에서 단행되었다)으로 인한 수혜도 톡톡히 본 셈이다. 그러니 21세기가 아니었다면 『21세기 자본』은 행운의 저자에게 지금만큼의 부를 안겨주지 못했을 것이다.

피케티의 경우는 분명 예외적이다. 대다수의 작가, 작곡가, 예술가, 프로그래머는 큰 돈을 벌지 못하고, 그중 일부는 자신의 창작물로 전혀 수입을 올리지 못한다. 저작권이 초래하는 결과는 피케티가 그의 저서에서 분석하고자 하는 현상, 즉 소수의 부

---

* 부와 소득과 불평등에 관해 연구하는 프랑스의 경제학자-옮긴이

와 다수의 가난 사이에 크게 벌어져 있고 점점 더 커지고 있는 간극을 반영할 뿐만 아니라 거기에 일조하기도 한다.

저작권이 처음 생겼을 때 많은 사람들은 소수의 부유한 인쇄업자의 권력과, 그들에게 사업 원료를 제공하는 창작자의 권리 사이에 좀 더 공평한 균형이 이루어지리라 생각했다. 그러나 저작권은 오히려 불평등의 동력으로 변질해버렸고, 그 경위를 이해하려면 먼 옛날에 저작자의 권리가 어떤 취급을 받았는지부터 살펴보아야 한다.

2장
고대의 저자들

저작권은 요즈음 서작사들이 저작물에 대해 깆는 모든 권리의 기초가 아니다. 오히려 그 반대다. 저자의 권리라는 고대 전통이 없었다면 저작권은 만들어지지 않았을 것이다.

기원전 4세기, 아테네의 철학자 플라톤은 대화와 문답을 통해 학생들을 가르치는 아카데미를 설립했다. 학생 중 한 명인 헤르모도로스는 방대한 양의 필기를 남겼다. 고향인 시칠리아의 시라쿠사로 돌아간 그는 노트를 베껴 플라톤의 책으로 발표했다. 헤르모도로스가 그 책의 저자인 양 행세하지 않았으므로 표절은 아니었다. 당시 법의 잣대에 따르면 플라톤의 재산을 훔치지 않았으므로 절도도 아니었다. 하지만 플라톤은 불같이 화를 내며 헤르모도로스를 가증스러운 인간으로 여겼다. 저작물을 대중에게 공개할 것인지, 한다면 언제 할 것인지 등을 결정할 권리가 저자에게 있다는 자명한 이치를 무시함으로써 결례를 범했

기 때문이다.[4]

고대의 작가와 출판업자 사이에는, 저작물을 언제 어떻게 공유할지 결정할 수 있는 저자의 권리를 두고 수많은 분쟁이 일어났다. 예를 들어 키케로는 그의 저작 중 하나가 자신도 모르게, 그의 허락도 없이 출판되었다고 친구인 아티코스에게 푸념을 늘어놓았다. 페르가몬의 갈레노스, 디오도로스 시켈로스, 쿠인틸리아누스도 같은 맥락의 불만을 토로한 바 있다.[5] 문학·철학 저작에 대한 소유권 개념이 없던 사회에서도, 남의 글을 가져다 허락 없이 책으로 만드는 건 파렴치한 짓이라는 암묵적 이해가 있었다.

지금의 저작권법은 저작자에게 자신의 저작물을 발표할 독점적 권리를 부여하는 행동 수칙을 포함한다. 그래서 이토록 역사가 유구한 저작권을 자연권이나 인격권으로 인정해야 한다고 주장하는 사람도 있었다. 그야말로 주객전도가 아닐 수 없다. 고대의 저자들은 저작물을 재산으로 소유하지 못했으며, 지식 재산권이 처음부터 존재했다는 일부 현대 학자의 주장은 완전히 틀렸다.[6] 지식 재산이라는 개념이 기원전 500년경 시바리스*에서 만들어졌다는 주장 역시 거짓이다. 이 주장에 따르면, 여성들도 참석할 수 있는 연례 연회에서 "독특하고 뛰어난 요리"를 발명한 요리사는 그 후 한 해 동안 "그 요리 제조에서 발생하는 모든 이득을 취할 권리"를 누렸다고 한다. "사람들이 더 뛰어난 요

---

* 남부 이탈리아의 고대 그리스 도시. -옮긴이

리를 만들도록 유도하기 위한 취지로" 말이다. 하지만 이 이야
기의 기원을 면밀히 들여다보면, 기원전 510년에 이웃한 크로
톤의 손에 멸망한 도시국가의 타락을 설명하는 오래된 농담임
을 알 수 있다(시바리스인이 곧 향락주의자를 의미하게 되지 않았던
가!).7

군이 현대의 저작권법을 들이대지 않더라도 창작자의 허락
없이 창작물을 공개하는 것은 부적절한 행위다. 플라톤 사건으
로부터 500년이 지난 후에도 '헤르모도로스'는 '못 믿을 인간'
또는 '비열한 인간'의 동의어로 흔히 쓰였다. 우리가 구두쇠를
스크루지, 위선자를 타르튀프*라고 부르듯이 말이다.

영국, 미국, 유럽의 서작권 제도에는 저작물의 저자로 인정받
을 권리가 명기되어 있다. 저작물이 세상에 나올 때 저자로 이
름을 올린 사람 외에는 누구도 그 작품을 썼다고 주장할 수 없
다. 이 개념 역시 저작권이 발명되기 2,000년 전부터 시작되었
다. 그 권리를 침해당했다고 주장하는 사람이 나타나 소동을 일
으키는 경우가 옛날에도 있었으니 말이다. 그러나 (그 이상이든
이하든) 표절이라는 용어로 가장 쉽게 표현되는 범죄는 저작물
공표권 침해처럼 단순하게 판결을 내릴 수 있는 문제가 아니다.
그리스의 희극 작가들은 서로를 표절로 비난했으며, 로마의 작
가들 역시 개작이 도용으로 변하는 지점이 어디인지를 논했다.

---

*　프랑스의 극작가 몰리에르의 희극 『타르튀프(Le Tartuffe)』의 주인공인 위선적인 신앙
　인. ―옮긴이

여러 편의 그리스 희곡을 단 한 편의 라틴어 희극으로 개작해도 괜찮을까? 로마 작가가 이미 개작한 그리스 희곡의 일부를 취해 다시 사용하는 건?[28] 이 사안에 관해 법정에서 판결이 내려지거나 변호사 사무실에서 협상이 벌어진 적은 없었다. 그것은 법이나 돈의 문제가 아니라 올바른 처신의 문제였다. 창작 아이디어의 '도용' 혐의에 대한 분쟁이 벌어져 자신이 창작자임을 주장해야 할 때 굳이 저작권법 같은 법적 상부 구조는 필요하지 않았다. 글쓰기가 시작된 후 거의 300년 동안은 윤리 규범만으로도 충분했다.

오늘날 미국 대학들은 학생들의 과제에 성적을 매길 때 '명예 규약(Honor Code)'이라 불리는 윤리 수칙에 의거하는 경우가 많다. 몇몇 대학 편람에 뭐라 쓰여 있든, 학기말 리포트 작성에 적용되는 윤리 수칙은 저작권법이 아니라 고대 세계에 통용되던 예의범절 개념에서 비롯된 것이다.

특히 아리스토파네스, 테렌티우스, 키케로는 과거와 당대 작가들의 글을 과도하게 빌려 쓰는 것보다 출처를 밝히지 않는 행위를 더 괘씸하게 여겼다. 대(大) 플리니우스는 "옛 작가들을 그대로 베끼고 그 이름을 밝히지 않는 것은 절도나 마찬가지"라고 생각했다. 이런 종류의 부당 행위를 '표절(plagiary)'이라고 부르게 되었는데, 이는 '납치(남의 노예를 납치)'를 의미하는 그리스어에서 유래했다. 표절은 저작권 때문에 발생하는 범죄가 아니다. 지루할 정도로 장황한 1976년 미국 저작권법에도, 그보다 더 긴 1988년 영국 저작권법에도 표절이라는 단어는 한 번도 등장하지 않는다. 학생이 교수의 아이디어와 논점과 근거를 표절한다 해도 저작권 침해가 아니다. 반면 표절과 아무 관계도 없는 저작권 침해는 수없이 많다. 이를테면 사용 허락을 받지 않은 노래를 방송에서 내보내거나 전자책 단말기에 다운로드한 책을 대중에게 읽어주는 일 등이다. 표절과 저작권 침해 사이의 경계는 애매하지만 그 둘이 역사적으로, 형식적으로, 법적으로 전혀 다른 유형의 부정행위라는 사실은 알고 있어야 한다.

작가든 작곡가든 화가든 분야를 막론하고 완전히 새로운 것을 만들어내는 창작자는 없다. 완전히 새로운 것이라면 기존 분야나 장르의 이름이 붙지도 않을 것이다. ('선례 없는' 새로운 작품이라는 과대 선전은 곧이곧대로 늘지 않는 것이 좋다.) 새로운 희곡은 희곡 집필의 기나긴 전통에서, 교향곡은 작곡의 역사로부터 탄생하고, 추리소설과 성당과 소네트와 광고 음악은 본보기로 삼을 만한 이전 작품들에서 무언가를, 그것도 상당량 차용하는 경우가 많다. 그렇다면 모든 작가와 예술가는 어느 정도 표절을 하고 있는 셈이며, 그들 중 다수는 이 사실을 기꺼이 받아들였다.

여러 문화권에서는 예술과 모방을 구분하지 않는다. 근대 초기의 러시아에서 "성상(聖像)은 원작이든 모방작이든 기적을 행했으며, 가끔은 모방작이 원작보다 훨씬 더 추앙받기도 했다. (…) 마찬가지로 책에 기존 이야기를 실어놓고 저자의 권리를 주장하는 사람은 아무도 없었다."[9] 16세기 이탈리아의 화가이자 건축가인 조르조 바사리는 골동품 위조를 예술적 기교의 승리로 간주했다. 19~20세기에 영국 관광객과 미국 수집가에게 기념품으로 제공할 로마 골동품을 대량 생산한 이탈리아 장인들은 스스로를 도둑이 아닌 예술가로 여겼다.[10] (사실 다수의 로마 골동품은 더 오래된 그리스 골동품의 모방작이다.) 셰익스피어는 앞선 시대의 연대기들에서 이야기와 인물을 가져왔으며, 그가 사용한 소네트 형식은 그전 몇 세기의 이탈리아 시인들에게서 취한 것이었다. 서양에서 문학이 태동한 이래 현대에 이르기까지, 모방은 한낱 수단이 아니라 예술적 가치의 판단 기준이 되어왔다. 16세기와 17세기에는 시를 쓰는 가장 기품 있는 방식을 라틴 시인 롱기누스의 글에서 찾았다. 그는 「숭고에 관하여(On the Sublime)」라는 에세이에서 "과거의 위대한 시인들과 산문가들에게 지지 않으려는 모방"을 옹호했다.

> 위대한 고대 작가들의 강렬한 천재성이 경쟁자들의 영혼으로 옮겨가 영감의 샘처럼 뿜어져 나온다. (…) 그들이 남들의 숭고한 열정을 공유할 때까지. (…) 내가 말하고 있는 것은 표절이 아니라 아름다운 형태나 조각상이나 숙련된 노동의 결실을 모방하는 과정과 닮았다. (…) 그 수준 높은 선례들을 경쟁자의 눈으로 주시하면 그것들은 우리를 인도하는 등불이 되어, 우리의 영혼을 우리가 상상하는 곳까지 끌어올려 줄 것이다.[11]

중국에서는 고대인들을 모방하는 것이 시, 철학, 역사, 시각예술의 기본 방식이었다. 그래서 "위대한 중국 화가들은 자신의 작품 모작에 전반적으로 관대한 태도를 보였으며" 문학에서는

"고전을 인용하는 것이 일반적인 화법이었다."[12]

그러나 이러한 모방 문화에도 이용하거나 빌리거나 재활용하거나 모방할 수 있는 대상 그리고 과거의 자료를 개작하거나 새로이 이용할 수 있는 방식에 한계가 있었다.

자신의 작품을 남의 작품으로 속이는 건 위조지만, 위조는 기만일지언정 항상 범죄로 취급되지는 않았다. 남의 작품을 자신의 작품으로 속일 때 큰 문제가 발생한다. 학술적 저작과 학생 논문은 물론이고, 고대부터 쭉 그랬듯 예술 작품의 경우도 마찬가지다.

로마 건국의 전설을 이야기한 베르길리우스의 서사시 『아이네이스』(기원전 29년~기원전 19년 저술)는 호메로스의 『일리아스』에 등장하는 아이네이아스를 주인공으로 내세우는 등 그리스 서사시를 상당 부분 끌어다 바꾸고 반복한다. 비평가들은 베르길리우스가 그리스 작품들의 줄거리와 표현 방식을 베꼈다고 비판했다. 그러나 이런 저격은 역효과를 낳았다. '표절 사냥꾼들'이 비판의 표적이 된 것이다. 베르길리우스 편에 선 사람들은, 그리스 문화에 정통한 그가 명망 높은 선배 작가들과 고귀한 경쟁을 벌인 것은 영원히 칭찬받아 마땅하며, 『아이네이스』의 표절을 이야기하는 것은 무지 또는 악의의 소산이라고 주장했다. 대 플리니우스는 과거의 사상가들이나 시인들과 겨루는 것은 영광스러운 일이라고 역설함으로써 논쟁에 종지부를 찍으려 했다.[13]

그러나 이 유명한 논쟁에서 모방의 예술이 승리했다고 해서

'새것'과 '옛것'의 진짜 경계선이 어디인가 하는 문제가 해결된 것은 아니다. 호라티우스는 한 친구에게 책을 너무 많이 읽으면 남의 깃털로 치장한 까마귀가 될 수 있으니 조심하라고 경고했지만, 오비디우스와 카툴루스는 도서관에 가서 영감과 소재를 얻지 않으면 한 줄도 쓸 수 없다고 호소했다. 지금까지도 명확한 결론이 나지 않았다. 소설가 조너선 레덤(Jonathan Lethem)은 다른 작품에서 베껴온 문장들로 점철된 멋진 에세이를 한 편 완성함으로써, 다른 작가들에게 의존하고 있음을 떳떳이 알렸다.[14] 반면 한 소설가는 스티븐 스필버그의 회사인 드림웍스가 영화 〈아미스타드(Amistad)〉의 소재를 자신의 작품에서 가져갔다며 소송을 걸었다[하지만 영화에 등장하는 1839년의 역사적 사건들이 처음 소설화된 것은 허먼 멜빌이 1855년에 집필한 『베니토 세레노(Benito Cereno)』에서였다]. 소송은 세네카나 플리니우스가 썼을 법한 성명서로 해결되었다.

> 내 변호사들이 드림웍스의 서류를 비롯한 문서와 증거들을 검토한 후 변호사들과 나는 스티븐 스필버그도 드림웍스도 부적절한 행위를 저지르지 않았다는 결론을 내렸고, 나는 변호사들에게 적절한 시기에 원만하게 이 문제를 마무리지어 달라고 일렀다. 나는 〈아미스타드〉가 수작이라고 생각하며, 용기 있게 영화를 만들어준 스필버그 씨에게 박수를 보낸다.[15]

한마디로 요약하면 이렇다. 스필버그는 명예로운 사람이며, 나는 그 사실을 인정함으로써 내 명예를 지키겠다.

이 성명서가 보여주듯, 고대에 아이디어와 저작물의 순환을 규제했던 명예 규약은 사라지지 않았고, 거기에 법적 제도가 입혀져 정신적 창작물의 (전부는 아니지만) 몇몇 측면이 소유 가능한 재산과 유사해졌다. 시, 희곡, 소설 같은 추상적 무형물이 재산으로 인정받을 수 있다는 개념은 하루아침에 생겨난 것이 아니며, 처음 등장했을 땐 여러 사상가와 정치가의 맹렬한 반대에 부딪혔다.

18세기에 영국 작가이자 성직자인 윌리엄 워버튼(William Warburton)은 이제 막 생겨난 서석권이라는 개념을 다음과 같이 공격했다. "정서나 신조는 만인이 동시에 향유한다. 차라리 바람을 맞으면서 자기 혼자만 그 상쾌함을 누리는 척하는 편이 낫겠다."[16] 수십 년 후 역사가 토머스 배빙턴 매콜리(Thomas Babington Macaulay)는 워버튼처럼 자연을 이용한 은유법을 구사했다. "책에 담긴 사상이나 언어는 일단 창작되고 나면 햇빛이나 공기처럼 어디서나 공짜로 누릴 수 있다."[17] 미국 대법원 판사 루이스 밴다이스도 1918년에 같은 맥락의 발언을 했다. "지식, 입증된 진리, 개념, 사상은 남들에게 자발적으로 전달된 후에는 공기처럼 누구나 무료로 사용할 수 있다."[18] 러시아에서 1828년 검열법을 논의하는 입법부 의원들을 위해 마련된 저작권 관련 자료에서는 출판물을 "교육과 시민권을 제공해준 사회에 작가가 바치는 기증물"로 취급했다. 표절한 문장들을 가지고 표절에 관한 에세이를 집필한 조너선 레덤도 에세이의 마지막에 다음과 같이 썼다.

> 내 책을 불법 복제하지 말고, 나의 통찰을 약탈하시라. 중요한 건, '전부 주는' 것이다. 독자 여러분은 얼마든지 내 이야기를 써먹어도 좋다. 애초에 내 것이 아니었고, 내가 여러분에게 준 것이니까. 훔치고 싶다면, 내가 허락할 테니, 가져가도 좋다.[19]

이러한 항변들은 저작권의 급소를 겨냥한다. '공표'를 통해 대중에 공개되는 것은 무엇이든 명백하고도 돌이킬 수 없는 공유 재산이 된다. 그런데 저작권은 그것을 다시 사유 재산으로 만들어버린다. 이런 모순된 아이디어가 출현하고 제도화된 연유는 무엇일까?

3장

르네상스 이탈리아의
특허와 특권

18세기 후반 프랑스에서 처음 생겨난 용어인 시식 새산권은 저작권과 특허 같은 기본 개념뿐만 아니라 기업 기밀, 디자인, 홍보, 프라이버시까지 다루는, 서로 중복되는 규제들을 아우르는 이름이 되었다. 중세부터 상인들이 합의하에 사용해온 기호와 상징을 제쳐두면, 이중 가장 오래된 것은 저작권이 아니라 특허다. 그러나 최초의 중요한 특허는 인쇄기 사용과 관련되어 있었기 때문에, 지식 재산권의 두 가지 주요 영역—창작물에 대한 권리, 새 발명품에 대한 권리—은 초기 역사가 같다.

특허는 재산권이 아닌 특권으로 시작되었다. 이 차이는 중요하다. 특권은 후원자에게서 얻는 반면, 재산권은 법으로 정해진다. 그러나 현대의 지식 재산은 특권과 한 가지 공통점이 있다. 유형 재산과 달리 일정 기간만 유효해서 언젠가는 만료된다는 것이다.

'특허(patent)'라는 용어는 '공개서한'을 의미하는 중세 라틴어 'litterae patentes'에서 유래한다. 서한이 열려 있으니, 거기에 서명한 왕이나 다른 권위자의 인장을 뜯지 않고도 읽을 수 있다. 현대의 특허 역시 소지자에게 모종의 특권을 주는 공문서다. 역사적으로 특허장은 사유지나 사업이나 활동에 대한 권리를 부여했다. 특허청의 온라인 검색 도구와 도서관을 이용해 누구나 확인할 수 있는 요즈음의 특허는 발명품이나 장치에 대한 통제권을 부여한다. 고대든 현대든 특허는 항상 객체를 명명하고, 특권이 유지되는 햇수와 그것이 유효한 관할 구역을 명시한다. 세계지식재산권기구(World Intellectual Property Organization)가 존재하지만, 특허는 등록된 지역 및 그곳과 조약을 통해 묶인 지역에서만 인정되는 특권이다. 이란에서 특허를 취득하지 않은 발명품을 이란의 한 실험실이 복제한다면 특허 침해에 해당하지 않는다.

　특허는 기밀이 아니다. 일반에 공개되는 사실(fact)이지만, 소유자가 그 활용을 원하지 않으면 특허를 취득해 시장에 나가지 못하도록 특허 소멸 시효 전까지 점유할 수 있다. 반면 코카콜라를 제조하는 화학 공식 같은 기업 기밀은 상업적으로 계속 이용될 경우에만 보호받을 수 있다. 발명자들과 기업들은 제품에 대한 독점권을 유지하기 위한 최선의 방법으로 둘 중 하나를 택하지만, 특허와 기업 기밀은 개념상 양립할 수 없다. 특허는, 특허청을 통해 가치 있는 (혹은 쓸모없는) 발명을 누구나 이용할 수 있게 하기 때문에 공익이라는 정당한 이유를 갖는다. 기밀은 개인의 이익만을 꾀한다. 그러나 일반 대중에게 미치는 영향은 거의 같다. 우리는 아이폰처럼 작동하는 기기를 만들 수 없고, 코카콜라를 직접 제조할 수도 없다.

특허장으로 부여되는 특권은 중세 후기에 라 세레니시마(La Serenissima, 가장 고요한 곳), 즉 베네치아 공화국에서 생겨났다. 근동의 항구 및 문화권과 끈끈한 관계에 있던 무역 도시 베네치아의 상인들은 스미르나, 티레, 알렉산드리아로 항해하며, 이름 모를 동양 땅에서 온 향신료를 비롯해 비단, 두들겨 편 금속, 색유리로 만든 귀중한 공예품 등을 사들였다. 베네치아는 유럽에서 생산되지 않는 상품과 제품이 거쳐가는 중심지로서 점점 부유해졌지만, 운송과 도매만 맡을 것이 아니라 그 보물들을 자체 제작한다면 훨씬 더 큰 돈을 벌 수 있음을 곧 알아챘다. 그러나 베네치아 상인들이 카이로, 다마스쿠스, 알레포 시장에서 서양으로 들여온 문물 중 가장 오래 지속된 것은 상거래 특권을 승인받아 독점을 합법화하는 동양의 관행이었다.[20]

베네치아 공화국은 터키(오늘날의 튀르키예)와 아라비아의 공예가들이 베네치아에 정착하여 베네치아인에게 사치품 제조법을 가르쳐주기를 원했다. 높은 가치를 지닌 그 이민자들은 자신들이 살던 세계에서 친숙하게 누리던 권리를 대가로 원했다. 바로 상거래 독점권이었다. 이런 보호책을 통해 이교도들 사이에서의 생활을 보상받고, 노동과 기술에 대한 대가를 보장받을 수 있을 터였다. 초기에는 7년 동안만 특권이 유지되었다. 당시 숙련된 기술을 요하는 직업의 수습공 기간이 일반적으로 7년이었기 때문이다. 이런 고대의 관습은 현대의 저작권과 특허에도 흔적을 남겨, 수백 년 동안 저작권 존속 기한은 대개 7의 배수로 정해졌다. 1710년에 제정된 영국의 첫 저작권법에 따르면, 기존 저작물은 21년 동안, 새로운 저작물은 14년 동안 보호받고, 기한이 만료되면 14년 더 갱신할 수 있었다. 미국의 저작권 보호 기간은 14년, 28년, 42년, 56년 등 다양하게 정해졌는데, 지금은 저작자가 생존하는 동안과 사후 70년까지 보장된다. 모두 7의 배수(2배, 3배, 4배, 6배, 8배, 10배)다. 국내 수습공이 장인들의 경쟁자이자 적수가 되는 데 걸리는 시간을 기한으로 정한 최초의 베네치아 특허법의 영향이 계속되고 있음을 알 수 있다.

오래지 않아 베네치아는 호화로운 직물과 색유리(지금도 무라노섬에서 만들어지고 있다) 생산지로 이름을 날리게 되었다. 외국인 공예가들에게 독점권을 준 뒤 수십 년이 지나 베네치아는 그 관행을 법률화했다.

1474년 3월 19일
이 도시에는 시민들뿐만 아니라 매일 타지에서 들어오는 위대하고 훌륭한 사람들도 있다. 대단히 영리한 그들은 온갖 기발한 장치를 고안하고 발명할 능력이 있다. 그들의 저작물과 발명품을 다른 사람이 베끼거나 만들지 못하도록 법으로 정해두면, 그들은 우리나라에 상당히 유익하고 이로운 것들을 성심성의껏 발명하고 만들어줄 것이다. 따라서 우리 영토에 지금껏 없었던 새롭고 기발한 것을 만든 사람은 누구든 우리의 지방감독관에게 통지하도록 한다. 그러면 향후 10년 동안 우리 영토 내의 그 누구도 창작자의 동의와 허락 없이는 그것과 같은 형태의 비슷한 물건을 만들 수 없다. 그리고 만약 누군가 그런 것을 만든다면, 상기의 창작자와 발명자는 상기의 위반자에게 100두카트를 요구하고 즉시 그 물건을 파기할 수 있다. 그러나 우리 정부는 필요한 경우 상기의 발명품 및 기구를 무료로 사용할 수 있다.[21]

뛰어나고 영리한 인재들을 끌어들이려는 목적으로 고안된 지금의 이민법과 묘하게 비슷해 보이는 베네치아 특허법은 정당화 방식 역시 우리에게 익숙하다. "온갖 기발한 장치를 고안하고 발명할 능력이 있는 예리하고 재간 많은 사람들"이 "우리나라에 상당히 유익하고 이로운 것들을 성심성의껏 발명하고 만들"도록 격려하기 위함이라는 것이다. 지금 우리가 수용권* 또는 강제 수용이라고 알고 있는 제도 또한 확립된다. "우리 정부는 필요한 경우 상기의 발명품 및 기구를 무료로 사용할 수 있다." 오늘날의 정부도 전쟁이나 전염병 대유행 같은 위기가 닥치면 특허를 빼앗아 공용으로 돌린다.

남쪽이나 동쪽이 아닌 북쪽에서 들어온 놀라운 신기술이 특권을 부여받은 지 불과 몇 년 뒤에 베네치아만의 독창적인 법이 시행되기 시작했다. 1458년, 요하네스 구텐베르크는 이동 가능

---

* 정부가 공공의 사용을 위하여 보상을 대가로 사유 재산을 수용하는 권리. -옮긴이

한 납활자로 책을 인쇄하는 방식을 고안했다. 그의 밑에서 기술을 배워 명장이 된 슈파이어의 요한은 10년 후 알프스산맥을 넘어, 이제 사치품의 본고장이 된 베네치아로 향했다. 베네치아는 쌍수를 들어 그를 환영했다.

1469년 9월 18일

명성 높은 우리 도시에 책 인쇄술이 도입되었고, 다른 곳들을 마다하고 우리 도시를 선택한 명장 슈파이어의 요한의 노력과 연구, 기발한 재주 덕분에 그 기술은 나날이 보편화되고 있다. (우리 도시는) 이 사람의 근면성과 용기에 힘입어 부유해질 것이다. 이런 혁신은 호의와 자원을 베풀어 지원 및 육성해야 하고, 막대한 가계비와 기술자 임금에 시달리는 명장 요하네스가 더 기분 좋게 작업을 계속할 수 있는, 자신의 인쇄술을 폐기가 아닌 확장의 대상으로 여길 수 있는 여건을 만들어주어야 한다. 이에 현 시의회의 의원들은 향후 5년간 베네치아에서 명장 요한 자신을 제외한 그 누구도 책 인쇄술을 행할 욕심, 가능성, 힘 혹은 대담함을 가지는 것을 금하기로 했다.[22]

곧 서적 제작의 중심지가 된 베네치아로, 인쇄 역사상 가장 뛰어난 활자 도안자, 활자 주물공, 인쇄공, 서적 디자이너가 몰려들었다. 이탤릭체를 비롯하여 오늘날 우리가 사용하는 폰트 중 다수와, 편람의 전신인 엔키리디온(enchiridon)의 형식은 슈파이어의 요한 밑에서 배운 도제들과 후계자들 및 상속자들이 개발한 것이다.

베네치아 공화국은 인쇄술을 발전시킨 역할로 더 큰 명성을 날렸지만, 슈파이어의 요한에게 준 특권이 인쇄술 보급을 막지는 못했다. 1470년의 파리, 1473년의 발렌시아, 1475년의 바르셀로나, 1476년의 런던 그리고 유럽의 크고 작은 도시들에 인쇄소가 생겨났다. 인쇄가 보급되면서, 인쇄술을 가진 '영리한 사람들'을 보호하고 예우하기 위해 베네치아에서 시행한 조처들도 덩달아 퍼져 나갔다. 훗날의 출판업 보호 정책은, 15세기에 베네치아가 이민자들과 영리한 사람들을 위해 고안한 관대한 시책에서 그 뿌리를 찾을 수 있다.

독일에서는 1479년부터, 포르투갈에서는 1502년부터, 스페인에서는 1506년부터 프랑스에서는 1515년부터, 잉글랜드에서는 1518년부터, 베네치아 법을 본뜬 특권이 서적 인쇄에 주어졌다. 이런 일시적 독점 허용은 유럽 전역으로 퍼지면서 좀 더 구체화되었다. 슈파이어의 요한은 인쇄기를 가동할 배타적 권리를 얻었고, 이후 다른 곳에서는 모든 책이 아닌 특정 종류의 책, 이를테면 법률서, 의학서, 신학서를 찍을 권리가 허용되었다. 머지않아 도서관 서가가 아닌 개별 저작물에 특권이 주어지기 시작했다. 작가가 아니라, 원고를 책으로 만들 수 있는 인쇄업자에게 말이다.* 그로부터 수년 후, 현대 초기의 이런 인쇄 특권에서

---

* 르네상스 지식인 에티엔 돌레(Étienne Dolet, 1509~1546)처럼, 인쇄업자가 곧 저자, 편집자, 번역자인 경우도 있었다. 이렇게 따지면 돌레는 자신의 저작물에 대해 특권을 가진 최초의 작가일지도 모른다.

저작권이 생겨난다.

16세기 중반부터는 악보 한 장보다 긴 무언가를 출판하려면 군주나 주교 같은 국가나 종교 권위자로부터 특권을 얻어야 했다. 인쇄술을 육성하려는 관대함과 열망에서 생겨난 제도가 이제 그 사용법을 통제하는 효과적인 수단으로 변한 것이다.

책에 아주 효과적으로 먹혔던 특권 제도는 곧 인쇄 이외의 분야(이를테면 새로운 방식의 직조와 유리 제조)에서도 외국 장인을 끌어들이기 위한 목적으로 확대되었다. 특히 잉글랜드 군주들은 특권 제도를 강력한 새 수입원으로 보았다. 1400년대 후반부터 1600년대까지, 떠돌이 장인들이 발명하거나 잉글랜드에 들여온 것들을 뛰어넘어 아주 다양한 업계와 기술에 선불로 혹은 할부로 지불되는 요금에 대해 좋고 나쁜 이유로 특허증이 발부되었다. 잉글랜드의 엘리자베스 1세는 한술 더 떠서 다수의 생필품 사업에도 특권을 부여했다. 셰익스피어가 런던의 글로브 극장에서 〈끝이 좋으면 다 좋아(All's Well That Ends Well)〉를 공연할 무렵, 엘리자베스 1세는 건포도, 철, 화장분, 카드, 소 정강이뼈, 고래 기름, 가죽 운송 수단, 아니스 씨, 식초, 역청탄 가루, 강철, 빗, 냄비, 질산칼륨, 납, 해수유(海獸油) 등 당대의 수많은 일상 제품에 대한 특허로 돈을 긁어모으고 있었다.[23]

왕실 특권을 임대료 창출 수단으로 광범위하게 사용하는 것은 경제 활동에 심각한 제약이 되었고, 상인들과 사업가들의 큰 공분을 샀다. 무슨 사업이라도 벌일라치면 여지없이 특권 보유자와 마주치게 되니 말이다. 의회 내외에서 왕실 특권(그리고 그 특권을 획득하기 위해 군주에게 지불하는 요금, 즉 로열티)에 반대하는 원성이 빗발치자 법이 완전히 바뀌었다.

1624년의 전매조례는 모든 독점을 단칼에 철폐했다. 이 결정은 잉글랜드에 획기적인 변화를 가져왔다. 좀 더 자유로운 형태의 상업이 부상하면서 마침내 잉글랜드는 상업 강국으로 우뚝 일어섰다. 그러나 역설적이게도 독점 보호의 원형인 특허는 폐지되지 않았다. 전매조례의 한 조항은 다음과 같이 명시했다.

> (상기의 규정들은) 왕국 내에서 유일하게 작동하거나 제조되는 모든 새로운 세품의 진정한 최초 발명자에게 주어지는 특허장과 특권에는 21년간 직용되지 아니한다. 그 제품들은 특허장과 특권 부여 당시 남들이 사용하지 않는 것이어야 하고, 법에 반하지 않아야 하며, 국내 가격을 올려 국가에 해를 끼치거나 무역상의 손해가 되거나 전반적으로 불편하지 않아야 한다.

이 오래된 조항과 현대의 특허법은 명백히 연결되어 있다. 발명품('새로운 제품들')이 '법에 반하지 않'거나 국가에 해롭지 않은 이상(이 표현은 거의 그대로 영국과 미국의 특허법에 쓰이고 있다) '진정한 최초 발명자'에게 특권을 부여하는 것이 정당하다는 개념은 바로 이 전매조례에서 비롯되었다. 언뜻 보면 저작권과의 연결성은 뚜렷이 보이지 않는다.

서적출판업자 조합(The Stationers' Company)은 국왕으로부터 받은 '특허장'을 통해 개별 책에 권한을 부여하는 특권을 갖고 있었기 때문에, 출판 독점은 새로운 법의 금지령에 직접 영향을 받지는 않았다. 그렇지만 그 배경에는 말장난이 도사리고 있었다. 책은 '제조된 물건'이고 각각의 책은 이전에 나온 책과 다르므로, 모든 출판물은 '새로운 제품'으로 분류될 수 있고, 따라서 출판업자가 이미 누리고 있는 특권은 정당화되었다. 이를 굳이 명시할 필요는 없었고, 쌍방 모두 만족했다. 인쇄업자들은 책에 대한 영구적인 독점권을 지킬 수 있어 행복했고, 정부는 인쇄업자들에게 인쇄물 통제를 맡기는 데 만족했다.

저작권 이야기는 인쇄된 글에 대한 통제권을 거머쥐려는 싸움으로 시작된다. 그런데 저작권은 거의 모든 것을 통제하는 도구가 되어버렸다.

4장
소유와 책임

    코로나 19가 전 세계적으로 유행하기 시작한 2020년 봄, 저널리스트 밥 우드워드와의 인터뷰에서 트럼프의 사위 재러드 쿠슈너는 트럼프 대통령이 "경제 활동 재개를 책임질 것(going to own the open-up)"이라고 주장했다.[24] 물론 쿠슈너는 몰랐겠지만, 고대 로마와 17세기 영국에서도 'own'이라는 동사가 이와 같은 용도로 빈번히 사용되었다. 쿠슈너는 소유에 불가피하게 따르는 도덕적 '책임'이라는 의미로 그 단어를 사용했다. 무언가를 소유한다는 건 단순히 그것에 대한 권리를 갖는 것이 아니다. 그에 대한 '책임'을 져야 한다. 주택 소유주들이 제3자 손해배상 보험에 드는 것도 이 때문이다.

    인쇄술이 발명된 이후 18세기 후반까지 책은 새로운 사상을 퍼뜨리는 강력한 도구로 여겨졌다. 좋은 사상도 있고, 덜 좋은 사상도 있었다. 당대의 권력층—교권과 왕권—은 좋은 사상을 장려하고 나쁜 사상을 억제하는 것이 의무라고 느꼈고, 특권 제도 덕분에 이런저런 방법을 사용할 수 있었다. 군주국 프랑스에서는 '왕으로부터 승인과 특권을 하사받지' 않으면 합법적으로 책을 출판할 수 없었다. 잉글랜드에서는 인쇄업자들의 동업조합 또는 길드인 서적출판업자 조합이 통제권을 행사했다. 런던에서는 조합원만 책을 찍어낼 수 있었으며, 조합원이라도 책을 인쇄하려면 특권을 부여받아야 했다. 누가 무엇을 인쇄할 것인지 기록한 조합 등록부가 있었기 때문에 무허가 출판물이 유출될 경우 책임 소재가 명확했다.

이런 조치를 통해 해결하고자 했던 문제들은 사라지지 않았다. 아무리 질서 정연한 국가라도 가짜 뉴스, 가짜 소문, 터무니없는 사상이 퍼지면 폭동과 반란이 일어날 수 있음을 오늘날의 우리는 아주 잘 알고 있다. 좋은 책과 나쁜 책을 어떻게 구별하느냐의 문제는 어떤 법으로도 제대로 해결되지 못했다.

1662년의 출판 허가법은 서적출판업자 조합의 서적 인쇄 독점권을 확정하면서, 조합원들이 등록한 책에 대해 모든 권리를 행사할 수 있도록 허용했다. 하지만 이 법의 주된 목적은 출판업자들을 왕실 소속의 검열관으로 만드는 것이었다. 법의 정식 명칭이 명명백백히 알려주듯이 말이다. "선동적이고 반역적이고 허가받지 않은 서적 및 팸플릿 인쇄의 악용을 방지하고 인쇄 및 인쇄물을 규제하기 위한 법."

교회나 정부의 심기를 건드리는 글을 세상에 내놨다가는 엄벌을 받을 수도 있었다. 1634년, 청교도 논객 윌리엄 프린

(William Prynne)은 『배우의 해악(Histriomastix)』에서 헨리에 타 마리아 왕비를 은연중에 비난했다는 죄목으로 막대한 벌금 과 함께 종신형을 선고받고 두 귀를 잘렸다. 현대적인 의미에서 보자면 그 글의 주인은 프린이 아니라 인쇄업자였지만, 프린은 글에 대한 책임을 짐으로써 트럼프의 사위가 사용했던 의미의 'own'을 실천한 셈이다.

특권은 후원자가 부여하고, 특권의 입지는 그것을 부여하는 후원자의 명성에 달려 있다. 따라서 특권 제도의 운명은 연루 된 후원자의 변화하는 권력 및 지위와 불가분의 관계에 있을 수 밖에 없다. 몇 세기가 지나는 동안 고위 성직자와 왕족의 권한 과 위신은 줄어들었지만 후원 자체는 사라지지 않았다. 오히려 우리 시대 문화의 주요 특징이다. 다수의 현대 과학 분야가 국 가 기관과 연구회로부터 자금을 지원받고 있으며, 대학 캠퍼스 에 입주해 글을 쓰며 쏠쏠한 수입을 올리는 작가도 많다. 이외에 도 많은 종류의 창작 활동이 자선가, 자선 기관, 국내외 자금 지 원책으로부터 상금, 보조금, 장학금을 지원받고 있다. 이런 후원 이 시대에 뒤떨어진 사회사업으로 거부당하지 않는 이유는, 현 대의 후원자들이 왕도 주교도 아닌 적법하고 신망 있는 대학, 전 문가, 훌륭한 억만장자이기 때문이다. 창작 활동에 자금과 더불 어 명분까지 더해주는 것이다.

현대 초기, 인쇄 특권에 항의하는 목소리가 나오기 시작한 것 은 왕권 및 교권의 적법성에 대한 의구심 때문이었다. 봉건 군주 제가 쇠퇴하고 17~18세기의 유럽 사회가 점점 세속화되면서,

사람들은 서적 인쇄를 통제하는 새로운 방법을 궁리하기 시작했다.

미셸 푸코는 저자가 처벌 대상이 되면서 실제로 책의 저자라는 것이 생기기 시작했다고 주장한 바 있다. 그에 따르면, 역사적으로 "본래 위험 가득한 행위, 하나의 제스처였던 글쓰기가 소유권의 회로에 휘말린 재화가 되었다."²⁵ 『로빈슨 크루소』를 쓴 대니얼 디포라면 푸코의 말을 이해했을 것이다. 그는 1703년에 '처벌'받았다. 『비국교도를 간편히 처치하는 법(The Shortest Way with the Dissenters)』이라는 풍자적인 소책자에서 '선동적 명예훼손'을 저지른 죄로 사흘간 칼을 쓴 채 조리돌림을 당한 뒤 투옥되었다. 석방 후 그는 푸코의 아이디어를 예견한 새로운 인쇄법 제안서를 작성했지만, 푸코와는 정반대 방향을 취했다.

저자가 책을 쓴 후 그에 대한 권리를 갖지 못하고 이득을 보지 못한다면… 법이 책 때문에 저자를 처벌하기는 매우 어려울 것이다.²⁶

이 유명 작가의 뼈아픈 경험으로 보자면, 지배적 합의에 어긋나는 저작물에 대해 처벌받음으로써 저작물을 '책임지는(own)' 사람은 당연히 저작물에 대한 권리를 '소유할(own)' 수 있어야 한다. 즉 그 수익을 가져야 한다.

소유자가 권리와 책임 모두 가져야 한다는 디포의 주장은 당연한 이치 같지만, 오늘날의 소셜 미디어 플랫폼은 이를 완전히 무시해버렸다. 가령 페이스북에 가입할 때 최종 사용자 라이선스 계약에 동의하는 순간, 우리의 데이터와 게시물을 사용할 권리가 회사에 넘어가고 우리에게는 저작권이 남는다. 현재의 약관은 다음과 같이 서술되어 있다. "회원님(사용자)은 회원님의 콘텐츠를 호스팅, 이용, 배포, 수정, 실행, 복사, 공개적 이용 또는 표시, 번역 및 파생된 저작물 제작이 가능한 비독점적이고 양도 가능하며 서브 라이선스할 수 있고 로열티 없는 전 세계 통용 라이선스를 저희(회사)에게 부여합니다. (그러나) 회원님은 회원님이 만들고 공유하는 콘텐츠의 지식 재산권(저작권 또는 상표 등)을 소유합니다."[27] 그러니까 페이스북은 회원들의 게시물로 뭐든 할 수 있는 권리가 있다. 20세기 후반 만들어진 '면책 조항(safe harbor)'(293쪽 참고) 때문에, 사용자의 게시물에 대해 저작권 침해가 제기되더라도 회사는 보호받는다. 말인즉슨 페이스북은 회원의 게시물을 2차적으로 사용해 수익을 창출할 수 있지만, 그에 대한 책임을 져야 하는 쪽은 페이스북이 아니라 회원인 것이다. 우스갯소리지만 웃을 일이 아니다.

17세기 후반, 지식 재산은 푸코의 말마따나 "소유권의 회로에 휘말렸다." 그 진상의 일면을 우리는 알 수 있다. '소유하다(own)'라는 동사의 이중적 의미를 교묘히 이용한 것이다.

저작권 이야기에서 말장난은 이것으로 끝나지 않았다.

5장
저작권 이전의 책들

   책은 적어도 고대 그리스 시대부터 거래되어왔다. 로마 제국 말기인 4세기까지 사람들은 파피루스 두루마리에 글을 썼고, 읽고 쓸 줄 아는 노예들이 스크립토리아(scriptoria)라는 작업장에서 여러 장으로 필사했다. 두루마리의 소유주는 노예의 주인들이었지만, 거기에 담긴 글은 그 누구의 것도 아니었다. 글을 쓴 사람은 스크립토리아에 자신의 글을 팔아 필사를 맡기기도 했는데, 상당한 금액을 받는 일이 없지는 않았으나, 고대 중국에서처럼 로마에서도 펜(아니 첨필이나 깃대 또는 붓)으로 먹고사는 것을 명예로운 일로 보지는 않았다. 덜 유명한 작가는 자기 글을 필사해달라며 스크립토리아에 되레 돈을 주는 경우도 많았다. 요즈음 숱한 사람들이 자비 출판사에 돈을 주고 자기 책을 내는 것처럼 말이다. 인쇄술이 발명된 후에야 책 장사가 시작되었다면 틀린 말이겠지만, 유명한 작품은 고대와 중세에 동서양을 막론하고 전 세계 구석구석으로 퍼져 나갔음에도 여전히 값비싼 사치품이었다. 부잣집에서나, 나중에는 주교와 귀족의 호화로운 저택과 수도원에서나 눈에 띄었다.

초기 기독교 교회가 현대적인 형태의 책인 코덱스(codex, 낱장에 글을 써서 한데 묶어 한 장씩 넘길 수 있도록 만들었다)를 도입한 뒤, 5세기부터 코덱스는 유럽 전역에 빠른 속도로 퍼져 나가 두루마리를 대체했다. 하지만 코덱스를 베끼는 건 두루마리를 베끼는 것만큼이나 고된 노동이고, 대개는 수도승들과 수녀들이 무상으로 작업했다. 필사본은 여전히 귀중품이었고, 그 주인은 필사한 사람이었다. 필사본 주인들은 자유롭게 책을 빌려주고, 이전 권리 보유자와 상관없이 다른 필사본을 만들도록 허락할 수 있었다.

* * * *

인쇄술은 중국의 4대 발명 중 하나로 꼽힌다. 8세기 당나라 때 목판 인쇄술이 등장했다. 필경사가 필사한 종이(역시 중국의 발명품)*를 목판에 뒤집어 붙이고 글자를 양각으로 새겨넣는 기술이다. 목판 하나에 텍스트 한 장 분량이 담겼다. 낱말 개수는 종이와 글자 크기에 따라 달라졌다. 목판만 있으면 사본을 한 권이든 100권이든 1,000권이든 그 자리에서 당장 찍어낼 수 있었

---

*   중국의 4대 발명 중 나머지 두 가지는 화약과 나침반이다.

다. 여러 묶음으로, 수년 동안, 어떤 때는 수백 년도 가능했다. 이 덕분에 책 수집가들(귀족, 학자, 수도승)은 바뀌지 않고 바꿀 수도 없는 귀중한 텍스트를 어마어마하게 모을 수 있었고, 목판술은 모방 문화에서 전통을 계승하는 방법으로 적격이었다. 이 기술의 한계이자 미덕은, 목판을 분해할 수 없기 때문에 거기에 새겨진 글자들을 재사용할 수 없다는 점이었다. 각각의 목판에는 1회분의 재료와 기술이 녹아 있는 셈이다. 그래서 문학적·철학적·과학적 작품의 주인이 누구냐 하는 문제는 전혀 일어나지 않았다. 원 목판의 주인만이 사본을 찍어낼 수 있었기 때문이다.

서양에서 책을 인쇄하는 방식은 아주 달랐고, 누가 소유하고 통제하느냐의 문제가 더 까다로웠다. 1458년 구텐베르크가 마인츠에서 완성한 장치는 포도 압착기를 개조한 것으로, 잉크를 바른 인쇄판 위에 종이를 놓고 나사를 죄어 종이를 약하게 눌렀다. 인쇄판은 글자를 새겨 넣은 목판이 아니라 금속 조각이 빽빽이 끼워진 활자판이었다. 알파벳 문자(혹은 빈칸이나 구두점)를 좌우가 반전된 형태로 주조한 금속 활자는 다시 사용할 수 있었다. 활자의 재료가 된 금속은 여러 번 주조할 수 있을 만큼 무르고, 2,000~3,000회의 압착을 견딜 만큼 단단한, 납과 구리의 새로운 합금이었다. 사실 인쇄 부수가 한정된 진짜 이유는 활자가 마모되고 찢어져서가 아니라, 활자판을 고정한 나무틀의 저항력이 점점 약해져서였다. 틀이 휘어지기 시작하면 조판된 활자들이 움직이고 기울다가 결국엔 뒤죽박죽으로 섞여버렸다. 1830년 전에 인쇄된 고서의 한 페이지에서 마지막 줄이 귀퉁이를 향해 제멋대로 기울어 있다면, 그 페이지는 수명이 거의 다한 활자판으로 찍어낸 것이다.

움직일 수 있고 재사용할 수 있는 납 활자를 이용한 인쇄는 현대 공산품 생산의 전형이라 할 수 있다. 설치비는 많이 들지만 각 생산품의 한계 비용은 0에 가깝다. 각각의 조판마다 약 3,000부까지 찍어낼 수 있고, 설비와 종이를 제외하고 책 인쇄에 드는 가장 큰 비용이 식자공에게 지불하는 임금이었다. 1458년부터 19세기 초반까지 서양에서 사용된 고전적인 출판 사업 모델은 이해하기가 아주 쉽다.

인쇄술 덕분에 읽을거리에 드는 비용이 현저히 줄어들었을 뿐만 아니라 책을 구하기도 훨씬 쉬워졌다. 그런데 두 가지 문제가 발생했다. 첫째, 인쇄업자는 어떻게 원고를 손에 넣고, 저자에게서 그것으로 책을 만들어도 좋다는 허락을 받아내는가? 답은 간단하다. 그 물건을 구매하거나, (고전 같은) 옛날 작품들 또는 성경처럼 저자를 정확히 알 수 없는 저작물에 대한 특권을 적법한 당국으로부터 (대개는 요금을 내고) 취득하면 된다. 둘째, 책이 인쇄되고 판매되기 시작하면, 그 구매자가 원고를 사거나 특권을 취득하지도 않고 직접 조판하여 똑같은 책을 찍어내는 것을 막을 방도가 있을까? 더 적은 착수비로 다시 인쇄한 책이 더 싼 값에 팔리면 초판의 시장성은 무너질 수도 있다. 일반적으로 책은 품절되는 데 시간이 걸리고(중요한 작품은 독자를 찾는 데 몇 년이 걸리기도 한다) 복제는 금방 끝나기 때문에(손 빠른 식자공 한 팀만 있으면 며칠 만에 뚝딱 해치울 수 있다), 서양의 출판 사업은 강제적인 규제 없이는 발전할 수 없는 구조였다.

이런 까닭에 고전적인 책 시장의 인쇄업자들은 특권 및 특허 제도에 전혀 반대하지 않았다. 오히려 법과 관례가 있어야 사업이 가능했다. 역으로 공권력은 책의 위력이 자신들의 세속적, 종교적 지위를 흔들어놓을까 두려워 인쇄업자들을 자기네 앞잡이로 삼으려 했다. 런던과 마찬가지로 파리에서도 인쇄소 수는 법으로 제한되었고, 인쇄업자의 권리와 의무는 상거래 관행과 스스로 단속하는 길드를 통해 체계화되었다.

이런 규제에 반갑지 않게 딸려온 또 다른 결과는, 인쇄업자 길드의 정식 회원들이 시, 희곡, 소설, 과학, 철학, 신학 등 모든 지적 저작물의 생산과 판매를 독점하게 되었다는 것이다. 게다가 독자층이 점점 넓어지기 시작했으니, 인쇄업은 누구나 탐낼 만한 사업이 되었다. 인쇄업과 출판업은 인쇄를 가업으로 잇는 가문의 카르텔이 되었다. 그들이 정식 허가와 특권을 받아 인쇄한 책은 그들의 재산처럼 보였다. 관행상 그럴 수밖에 없었다. 카르텔의 일원들이 동료의 출판물을 다시 인쇄해 서로의 심기를 건드리는 일은 없을 테니 말이다. 런던을 예로 들자면, 셰익스피어의 모든 작품은 인쇄업계의 왕가라 할 만한 톤슨(Tonson)에서 출판되었다. 다른 회사들이 초서와 밀턴과 드라이든 등등의 작가를 소유했듯, 톤슨은 셰익스피어를 소유했다. 서적출판업자조합 회원들 앞으로 등록된, 지속적이고 안정된 판매가 보장된 책은 잉글리시 스톡(English Stock)으로 불렸고, 이는 분명 대단히 값진 재산이었다. 전집, 긴 총서, 호화본을 작업할 때는 출판

인쇄업자들이 콩거(conger)라는 연합체를 형성하는 경우가 많았다. 가끔은 서로에게 작품을 팔거나 작품의 지분을 팔기도 하는 등 작품에 대한 권한이 2차 시장에서 활발히 거래되었다. 그러나 톤슨과 동료들은 이 자산을 권리가 아닌 재산(집, 논밭, 말 또는 상선이나 탄광 등 공동 기업체의 지분 같은 재산)으로 여겼다.

이런 이유로 인쇄기가 발명된 후에도 책값은 예상만큼 많이 떨어지지 않았다. 16~18세기 영국과 프랑스의 평민들에게 책은 여전히 접하기 어려운 사치품이었다. 거래의 성격과 규제의 형식 때문에 출판인쇄업자들은 멋대로 높은 가격을 책정할 수 있었다.

하지만 영국인은 물론이고 중국인조차 인쇄술을 생각하지 못했던 아득한 옛날에 살고 글을 썼던 호메로스, 베르길리우스, 타키투스의 작품을 제 것이라 주장할 수 있는 논리적 근거가 있을까? 셰익스피어는 극단을 운영해 집세를 냈는데, 톤슨은 『햄릿』과 『리어왕』 덕에 먹고살 수 있었던 이유는 뭘까?

많은 이에게 출판업은, 뚱뚱한 인쇄업자들이 마치 경찰처럼 새로운 사상을 쇠사슬에 묶어두는 고약한 헛짓거리로 보이기 시작했다. 17세기 말엽, 분노가 폭발했다.

6장
재산권은
어디에서 오는가?

재산권은 자연에 존재하지 않지만 대부분의 현대 사회를 밑
에서 떠받치는 초석이다. 그건 어디에서 올까? 무엇이 그 분배
를 정당화할까? 어느 가난한 헝가리 마을의 교실에서 이루어지
는 수업을 통해 그 답을 생각해보자.

"애들아, 눈의 주인은 누구일까?"

깔깔거리는 웃음소리.

"없어요!" 한 소년이 외쳤다.

"신이요!" 다른 아이가 크게 답했다.

"그럼 만약에 그 눈으로 눈사람을 만들면 눈사람은 누구 것일
까?"

"만든 사람이요."

"흠." 교사가 중얼거렸다. "그럼 어떤 사람이 땅을 갈고 씨를

뿌리고 보살펴서 밀밭을 만든다면 그 밭은 누구 것일까?"

"땅을 갈고 씨를 뿌린 사람이요."

"정말 그럴까?" 교사는 고개를 끄덕였다. "페테르 발로그, 너희 아버지가 땅을 갈고 씨를 뿌리고 추수를 하시지?"

"네, 선생님, 맞아요."

"아버지는 땅을 얼마나 갖고 계시지?"

"없어요, 선생님."

"정말?" 교사는 전혀 몰랐던 것처럼 물었다. "그럼 뭔가 이상하지 않니, 얘들아?"[28]

이 에피소드는 17세기 영국에서 존 로크가 발전시킨 철학 이론을 도발적으로 변주한 것이다. 로크의 주장에 따르면, 땅에서 나는 농작물(밀, 건초, 당근, 사과)은 신이나 자연이나 군주의 선물이 아니라 인간 노동의 산물이므로, 땅을 갈고 씨를 뿌리는 데 들어간 노동을 통해 인간은 땅(당시 부의 주요 원천)을 소유한다. 제일 처음 땅에서 열매를 맺게 한 자에게 윤리적으로도 공식적으로도 땅에 대한 권리가 있다. 따라서 상속법에 따른 현행의 소유권 분배는 조상들의 노동에 의해 정당화되었다. 노동을 통해 재산권이 생긴다는 이 이론은, 왕권신수설에 대한 신비적인 믿음으로 왕족 특혜를 정당화하는 전통적 사상에 점점 회의를 품기 시작한 중산층에게 환영받았다.

하지만 런던의 서적상들의 '재산권'은 어떨까? 그들은 땅을 갈지도 씨를 뿌리지도 않았다. 게다가 책은 로크가 이야기하는 재산의 전반적인 개념에 잘 들어맞지 않는다.

땅, 소고기, 집 같은 유형 재화는 판매나 기증을 통해 한 소유주에게서 다른 소유주에게 이전될 수 있다. 서적출판업자 조합의 조합원들이 서로에게 작품을 팔았듯이 말이다. 하지만 큰 차이점이 하나 있다. 땅 주인은 다른 사람이 그곳에서 농사를 짓지 못하도록 막을 수 있다. 소고기 주인이 고기를 먹고 나면 아무것도 남지 않는다. 집주인은 자기 집에서 살 수 있고, 그러고 나면 다른 사람은 거기서 살 수 없다. 유형 재화는 고갈될 수 있고(소고기) 배타적이다(집). 그러나 문학, 과학, 철학 저작물은 고갈되지도 않고 배타적이지도 않다. 우리가 책을 읽은 후에도 거기에 담긴 내용은 전혀 변하지 않는다. 문학 작품이나 과학 서적은 거기에 눈길을 주기만 하면 누구나 동등하게, 즉 배타적이지 않게 공유할 수 있다. 유형의 책은 평범한 재산일 수도 있지만 누구든 시간에 구애받지 않고 마음대로 사용하고 활용할 수 있다. 재산권의 노동 이론은 지식 재산의 적절한 소유에 관해 별로 언급하지 않는다.

이런 명백한 문제가 있는데도 강력한 저작권법에 찬성하는 사람들은 뿌린 만큼만 거두어야 한다는 17세기의 이 사상을 자주 들먹인다.[29]

마찬가지로 지적 저작물에 대한 권리를 창작자에게 주어야 한다고 강력하게 주장한 대니얼 디포 같은 작가들은 로크의 이론을 논거로 삼았다. "책은 저자의 재산이다." 디포는 이렇게 외쳤다. "책은 저자의 발명품이요, 저자의 뇌가 낳은 자식이다."[30]

하지만 이 우렁찬 주장조차 그다지 옳지 않으며, 'own'이라는 단어의 이중적 의미로 말장난을 하고 있기는 마찬가지다. 부모는 자녀를 (한정된) 몇 년 동안 책임지지만, 마음 내키는 대로 아이를 처분할 자유는 없다. 특히 아이를 팔아치우는 건 허용되지 않는다.

사정이 이렇다 보니 서적출판업자 조합의 손아귀에서 벗어나려 애쓰면서도 엉거주춤 동요만 하고 있는 작가들을 부추기기 위해 다른 은유들과 말장난들이 더 폭넓게 사용되었다. 그중 가장 쉬운 논쟁 전략은 정신을 토지 재산에 비유하고, 시와 희곡을 지적인 농학자들이 힘들여 키운 농작물로 생각하는 것이었다. 예를 들어 에세이스트 애디슨은 가벼운 마음으로 다작하여 상당한 수입을 올리고 있는 한 작가에 관해 다음과 같이 설명했다. "그의 사유지인 그의 뇌는 다른 사람들의 땅만큼 주기적으로 다양한 것을 생산해냈다."[31]

미사여구에 불과한 이 말은 신념으로 변하더니 급기야 신조가 되어버렸다. 문제는, 정말로 씨를 뿌린 자는 누구이며 애초에 그 씨앗이 어디에서 왔느냐 하는 것이다. 답을 찾기란 그리 쉽지 않다.

7장
천재의 짧은 역사

18세기까지도 사람들은 모든 사상과 지적 산물이 한낱 유한한 인간이 아닌 다른 곳에서 온다고 믿었다. 그리스와 라틴 작가들은 신들 또는 자기네보다 신에게 더 가까웠던 고대인의 공으로 돌렸다.

17세기 프랑스 시인 니콜라 부알로(Nicolas Boileau)는 하늘이 시를 내려준다고 끈질기게 주장했다.

> 만약 그가 하늘의 은밀한 영향을 느끼지 못한다면
> 만약 그가 태어났을 때 별이 그를 시인으로 만들지 않았다면
> 그는 편협한 천재 속에 영원히 사로잡혀 있으리.[32]

한편 기독교는 2행 연시를 통해 "지식은 신의 선물이다. 고로 팔 수 없다(Scientia donum dei est, Unde vendi non potest)"고 선

언했다. 마르틴 루터가 항변의 의미로 인용하기도 했던 복음서 구절 "너희가 거저 받았으니 거저 주어라."(「마태오의 복음서」 10장 8절)에 근거한 것이었다.

오늘날 자유 소프트웨어 운동* 지지자들이 외치는 "정보는 자유로워야 한다."**[33]는 구호는 그들의 생각보다 훨씬 더 오래전부터 시작되었다. 사실 우리가 할 이야기의 출발점이다.

지식 재산이라는 개념이 생겨난 것은, 창작물의 궁극적 기원에 대한 믿음이 근본적으로 바뀌었기 때문이다. 새로운 아이디어의 원천을 개개의 인간으로 보기 시작한 것이다. 이러한 변화는 확실치 않았고, 그 후로 끊임없는 저항에 부딪혔다. 새로운 아이디어가 '있다'고 모두가 믿는 것도 아니다. 성 히에로니무스가 "sub sole nihil novum est"[34]로 번역한 "하늘 아래 새로운 것은 없다"는 옛 히브리 속담은, 조너선 레덤의 에세이(35쪽 참고)에서 보듯, 사상과 표현도 사유 재산이 될 수 있다는 개념에 반대하는 강력한 근거가 되고 있다.

그러나 17~18세기에 작가들은 정부와 교회 그리고 특히 그들의 끄나풀 노릇을 하는 서적출판업자 조합에 반감을 품고, 지적 산물의 진정한 원천이 어디인가에 대한 새로운 개념을 앞세워 자신들의 소유권 주장을 정당화하려 했다. 시를 자녀로, 정

---

* 소프트웨어를 실행하고, 연구하고, 수정하고, 사본을 공유할 자유를 요구하는 운동. -옮긴이

** "Information wants to be free"는 '정보는 공짜여야 한다'는 의미로 해석할 수도 있다.-옮긴이

신을 농장에 비유하는 건 참 좋았지만 은유만으로 해결될 문제가 아니었다. 해답을 내놓은 사람은 선동가나 철학자가 아니었다. 하필 파산한 귀족만 골라 손을 빌리는 바람에 제대로 된 후원을 받지 못하며 오래도록 작품 활동을 한 시인이었다. 일흔다섯이라는 느지막한 나이에 에드워드 영(Edward Young)은 『파멜라(Pamela)』와 『클라리사(Clarissa)』를 쓴 소설가 새뮤얼 리처드슨(Samuel Richardson)에게 공개서한을 보내, 독창적 작품의 기원에 대한 새로운 개념을 제안하면서 '천재(genius)'라는 단어를 사용했다. 그는 '독창적 작품'을 정의하는 대신, 그저 리처드슨에게 "모두가 인정해야 하는 사실"을 받아들이라고 청했다. 즉 "어떤 작품은 다른 작품보다 더 독창적이며… 문학계를 확장하고 그 영토를 늘려준다"는 것이다. 그러나 뒤이어 그는 '더 독창적인' 작품들이 어디에서 어떻게 나오는가에 대해 놀라우면서도 기발한 주장을 펼쳤다.

> 독창성은 그 본질이 식물과 같다고 할 수 있습니다. 천재라는 기운찬 뿌리에서 자발적으로 돋아 자라나는 것이지, 만들어지는 것이 아니지요.

에드워드 영의 주장에 따르면, 인간의 창의성은 외부의 힘이 아니라 일부 인간들이 지닌 특별한 능력에서 나왔다. '천재'—그는 이 특별한 능력과 그것을 지닌 사람을 이렇게 불렀다—는 드물지는 않지만 온전히 개인을 가리키는 말이었다. 모든 새로운 정신적 산물은 실제 '사람들'에게서 나왔으니 말이다. 이 주장을 들으면 그 특별한 사람들이 옛날의 신과 비슷해 보인다. 영의 『독창적 작품에 관한 고찰(Conjectures on Original Composition)』(1759년)은 종래의 믿음을 허물고, 현재와 미래의 관계에 대한 새로운 비전을 제시하는 것처럼 보였다.

세상에 새로운 아이디어와 작품을 더하는 이 마법 같은 능력을 일컬어 에드워드 영이 사용한 단어는 기묘한 역사를 지니고 있다. 언뜻 보면 라틴어에서 빌려온 말 같지만, 고대 로마에서 'genius'는 어느 한 장소에 붙어 그곳을 수호하는 특정 신을 지칭하는 단어였다. '국민정신(national genius)' 같은 어구나 프랑스 바스티유 광장에 서 있는 조각상의 이름 '자유의 수호신(Génie de la liberté)'에 여전히 그런 의미가 녹아 있지만, 에드워드 영의 의도는 전혀 달랐다. 그가 사용한 단어 'genius'는 완전히 다른 라틴어 'ingenium'에서 유래한다. 'ingenium'은 웅변가에게 꼭 필요한 자질인, 편안하고 유창하게 말할 줄 아는 천부적 능력을 뜻한다. 이탈리아어에서 'ingenium'은 'ingenio'로 다시 등장하여(베네치아 특허법에서 보듯), 실용적이거나 사변적인 작업에서 발현되는 정신의 자연적 힘을 묘사한다. 영어의 'native wit'와 프랑스어의 'esprit'와 같은 결이라고 할 수 있다. 그런데 어쩐 일인지 두 라틴어가 합쳐졌고, 다른 많은 언어와 마찬가지로 프랑스어와 영어에서도 'genius'는 두 가지 뜻을 모두 내포하고 있다.[35]

이 책에 담긴 수많은 아이러니 중 하나인데, 에드워드 영이 천재라는 개념을 혼자 발명해낸 건 아니었다. 이미 널리 공유되고 있던 아이디어를 인상적으로 표현하여 더 멀리, 더 널리 퍼뜨렸을 뿐이다. 독일 시인 괴테는 『독창적 작품에 관한 고찰』을 영어 독학 교재로 삼기까지 했다. 책 안에는 그의 마음에 드는 사상이 훌륭하게 설명되어 있었고, 괴테의 젊은 동료 프리드리히 실러는 이 책을 넘겨받아 독일어로 번역했다.[36] 이 번역본은 유럽 대륙에서 한창 꽃피고 있던 문학과 예술을 정당화하고 북돋는 역할을 했다.

에드워드 영은 천재가 딱히 희귀한 사람도, 교육받은 엘리트에 한정된 것도 아니라고 주장했다. "쓰지도 읽지도 못하는 천재가 많았다." 천재도 실수할 수 있고 고상하지 못한 짓을 저지를 수 있지만, 독창적인 작품을 만들어내는 새로운 마법의 소유자로 인정받았다.

프랑스에서는, 세상의 모든 지식을 알파벳순으로 정리하려는 최초의 위대한 시도인 백과사전에 바로 그 대담한 개념이 등장했다. 'génie' 항목에는 예술과 과학뿐만 아니라 사업과 정치 등 '천재적인 사람들'이 활약하는 분야가 쭉 열거되어 있다(묘하게도 수학은 빠져 있다). 에드워드 영과 마찬가지로, 백과사전의 이 항목을 집필한 저자 역시 천재가 곧 그 분야의 대가라고 주장하지는 않는다. 그들도 실수를 하고 고상하지 못한 짓을 저지르지만, 그들의 작품은 항상 '사물의 본질'을 바꾸어놓았다.

그가 손을 대는 모든 것에 그의 개성이 묻어나고, 그의 정신은

과거와 현재를 훌쩍 뛰어넘어 미래를 밝힌다. 시대는 저만치
앞서가는 그를 뒤따라갈 뿐이다.[37]

이후 낭만주의 작품에 자주 등장하는 천재상—죽어가는 연
인을 따뜻하게 지켜주기 위해 촛불을 켜놓고 시를 쓰는 무명의
가난한 천재(〈라 보엠(La Bohème)〉의 주제이기도 하다)—과 꽤 비
슷해 보인다. 개인의 천재성에 대한 이러한 믿음이 지식 재산이
라는 개념의 밑바탕에 깔린 것처럼 보이지만, 사실 저작권은 이
보다 7년도 더 전에 고안되었다.

미국의 작가이자 저널리스트 에릭 세버라이드(Eric Sevareid)
가 말했듯, 해결책이야말로 문제를 일으키는 주된 원인이다. 저
작권의 초기 역사에 딱 들어맞는 말이다.

8장

앤 여왕 법

저작권(copyright)은 복제할 권리를 의미하지 않으며 그런 적
도 없다. '풍부'를 의미하는 라틴어 'copia'(cornucopia는 '풍요
의 뿔'이라는 뜻이다)에서 유래한 'copy' 또는 'copie'는 고문서
를 '더 채워 넣어' 아름답게 제작하는 필경사의 작품을 지칭하
는 단어로 오랫동안 사용되었다. 하지만 'copy'의 주된 의미는
작가의 실제 저작물, 즉 텍스트나 작품으로, 글이 쓰여 있는 원
고와는 별개의 것이었다. 현대 영어에도 그 의미가 온전히 남
아 있다. 저널리스트의 'copy'는 사본이 아니라 작성한 기사 자
체이며, 'copy-editor'의 직무는 글을 베끼는 것이 아니라 교
정하는 것이다. 그러므로 출판인쇄업자들은 그들이 세상에 내
놓는 작품들, 'copy'에 대한 권리를 누렸으며, 초서나 드라이든
의 신판 지분을 서로에게 팔 때 그들이 거래한 것은 'copy'였다.
'copyright'라는 용어가 18세기 초반에 만들어졌을 땐,* 텍스트

를 인쇄하고 출판할 특권을 지칭할 의도였고 오로지 그런 의미로만 쓰였다.

1695년, 서적출판업자 조합에 출판물 통제권을 부여한 영국의 1662년 출판 허가법이 만료되었지만, 오늘날의 의회 교착 상태와 다르지 않은 정치적 침체 때문에 갱신이 불발되었다. 이로써 출판인쇄업자들이 그들의 'copy'에 대해 가진 독점적이고 영구적인 권리는 갑자기 법적 근거를 잃고 말았다. 원칙적으로는 이제 누구든 무엇이든 인쇄할 수 있었다. 기존의 출판업계에는 재앙과도 같은 일이었다. 더군다나 런던 밖, 스코틀랜드와 아일랜드 같은 인접 지역에서도 인쇄기를 사용할 수 있게 되면서 피해 규모는 훨씬 더 커졌다. 이 상황을 타개하려면 어떻게 해야 할까?

이 문제를 두고 치열한 논쟁이 벌어졌다. 제안서가 작성되고, 법안이 발의되고, 소책자와 책을 통해 공개 토론이 이루어졌다. 15년 동안 그 문제는 미결 상태로 남아 있었다. 작가의 저작에 대한 적법한 권리는 누구에게 돌아가야 할까? 문학 작품과 철학서는 공정하게 모두의 것이 되면 안 될까? 하지만 만약 그렇게 된다면 인쇄업자와 출판업자는 무슨 수로 돈을 벌어 신간이든 옛 책이든 계속 세상에 내놓을 수 있겠는가? 그리고 작품에 대한 권한이 보통의 재산권으로 인정된다면, 역사상 중요한 작품

---

* 이 용어가 옥스퍼드 영어 사전에 처음 등장한 것은 1735년이다.

들―호메로스, 베르길리우스, 셰익스피어, 성경―의 사유화는 어떻게 정당화할 것인가?

존 로크도 이 논쟁에 끼어들었다.

> 아주 오래전에 살았던 툴리우스, 카이사르, 리비우스의 저작을 인쇄할 수 있는 권리를 어느 개인이나 회사가 독점해야 한다는 주장은 언뜻 봐도 아주 불합리하다. 또한 누구든 자체 판단하에 서적출판업자 조합처럼 그 글들을 찍어내지 못할 이유가 전혀 없다. 인쇄할 자유를 모두가 누린다면 그 저작들을 확실히 더 저렴하게, 보다 나은 방법으로 가질 수 있다.[38]

이에 대해 출판업자들은 다음과 같은 푸념으로 에둘러 답했다.

> 학식과 노동의 결실인 책의 진정한 소유자인 저자나, 저자에게 권리를 합법적으로 이전받은 사람의 동의 없이, 인쇄업자며 서적상이며 많은 사람이 최근 제멋대로 책을 인쇄하고 이미 출판된 책을 다시 찍어내고 있으니, 이는 학구열을 심각하게 꺾어놓을 뿐 아니라 적법한 소유자의 재산을 악의적으로 침범하여, 그들과 그 가족에게 해를 끼치고 종종 파멸에까지 이르게 한다.[39]

실제로 파멸한 사람은 아무도 없었지만, 이들의 말이 완전히 틀리지는 않았다. 출판사의 파산은 어느 작가도 원치 않을 것이다.

마구 쏟아지는 해결책 가운데, 새 법안 초안을 작성하는 데 적극적으로 관여했던 서적출판업자 조합에 다시 권한을 넘겨주자는 주장이 우세했다. 그러나 의회 절차 중 어느 시점에 출판인쇄업자들은 작가들을 달래기 위한 방편으로, 작품의 수익 소유권을 한정 기간 작가에게 주는 데 합의했다. 출판업자에게 불리해 보이지만, 실은 그들의 기발한 꼼수였다. 1710년에 최종적으로 통과된 법안에 따르면, 출판물의 내용에 대한 소유권은 작가나 그들의 지정 대리인, 그러니까 창작자로부터 작품에 대한 권리를 사들인 출판업자에게 있었다. 작가에게 주어진 새로운 권리의 유효 기간은 그 권리를 돈으로 산 사업가에게는 적용되지 않을 터였다. 그러므로 몇백 년 동안 쭉 그래왔듯, 저작물에 대한 실질적인 소유권은 여전히 출판업자의 손아귀에 남아 있게 된다. 이렇게 문제가 해결되었다.

1710년 앤 여왕 법을 흔히 현대 저작권의 탄생으로 본다. 초반부 내용을 보면 확실히 그렇게 보인다.

1710년 4월 10일부터, 이미 출판된 책(들)의 지분을 갖고 있지 않은 저작자 또는 책을 인쇄 및 재인쇄하기 위해 책(들)을 구매하거나 취득한 서적상(들)은 상기한 4월 10일부터 21년간 그 책(들)을 인쇄할 수 있는 독점적 권리와 자유를 갖는다. (…)

그리고 이미 집필되었으나 인쇄·출판되지 않았거나 향후 집필될 책(들)의 저작자와 그의 지정 대리인(들)은 그 책의 첫

출판일부터 14년간 동일한 책을 인쇄 및 재인쇄할 독점적 자
유를 갖는다.

"명시된 기간 인쇄물의 저작자나 권리 취득자에게 그 인쇄물
에 대한 권리를 귀속시킴으로써 학문의 장려를 도모하기 위한
법"—지금도 같은 맥락의 표현이 사용되고 있다—에는 서적출
판업자 조합원들의 부와 권력에 대한 공분을 달래기 위해 추가
한 조항도 몇 가지 있었다. 현대 외국어 및 고전어로 쓰인 출판
물의 수입이 무제한 허용되고, 출판업자들은 등록된 서적들을
대학 도서관에 보내야 했으며, 캔터베리 대주교를 위원장으로
하는 위원회를 구성하여 부당한 가격 인상에 대한 항의를 심사
하기로 했다. 그러나 이 법이 통과된 것은 기만적인 말장난 덕분
이었다. 언뜻 보면 저작자가 최대 28년까지 자신의 작품에 수익
권을 갖는 것처럼 보이지만, 서적상과 출판업자는 그 기간 내에
작가에게서 권리를 사들이면 그 후로 영원히 그 권리를 소유할
수 있다는 의미로 받아들였다. 법적으로 기간이 제한된 권리와,
법안의 교묘한 표현에 따라 영원히 만료되지 않는 재산권 사이
에 깔린 모순은 몇 세기 동안 해결되지 않은 논쟁을 불러일으켰
다. 대니얼 디포는 당시 의회에서 심의 중이던 법안이 구제 불능
으로 난잡하다고 보고, "국민의 재산과 관련하여, 책과 관련하
여 이 국가에서 빚어진 참극"[40]이라며 법안을 맹렬히 비난했다.
  하지만 앤 여왕 법으로 인해 출판업자들이 여러 지방과 스코
틀랜드에서 인쇄된 해적판들을 추적해 파기할 수 있게 됨으로

써, 혼란스러웠던 런던의 출판 시장에는 다시 질서가 잡혔다.

1716년에는 그 법의 해석을 명확히 해야 하는 사건이 처음으로 벌어졌다. 런던의 한 출판업자가 이전에 라틴어로 출판된 한 작품의 영어판을 내겠다는 의도를 밝혔다. 이미 세상을 떠난 저자 토머스 버넷(Thomas Burnet)의 상속인인 동생은 상업적 이익보다는 가족의 명예를 지키겠다는 이유로 번역판의 간행을 막기 위해 소송을 제기하면서, 앤 여왕 법이 저작자에게 부여한 권리를 근거로 삼았다. 법에 따르면, 동일한 저작의 무단 재인쇄를 막을 수 있었다. 그런데 번역판은 동일한 작품의 재인쇄일까, 아닐까? 지금이야 두말할 나위 없이 저작권자가 번역권도 갖고 있지만, 앤 여왕 법에는 번역이 언급되지 않았기 때문에 18세기의 법정은 명확한 답을 갖고 있지 않았다. 1721년에 결국 소송이 고등법원 상법부까지 올라갔다. 피고인 출판업자는 앤 여왕 법의 의도가 "책으로 얻는 이익을 저작자에게 줌으로써 학문을 장려하기" 위함이지, "다른 언어로의 번역을 막기 위함이 아니"라며, "어떤 면에서 번역서는 다른 책으로 볼 수 있고, 언어 능력이 꼭 필요한 작업인 만큼 번역가를 저작자라고 할 수도 있다"고 주장했다. 그리고 대법관은 "그런 행위(번역)가 법의 금지 대상에 포함되지 않는다"[41]는 판결을 내렸다. 이 소송 때문에 영국에서는 1911년에야 저작자의 번역권이 온전히 인정되었다.

이 소송에서 눈여겨보아야 할 점은, 적어도 몇몇 사람은 앤 여왕 법으로 시작된 '저작권(copy-right)'을 인쇄할 권리에만 국한된 것으로 보지 않았다는 사실이다. 부차적 사용과 2차 저작물을 둘러싼 갈등은 저작권의 탄생과 함께 시작되었다. 그런데 기묘하게도, 법의 테두리를 벗어나지 않으므로 번역물을 원작과는 별개의 독립체로 인정한다는 대법관의 판결과 상관없이, 법정은 원고의 손을 들어주며 해당 번역판의 판매를 금지했다. 이런 갑작스러운 태세 전환의 이유는 무엇일까? 문제의 저작이 아담과 이브 사이에 오가는 가상의 재담 등, 법정의 판단에 따르면 저속한 어조로 통용돼서는 안 될 "이상한 개념"을 담고 있었기 때문이다. 따라서 그 책은 라틴어로만 남아 있어야 했다. "학식 있는 자들이라면 (작품을) 더 잘 판단할 수 있으니, 라틴어로는 큰 해가 되지 않을 터"였다. 지금 듣기에는 불쾌하기 그지없는 계급 차별적 발언이지만, 사법부가 공익을 근거로 내세워 저작권을 탄압 도구로 사용한 최초의 사례이기도 하다.

비록 버넷의 라틴어 저작을 영어로 번역할 수 없다는 최종 판결이 나오긴 했으나, 서적출판업자들은 앤 여왕 법이 종래의 사업 방식을 허용한다는 자신들의 생각을 성공적으로 선전할 수 있었다. 법 조항을 읽어보면, 1710년 전에 출판된 저작들의 21년 기한이 끝났을 때 잉글리시 스톡의 더 저렴한 신판이 마구 쏟아져 나왔을 것 같지만 1731년에는 아무 일도 벌어지지 않았다. 초서, 채프먼,* 셰익스피어, 밀턴의 작품을 더 싸게 혹은 더 쉽게 구할 수 없었다. 서적출판업자 조합은 그 이유를 처음부터

---

* 영국의 극작가이자 시인으로, 호메로스의 작품을 번역한 조지 채프먼(1559?~1634년).
   ─옮긴이

명확히 했다.

사람들은 우리가 정해진 기한 동안만 인쇄 독점권을 누리면 족하다고 말한다. 이에 대해 우리는, 우리가 10년 동안 어떤 권리를 갖는다면 그 권리는 영구히 이어진다고 답하겠다. 한 사람이 어떤 재산을 10년이나 20년 동안 소유했다는 이유로 다른 사람에게 그것을 빼앗기는 경우는 없다.[42]

앤 여왕 법으로 만들어진 그 유명한 저작권이 작가와 출판업자의 역할에 또는 대중의 도서 접근성에 조금이라도 영향을 미친 것은 수십 년 후의 일이다. 지식 재산권은 완성형으로 불쑥 튀어나오지 않았다. 출판업계의 일시적 혼란을 잠재우기 위한 1710년의 이 법적 조치는 모든 논쟁을 미결로 남겨둔 채 큰 변화를 만들어내지 못했다.

9장
인센티브 효과의 허상

1710년 앤 여왕 법의 정식 명칭에서 "학문의 장려를 도모하기 위한 법"이라는 구절은 1790년 미국 저작권법에도 그대로 복제되다시피 했다. 그 후로 입법자들과 소송 관계자들은, 창작자와 발명자가 공익에 더 이바지하도록 그들에게 의욕을 불어넣는 것이야말로 지식 재산권의 목적이라는 명백한 증거라며 이 표현을 자주 들먹였다. 몇 가지 사례를 보자.

특허의 기간이 늘어나고 강도가 높아질수록 창의적인 활동이 늘어난다.[43]

금전적 보상을 통해 지적 저작물의 충분한 생산 및 분배를 장려해야 한다.[44]

저작권의 근본 목표는 대중의 지식과 이해를 넓히는 것이다. 이를 위해서는 잠재적 창작자들에게 저작물 복제 독점권을 허용하여 금전적 혜택을 줌으로써, 그들이 대중의 지식을 향상하는 유익한 창작 활동에 더욱 매진할 수 있도록 해야 한다.[45]

이런 주장이 자명해 보일 수도 있지만, 다들 명백한 문제점을 품고 있다. 가령 허풍에 대한 특허가 강화된다고 해서 인간의 언어 능력이 나아질 리 없다. 『로미오와 줄리엣』의 영구적 권리를 소유한 린텃과 톤슨 가문의 후손에게 돌아간 금전적 보상은, 스티븐 손드하임과 레너드 번스타인이 〈웨스트사이드 스토리〉를 쓰는 데 아무런 도움도 되지 않았다. 금전적 혜택이 졸작에도 똑같이 적용된다면, 대중의 지식을 향상시키는 유익한 창작 활동의 열쇠가 될 수 없다. 진지한 학문 분야의 편집자라면 빨간 줄을 그었을 이 개연성 없는 발언들은 저작권 관련 법률 문서에서 흔히 볼 수 있으며, 헛소리로 취급되는 경우는 거의 없다.

저작권과 특허를 엄격하게 보호해야 한다고 주장하는 사람들은, 독점권과 그로 인한 수익이 제품, 도구, 연극, 시, 노래의 창작을 북돋는 장려책으로 작용한다는 개념의 역사적, 윤리적 근거를 5세기의 베네치아 특허법(38~40쪽 참고)에서 찾는다. 그들이 간과하고 있는 점은, 1747년 베네치아 특허법에 장려책에 관한 언급은 전혀 없었다는 것이다. 베네치아 의원들은 "온갖 기발한 물건을 고안하고 발명할 능력"이 있는 "영리한" 사람들이 와서 이 도시를 풍요롭게 만들었다고 썼다. 그래서 "그들의 저작물과 발명품을 다른 사람이 베끼거나 만들지 못하도록" 법을 만든 것이다. 모방작에 100두카트의 벌금이 부과되기는 했지만, 그 특허법에서 딱 한 번 언급된 이 돈은 모방자들의 의욕을 꺾어놓기 위함이지 새로운 창작을 장려하기 위한 목적이 아니었다. 마찬가지로 1469년에 슈파이어의 요한에게 주어진 인쇄 특권에서는 장인들을 "지원 및 육성하고", "막대한 가계비와 기술자 임금"을 마련할 수단을 제공하겠다고 약속한다. 여기에는 특권을 통한 금전적 이득을 보장해주려는 의도가 확실히 내포되어 있지만, 단기간의 독점권을 허락한 유일한 목적은 슈파이어의 요한이 "더 기분 좋게 작업을 계속할 수 있는, 자신의 인쇄 기술을 폐기가 아닌 확장의 대상으로 여길 수 있는 여건을 만들어"주는 것이었다. 그가 이미 발명한 것 이외의 무언가에 대한 장려책으로 제공된 것이 아니었다.

앤 여왕 법 역시, 저작권의 본래 목적이 새로운 창작을 장려하기 위함이었다는 증거가 될 수 없다. 앤 여왕 법의 역사와 초안을 누구보다 치열하게 연구한 존 페더(John Feather)는 "소수의 부유한 자본가들이 (서적) 제작을 통제하고… 소수의 런던 회사들이 영국의 출판업계를 계속 지배할 수 있도록"[46] 보장하기 위해 저작권이 만들어졌다고 결론 내린다. 또 한 명의 저명한 저작권법 전문가인 라이먼 패터슨(Lyman Patterson)은 저작권을 "다양한 형태의 독점에 관한 문제를 겨냥한 거래규제법"[47]이라고 부른다. 로넌 디즐리(Ronan Deazley)는 이러한 정의들에 반대하며, 저작권을 "서적상과 검열 국가가 아닌 저자, 서적상, 독자가 연루된 협정"⁴⁸으로 본다. 앤 여왕 법 조항들에서도, 저작권 발생을 둘러싼 논쟁에서도, 저명한 학자들의 해석에서도, 변호사들이 자기들 주장을 입증하기 위해 매달리는 '인센티브 효과'는 찾을 수 없다.

앤 여왕 법은 서적상의 승리도 저작자의 자연권 인정도 아닌, 요령 좋은 말솜씨가 올린 개가로 볼 수 있다. 법 명칭 덕분에 이해 당사자들은 누가 봐도 버젓한 대의를 주장할 수 있었다. "학문의 장려"라는 표현은 법의 근거인 동시에 눈속임 수단이었다. 하지만 시간이 지나면서 이 말은 원래 의도보다 더 글자 그대로의 의미로 받아들여지기 시작했고, 대기업들은 18세기에 쓰인 어구 뒤에 숨은 채 공익을 위해서라고 떠벌리며 권리들을 대규모로 쓸어 담기 시작했다.

작가가 돈을 받기 때문에 글을 쓴다는 기본 개념(더 많이 받으면 더 많이 쓸 거라는 개념은 말할 것도 없고)은 앤 여왕 법이 통과된 후에도 시간이 조금 지나서야 생겨났다. 전기 작가 제임스 보즈웰(James Boswell)의 『새뮤얼 존슨의 생애(Life of Samuel Johnson)』의 한 단락에 가장 유명한 공식이 담겨 있다. 보즈웰은 1776년 4월 5일에 그 위대한 작가와 나눈 대화를 다음과 같이 기록한다.

이탈리아에 대해 한마디 해달라고 (존슨에게) 간곡히 부탁하자 그는 이렇게 답했다. "이탈리아에 관한 책을 쓸 수 있을 것 같진 않지만, 그런 작업으로 200파운드나 500파운드를 받을 수 있다면 좋겠지요." 이는 그의 유럽 대륙 여행기가 전적으로 그의 발상은 아니었으며, 그가 나태하게 털어놓은 그 이상한 견해가 한결같이 고수되고 있음을 보여주었다. "돈이 아닌 이유로 글을 쓰는 사람은 돌대가리뿐이다." 문학사에 정통한 사람들은 이를 반박할 수많은 사례가 떠오를 것이다.

유감스럽게도 "돈이 아닌 이유로 글을 쓰는 사람은 돌대가리뿐이다"라는 존슨의 신랄한 일침이, 보즈웰의 즉각적인 반발보다 우리 기억 속에 더 강하게 남아 있다. 굳이 '문학사 속의 수많은 사례'를 소환하지 않아도 새뮤얼 존슨의 생각을 반박하기는 어렵지 않다. 지금 우리가 살고 있는 세계를 둘러보기만 하면 된다. 미국에서는 해마다 수십만 권의 책이 거의 수십만 곳의 출판사에서 출간되고 있다.* 거의 모든 저자가 아예 한 푼도 못 받거나 쥐꼬리만 한 돈을 번다. 심지어 그중 상당수는 자기 주머니를 털어 자비 출판 전문 회사에 간행을 맡긴다. 고용된 대학에서 보조금을 받아 책을 내는 사람도 많다. 오늘날 책 집필로 먹고사는 작가는 얼마 되지 않는다(아마도 프랑스는 200명, 영국은 1,000명 정도 될 것이다). 거기다 저작권의 범위와 기한이 크게 확장된 바로 그 수십 년 동안 저자가 글을 써서 벌어들이는 소득은 더 떨어졌다. 지난 10년간, 저술 활동으로 인한 수입은 급락했으며

---

* 2021년 한 해 동안 미국에서 약 400만 권의 신간이 나왔는데, 대다수가 웹에서만 볼 수 있는 자비 출판 도서였다. 크리스 콜마의 보도(Zippia.com, 2022년 8월 17일).

지금은 대개 최저 임금을 밑돈다.[49] 프랑스의 공식 집계를 보면, 저술 활동으로 인한 저자의 소득은 오래전부터 하락 추세고, 창작으로만 소득을 올리는 작가도 점점 줄어들고 있다.[50] 그래도 사람들은 계속 글을 쓴다! 다른 대부분의 매체도 사정은 다르지 않았다. 영국의 경제학자 루스 타우즈(Ruth Towse)는 "대다수의 예술가들이… (지금) 예술 분야 밖에서 훨씬 더 많은 돈을 벌고 있다"[51]고 밝혔다. 그럼에도 영국의 창작 산업은 침체되기는커녕 국내 경제에 자동차보다 더 큰 기여를 한다. 사실 이렇게 많은 사람이 그 많은 일을 하고도 이렇게 적은 돈을 받는 것은 인류 역사상 유례가 없는 일이다. 전 세계에서 그 어느 때보다 많은 사람이 그 어느 때보다 많은 저작의 ISBN(저자와 저작물을 국제적으로 식별해주는 국제 표준 도서 번호)을 등록하고 있다. 그렇다면 이들 모두 돌대가리들인가? 막심 로베르(Maxime Rovere)가 보여주었듯 사방에 멍청이들이 깔려 있긴 하지만,[52] 전 세계에서 활발하고 왕성하게 이루어지고 있는 저술 활동을 멍청한 짓으로만 몰고 가는 건 분명 옳지 않다.

사람들이 문학 작품을 쓰는 데는 갖가지 이유가 있다. 자기표현, 복수, 내밀한 충동, 순수한 쾌락, 명예욕…. 펜으로 먹고사는 소수의 작가는 독창성이 떨어지고, 자신의 권리도 제대로 행사하지 못하는 경우가 태반이다. 18세기의 삼류 작가, 다음 세기의 저널리스트, 오늘날의 영화 대본 개작 전문가와 유명인 대필작가―삼류 로맨스 소설이나 진부한 추리소설 속편을 써대는 사람은 물론이고―는 아무렇게나 갈겨 쓴 글로 안정적인 소득을 얻는다. 때로 예술적 야심이 큰 창작자는 가치 있는 그림, 노래, 시, 소설을 창작하기 위해 조잡한 생계용 글로 시간을 벌기도 했다. 그러나 18세기에 프랑스의 수학자 겸 철학자 마르키 드 콩도르세(Marquis de Condorcet)가 예견했듯, 문학 작품의 권리를 저자에게 주면 졸작을 만들어내는 사람이 득을 볼 수밖에 없다. 1970년에 미국 대법원 판사 스티븐 브레이어(Stephen Breyer) 역시 같은 맥락으로 저작권 연장을 맹렬히 비난했다.

책을 집필하라고 설득하는 데 필요한 액수의 돈을 '결실' 혹은 '보상'으로 불러서는 안 될 것이다. 저작권법이 없어도 그만큼의 액수는 보장되기 마련이다. 노예제가 폐지된 지금, '설득' 비용을 받지 않고 글을 쓸 작가는 아무도 없기 때문이다. 그렇다면 '결실'이나 '보상'은 그 이상의 무언가가 되어야 한다.

확실히 그 이상이다. 고대 중국에서부터 오늘날 미국의 호사스러운 대학 교정에 이르기까지 쭉 그래왔다.

비용 부담을 좀 더 공평하게 분배하여 훌륭한 저작을 널리 보급하는 문제는, 정부·재단·대학의 보조금이나 상금이라는 형태를 통해 어려움 없이 해결할 수 있다. 구매자뿐만 아니라 수많은 사회 구성원에게도 이득이 되는 창작을 세금으로 지원하는 것은 불공정하지 않다. 그리고 그런 제도는 저작의 보급을 제한하지 않는 동시에, 저작권료만큼 혹은 그 이상의 돈을 저자에게 지급할 수 있다. 수많은 관청과 기관이 보조금과 상금을 수여하고 있는 만큼, 그 제도의 실현 가능성은 이미 증명된 셈이다. 미국의 학문·기술·과학 분야 작가들은 저작권 사용료보다 더 큰 액수의 지원금을 받고 있으며, 문학 작가의 경우에도 그 금액이 상당하다.[53]

후원 제도가 여전히, 심지어 문학계에도 살아 있다는 브레이어의 암시는 틀리지 않았다. 출판물로 올릴 수 있는 수익이 아주 적은 요즈음, 대학의 창작과 교수직이나 자선 재단 및 자선가에게 자금을 지원받는 전속작가직, 장학금과 상금 등은 창작 작가에게 고마운 구제책이다.

저작권법의 이른바 창작 장려 효과가 미미한 결과를 낼뿐더러 역사적 근거도 불확실하다면, 독점권 보호라는 개념의 뿌리라 할 수 있는 특허권은 어떨까?

1624년 영국 전매조례에서 말한 '새로운 제품들'은 이제 '연구 개발'이라는 부문 아래 광범위하게 묶인다. 이런 작업의 경우, 주된 자금원은 여전히 후원이다. 2020년 유럽연합이 지출한 연구비 3,110억 유로 중 3분의 1은 정부 당국에서 나왔으며,[54] 2021년에 미국 정부는 훨씬 더 많은 공적 자금—1,150억 달러—을 연구에 쏟아부었다.[55] 반면 주요 기업들은 연구 개발에 계속 투자할 수 있으려면 특허 보호로 수익을 보장해야 한다고 맹렬히 부르짖고 있다. 그러나 정부 지원을 받는 연구소와의 긴밀한 협조로 진행된 프로젝트가 한둘이 아니다. 예를 들어 구글이 쌓아 올린 어마어마한 부의 근원인 웹페이지 랭킹 디바이스가 (지금은 만료된) 특허를 받는 데는 "미국국립과학재단 보조금 승인 번호 IRI-9411306-4의 지원이 일부"[56] 있었다. 코로나 바이러스 백신 제조사들과 미국국립보건원은 특허권을 두고 여전히 분쟁 중이다.[57]

'새로운 제품들'에 대한 특허의 효용성과 효과에 대한 논의에서 두 가지 대조적인 발명 모델이 눈에 띈다. 한 모델은 1928년 예기치 않게 페니실린을 발견한 알렉산더 플레밍을, 다른 모델은 1878년에 전구를 발명한 토머스 에디슨을 그 대표 주자로 볼 수 있다. 첫째 모델의 사례에는, 닭 콜레라 배양균이 시간이 지나면서 무해해진다는 사실을 우연히 관찰한 뒤 여러 백신을 개발한 루이 파스퇴르, 1821년에 철과 크롬을 섞은 합금이 잘 녹슬지 않는다는 사실을 관찰한 뒤 강철을 개발한 피에르 베르티에가 있다.

현재 많은 사람이 진정한 발명으로 여길 전구 모델은 생각보다 그리 명쾌하지 않다. 토머스 에디슨은 이런저런 발견과 발명을 시작하면서 작정한 듯 뉴저지에 어마어마한 규모의 공장 겸 작업장을 짓고 '발명을 위한' 직원들을 고용했다. 그들은 최초의 전구를 비롯해 숱한 발명품을 쏟아냈다. 그러나 에디슨이 미국 특허를 취득한 1,093개의 장치 가운데 유용성과 수익성이 모두 증명된 것은 얼마 되지 않는다. 더군다나 유용한 발명품은 특허가 만료된 후로도 수십 년 동안 계속 제조되고 판매되며 수익을 올렸다. 이렇게 보면 창작과 마찬가지로 발명의 영역에서도 지식 재산권의 '인센티브 효과'를 장담할 수 없다. 특허의 보호를 받지 못했다면 전구의 단기 수익이 떨어져 에디슨 연구소의 이후 작업이 순탄치 않았을지도 모른다. 그러나 아닐 수도 있다. 알렉산더 플레밍이 특허로 얻을 수익을 생각했다면 페니실린을 더 빨리 발견했을지도 모르지만, 그걸 발견하기 전까지는 자신이 뭘 찾고 있는지도 몰랐으니 특허가 의욕을 북돋아주었을 거라고 생각하기는 힘들다.

강력한 지식 재산권 보호를 주장하는 사람들은, 독점권을 통한 추가 수익이 없다면 차기 발명품의 연구와 개발을 지원할 자금이 모자랄 거라고 말한다. 현재 신제품을 개발하고 시험하고 출시하는 데 드는 막대한 비용을 생각하면 언뜻 그럴듯해 보인다. 그러나 조금만 생각해봐도 논리에 맞지 않음을 알 수 있다. 어떤 주장의 타당성을 증명하려면, 그 반대 주장이 타당하지 않다는 것을 보여주어야 한다. 즉 장려책이 생산적인 효과를 지닌다고 주장하기 위해서는 장려책이 없었다면 몇몇 중요한 발견을 놓쳤을 거라는, 혹은 저작권이 없었다면 몇몇 가치 있는 문학·미술·음악 작품이 탄생하지 못했을 거라는 사실을 증명해야 한다. 안타깝게도 이런 종류의 부정 명제는 입증할 수 없다. 저작권이 없는 세계에서 창작되지 '못한' 천재적인 작품, 특허의 보호가 없었다면 만들어지지 '못했을' 신약을 꼬집어 말할 수 없기 때문이다. 지식 재산권 보호의 인센티브 효과를 옹호하는 주장은 제임스 보일(James Boyle)이 말한 '무증거 지대'[58]에서나, 그리고 우리가 하나 더하자면 '무논리 세계'에서나 통한다.

값비싼 특허를 보유하고 있는 생산성 높은 수많은 대기업의 행태 또한 특허의 인센티브 효과에 의구심을 품게 만든다. 이를테면 대형 제약 회사들은 대체로 연구보다 광고에 훨씬 더 많은 돈을 쏟아붓는다. 2019년에 일라이 릴리(Eli Lilly)는 연구에 55억 9,000만 달러, 마케팅과 영업에 62억을 썼다. 글락소스미스클라인(GlaxoSmithKline)은 연구 개발에 45억 달러를 투자하고, 마케팅에 110억 4,000만 달러를 썼다고 보고했다. 화이자(Pfizer)의 경우, 연구 개발 비용은 5,000만 달러, 마케팅 비용은 143억 5,000만 달러였다.[59]

여기서 궁금해진다. 이 기업들이 만약 소수 제품들에 대한 특허를 잃는다면 연구 개발 예산과 광고 예산 중 어느 것을 깎을까? 특허를 잃는다고 해도 사실상 큰 차이는 없을 것이다. 세계보건기구에 필수 약품으로 등록된 약 가운데 95퍼센트가 '특허 만료' 상태지만 여전히 수익을 내며 제조되고 있다.[60] 대형 제약 회사가 지식 재산권을 보호받지 못하면 파산할 거라는 주장은 이처럼 본질적으로 설득력이 부족한데도 많은 사람이 진실로 믿고 있다.

반면 저작권법과 특허법이 약속하는 보상이 상상의 나라에서는 강력한 힘을 발휘하기도 한다. 1958년, 아주 외진 곳의 형편 없는 막사에서 프랑스군의 한 징집병은 한가한 시간에 자신의 첫 소설을 수정하여 타이핑했다. 그러면서 친구에게 보내는 편지에다 그 소설이 가져다줄 보상을 나열하며 상상의 나래를 펼쳤다. 팜비치에서의 휴가, 미국 순회 강연, 요트 한 척, 스키 휴가, 최고 정신분석가에게 치료받기.[61] 이렇게 몽상에 잠겼던 군인은 후에 정말 독창적인 작가가 되었고, 지금까지도 프랑스에서 가장 사랑받는 문인 중 한 명으로 꼽힌다. 그러나 작가이자 정신분석가인 장 베르트랑 퐁탈리스(Jean-Bertrand Pontalis)에게 한동안 정신분석 상담을 받았을 뿐, 그가 군대에서 상상했던 보상 가운데 실현된 것은 하나도 없었다. 사실 그가 전문 작가로서 쓴 작품은 전부 과학 도서관에서 주 40시간 일하는 틈틈이 집필한 것들이었다. 기자들은 『사물들(Les Choses)』의 이 저자에게 왜 직장을 그만두지 않느냐고 자주 물었다. 이제 성인이 된 조르주 페렉(Georges Perec)은 돈벌이를 위해 글을 쓰고 싶지 않다고 한결같이 답했다. 보상을 상상하는 효과는 사라졌다!

낮에는 식당 종업원이나 버스 운전사로 일하고 퇴근 후에는 글을 쓰며, 자신의 소설이 언젠가 《뉴욕 타임스》 베스트셀러가 되고 영화로 만들어지기를 꿈꾸는 청년 페렉이 수백만 명은 될 것이다. 하지만 그중 대부분이 포기한다. 보상을 꿈꾸며 키웠던 의욕은 현실을 직시하는 순간 빠르게 꺾이기 시작한다.

'인벤트헬프(Inventhelp, 발명도우미)' 같은 웹사이트들의 텔레비전 광고 역시, 차고나 지하실에서 더 좋은 성능의 컴퓨터를 개발하여 특허를 받으면 HP의 창립자들만큼 부자가 될 수 있다는 환상을 심어준다. 그런 희망을 품고 신나게 기계를 만지작거리다 가치 있는 결과를 내는 십대도 있겠지만, 사실상 발명에 진지하게 임하는 사람은 거의 모두가 대학이나 연구소, 정부 부서 혹은 기업의 직원들이다.

특허나 저작권의 보호를 한 번도 받은 적 없는 기본 분야가 몇 몇 있는데, 그중 가장 중요한 것은 수학이다. 재산권 영역에서 수학이 제외된 까닭은, 현대의 지식 재산권 제도가 처음부터 자연의 사실과 창작물을 구분했기 때문이다. "지식은 신의 선물이다. 고로 팔 수 없다." 사람들은 자연에 존재하는 사물들을 누구도 소유할 수 없다고 쭉 믿어왔고, 바로 최근까지도 수학자들은 발명자가 아니라 세상의 플라톤적 질서를 밝히는 사람으로 여겨졌다. 그런데 왜 수학자들은 그토록 열심히 연구할 뿐만 아니라 다른 분야의 발명을 도우며 진전을 이루고 있는 걸까? 차량 호출 앱에서 핵 과학, 컴퓨팅, 우주 비행까지. 보상을 기대할 수 없으니 남다른 인간이 된 건가? 당연히 아니다. 메르센,* 뉴턴, 가우스, 아인슈타인, 존 콘웨이도 남들처럼 도박 빚, 이혼 위자료, 강제 추방에 시달렸다. 누구나 그렇듯 그들도 돈이 필요했다. 그러나 재정 문제를 해결하겠다고 자신들의 발견에 대한 지식 재산권을 주장하지는 않았다. 보상이 뒤따라야 창의성을 높일 수 있다는 주장은 그와 정면 배치되는 수학자들의 행보로 무색해진다.

지식 재산권으로 창작을 장려하자는 논리에는 작가, 예술가, 발명자의 인간성에 대한 부정적 평가가 깔려 있기도 하다. 이 문제에 관한 자칭 권위자는 작가들이 "대부분의 사람보다 더 쉽게 나태해진다"[62]고 거리낌 없이 말했다. 얼마 전 현대 영화 산업의

---

* 프랑스의 수학자 마랭 메르센(Marin Mersenne, 1588~1648). -옮긴이

본거지에서, 로스앤젤레스 저작권 협회는 더 엄격한 규제를 주장하며 이 근거 없는 비방을 되풀이했다. "작가들의 전기는 그들이 대부분의 사람보다 더 쉽게 나태해진다는 사실을 보여준다."[63] 강력한 지식 재산권 보호를 옹호하는 자들이 노골적으로 혹은 은연중에 끊임없이 들먹이는 논리다. 작가와 예술가를 돈독 오른 게으름뱅이로 몰아야, 오로지 금전적 보상만이 생산적인 창작 활동을 북돋울 수 있다는 주장이 성립하기 때문이다.

공공연히 "학문을 장려하고 과학 및 유용한 기술의 진보를 촉진하자"고 떠들면서, 바로 그 가치 있는 목표를 성취할 사람들의 도덕적 약점을 근거로 삼다니, 허튼소리에 놀아나는 창작자들의 뒤통수를 치는 격이다. 저작권을 창작 장려책으로 지지하는 방법이 창작자를 폄하하는 것뿐이라면, '인센티브 효과'를 호소하는 것은 한낱 궤변에 지나지 않는다.

10장
18세기
프랑스의 작가들

    파리의 출판업을 규제하기 위해 1725년에 제정된 법(1744년 에는 프랑스의 나머지 지역에까지 확장되었다)은 아이디어나 텍스트에 재산권이 없다고 명시했다. 오래전부터 이어져온 기독교 교리에 따라, 모든 아이디어는 작가를 통해 세상에 드러나는 신의 선물로 여겨졌다. 작가의 소유물이 아니므로 작가가 팔 수 없었다. 무엇을, 누가, 언제까지 출판할지 결정할 권리는 오로지 왕에게 있었다.[64]

    16세기부터 모든 출판물에는 의무적으로 저작자의 이름이 실렸다. 글의 주인임을 인정하는 의미가 아니라, 선동이나 이단적인 글에 벌금을 부과할 때 저작자의 신분을 확인하기 위한 용도였다. 저작물의 실제 주인은, 출판 특권을 획득하고(1695년에 출판 허가법이 와해되기 전의 영국에서처럼) 원고를 손에 넣은(고대 로마에서처럼) 출판업자였다.

17세기의 한 프랑스 작가는, 인쇄본이 팔리고 나면 저작자와 서적상은 "책을 구매한 사람들이 (작품을) 이용하는 것을 막을 권리가 없다"고 말했다. "이미 벌어진 일은 되돌릴 수 없는 우리 관습상, 우리가 출판한 책은 더 이상 우리 것이 아니다."[65] 바로 몇 년 전 오늘날의 저작물 자유 이용 지지자와 전 세계 작가들의 공통된 생각을 표명한 조너선 레덤의 발언과 다르지 않다.

파리의 서적상들은 다른 곳의 서적상과 똑같은 문제에 직면했다. 무단 재인쇄가 만연했고, 지방 출판업자들이 자신들의 출판권을 주장하며 파리 서적상과 인쇄업자 조합(런던의 서적출판업자 조합과 비슷한 역할을 한 길드)의 독점권에 이의를 제기했다.

불법 인쇄를 진압하는 일은 영국 제도보다 프랑스에서 훨씬 더 어려웠다. 프랑스어는 유럽 엘리트들이 사용하는 교양 있는 언어였고, 왕토 밖의 여러 곳(라이프치히, 암스테르담, 제네바, 저 멀리 상트페테르부르크와 에든버러까지)에서 프랑스어로 쓰인 작품들이 출판되었다. 영국 해협처럼 그런 책들을 막아줄 장애물이 없으니, 외국인이 프랑스어로 쓴 책과 더불어 외국에서 재인쇄된 책이 너무도 쉽게 프랑스로 흘러들어 왔다. 암스테르담에서 합법적으로 출판된 프랑스어판 책과, 암스테르담에서 찍었다는 프랑스 서적의 불법 중판을 무슨 수로 구분할 수 있겠는가? 느슨한 국경은 검열이나 출판 금지를 당할 만한 작품을 쓴 프랑스 작가에게 편리한 해결책이 되어주기도 했다. 가령 볼테르의 『캉디드(Candide)』는 독일어를 프랑스어로 옮긴 번역판을 제네바에서 제일 처음 소개하는 방식으로 프랑스 법을 완전히 피해갔다.[66] 이렇듯 파리의 서적상과 인쇄업자 조합은 새로운 책에 대한 엄격한 독점권을 갖고 있었지만 그 권리를 행사하는 데는 어려움을 겪었다.

지방 인쇄업자들에 대항하여 파리의 출판인쇄업자들은 작품의 당연한 주인인 저작자로부터 자신들이 독점권을 얻었다는 논리를 펴기 시작했다. 조합 측의 한 변호사는 "동시대 저작자의 노고 또는 서적상의 근면함으로 생산된 신작 도서들은, 저작자나 서적상을 제외한 그 누구도 책에 대해 어떤 종류의 권리도 주장할 수 없다는 점에서 더더욱 독자적인 권리를 갖는다"[67]라고 주장했다. 로크의 노동 이론과 조금 비슷하게 들릴지 몰라도 취하는 방향은 상당히 달라서, 양도 가능한 재산권이 아닌 양도 불가능한 독자적 권리를 요구하고 있다.

또 다른 권위자는 서적상의 독점권을 다음과 같이 옹호했다.

원고는 저작자의 재산이므로 그의 돈이나 물건 또는 땅을 빼앗을 수 없듯이 그의 원고 또한 빼앗을 수 없다. 우리가 지켜본 바, 원고는 저작자 개인의 노동의 결실이기에 그의 뜻대로 처분할 수 있어야 한다.[68]

선견지명 있는 진보적 지식인 드니 디드로도 비슷한 노선을 취했다.

저작물은 저작자의 개성적인 정신에서 나온다. 그리고 개성

이야말로 인간의 첫째가는 재산이므로 창작물 역시 저작자의 재산으로 간주해야 한다.[69]

18세기 프랑스의 출판업자들이 영구적인 출판 특권을 지키기 위해 내세운 이런저런 주장은 흥미롭게도 점점 저작자의 권리를 더 명백히 공표하는 방향으로 나아갔다. 프랑스의 저작권은 처음부터 '저작자의 권리(droit d'auteur)'라 불렸지만, 저널리스트나 시인이 아닌 서적상들이 저작권을 만든 것처럼 보일 정도다. 누가 누구를 속이고 있었는지 알 수 없다.

영국의 저작권(copyright)과 프랑스의 저작자의 권리(droit d'auteur)의 근본적인 차이점은 디드로가 사용한 표현에서 엿볼 수 있다. 그는 새로운 저작물이 저작자 개인 또는 '저작자의 정신'에서 비롯된다고 보고, 이에 근거하여 '창작물'을 개인 재산으로 간주해야 한다고 주장했다. 영국은 '학문의 장려책'으로써 제한된 상권을 허가한 반면, 디드로는 저작물에 대한 재산권을 상권 이상의 근본적 인권으로 본 것이다.

당대의 군주 루이 15세는 서적상보다는 저작자 편으로 기울었다. 18세기 프랑스 사회에서는 돈보다 지위가 더 중요했다. 작가 중에는 귀족이 있을 수 있지만(실제로 다수의 작가가 그랬다), 상인들은 확실히 귀족이 아니었다.

교육용 서적의 편집자이자 작가이기도 했던 한 출판인쇄업자로 인해 이 문제는 중대한 국면을 맞았다. 1770년, 뤼노 드 부아셰르맹(Luneau de Boisjermain)은 자신이 직접 편집한 장 밥티스트 라신의 전집을 파리 조합의 허가 없이 지방에서 팔려고 했다. 조합은 즉시 경찰에 신고해 전집을 압수하고 부아셰르맹을 상대로 민사 소송을 제기했다. 법정 안에서는 랭게라는 변호사가, 법정 밖에서는 볼테르가 부아셰르맹의 지원군으로 나섰다. 랭게는 저작물의 당연한 주인은 저작자이며, 왕실로부터 승인받은 특권은 저작자의 재산권을 확증해준다고 주장했다. 따라서 부아셰르맹은 자기가 원하는 방식대로 책을 팔 자유가 있었다. 변호사의 유창한 언변(과 아마도 궁중의 측근인 고관들의 조용한 지지)에 설득당한 판사는 랭게의 손을 들어주었다. 압수 명령은 철회되고, 부아셰르맹은 서적상 조합의 독점권에 맞서 대승을 거두었다.[70]

이 판결은 프랑스의 출판업계에 작은 혁명을 일으켰다. 1777년, 저작물에 대한 재산권을 저작자에게 평생 보장해주는 새로운 법이 공식적으로 만들어졌다.[71] 이로써 특권 제도가 폐지된 것도, 서적상들이 저작자의 권리를 살 수 없게 된 것도 아니었지만, 저작자와 출판업자 사이의 세력 균형에는 변화가 생겼다. 이제 프랑스 작가들은 영국 작가보다 더 오랜 기간, 더 단단한 기반의 권리를 누리게 되었다. 1789년의 더 큰 혁명으로 프랑스 서적상의 특권이 다른 모든 특권과 더불어 완전히 사라져버리기 10년도 더 전의 일이었다.

11장
실패한 저항

　18세기 동안 영국과 프랑스의 법적 규범은 점차 하나의 지점으로 수렴되고 있었지만, 두 나라에서 저작 재산권과 지식 재산권이라는 개념은 맹렬한 저항에 부딪혔다. 저명한 수학자 콩도르세는 그것을 인정하지 않았다. 지적 저작물에 대한 권리가 창작자의 의욕을 북돋아준다는 개념을 철저히 거부했다. 그의 말에 따르면, 인쇄 특권이 아예 존재하지 않았다 해도 "베이컨은 진리에 이르는 길을 보여주었을 테고, 케플러와 갈릴레오와 데카르트와 뉴턴은 위대한 발견을 이룩했을 것이다."[72] 여기에 덧붙이자면 인쇄 특권이 없는 시대에도 호메로스, 소포클레스, 베르길리우스, 플라톤, 공자, 세이 쇼나곤*은 작품을 써냈다.

　콩도르세는 법이 텍스트와 사실을 구별하는 것을 마뜩찮게

---

*　일본 헤이안 시대의 가인(歌人)이자 작가(964/966년?~1025년?). -옮긴이

여겼다.

> 춘분점 세차(歲差) 문제의 해결책이나 일반 역학 이론을 책으
> 로 찍어서 출판하는 건 누구나 자유롭게 할 수 있다. 이런 위
> 대하고 유용한 사실을 발견한 자들은 내게 소송을 걸지 않는
> 다. 영광은 오롯이 그들만의 것이다. 하지만 어느 좋은 시를
> 시인의 동의 없이 다시 찍으려 했다가는 범죄자가 될 것이다.

아이디어를 더 철저히 보호해주자는 말이 아니라, 한낱 펜 놀
림을 지식 재산으로 인정하는 쓸데없는 짓을 한탄하는 말이다.
그런 법은 천재에게 도움이 되거나 공익에 이롭기는커녕, 진부
한 아이디어를 유려한 말로 포장하는 글쟁이를 먹여 살리고, 천
박한 글을 출판하는 중개자들의 집세를 내줄 뿐이라는 것이 콩
도르세의 주장이었다. 현실적으로 "특권은… (출판업계의) 활동
을 소수의 몇 명에게만 집중시키고 상당한 세금을 부과하므로,
해외에서 들어오는 책들과의 경쟁에 밀려 국내 생산이 감소할
수밖에 없다." 콩도르세의 주장 대부분은 역사로 증명되었다.
무형 재산에 대한 권리가 부와 권력을 소수에게 집중시킨다는
대목이 특히 그렇다.

장 자크 루소는 『인간 불평등 기원론』에서 로크가 이야기한
사유 재산 자체를 맹렬히 공격함으로써 지식 재산권이라는 개
념을 보다 전면적으로 규탄했다.

한 뙈기의 땅에 울타리를 두른 후 "이 땅은 내 거야"라고 말
하기로 작정하고, 사람들이 그 말을 믿을 만큼 단순하다는 사
실을 발견한 최초의 인간이야말로 시민 사회의 진정한 창시
자다. 말뚝을 뽑고 도랑을 메우면서 같은 처지의 사람들에게
"이 사기꾼의 말을 듣지 마시오. 땅의 결실은 모두의 것이요,
땅은 그 누구의 것도 아니라는 사실을 잊는다면 여러분은 패
배할 것이오" 하고 울부짖은 사람이 있었다면 얼마나 많은 범
죄, 얼마나 많은 전쟁, 얼마나 많은 살인, 얼마나 많은 불운과
공포로부터 인류를 구제해주었을 것인가?[73]

정신의 공유지도 마찬가지다. 저술을 제품이 아닌, 실제적 또
는 허구적 발화의 기록으로 본 임마누엘 칸트는 허풍에 소유권
이 있을 수 없듯 책도 소유권의 대상이 될 수 없다고 생각했다.[74]
서적뿐만 아니라 여러 재화의 개인 소유를 반대하는 지조 있
는 목소리가 잇따랐고, 우리는 지금도 그 맥락에 따라 도로며 해
안이며 바다를 다루고 있다. 반면 수많은 무형물은 대부분 팔 수
없는 것들인데도 오래전부터 재산으로 여겨졌다. 로마 법학서
의 본보기라 할 수 있는 가이우스의 『법학제요(Institutiones)』는
유체물과 무체물을 구분한다.

유체물은 만질 수 있는 것들이다. 토지, 의복, 노예, 은, 금, 기
타 무수히 많은 물건이 여기에 속한다. 무체물은 만질 수 없는
것들이다. 상속재산, 수익, 다양한 방식으로 발생한 빚 등과

같이 법에서 볼 수 있다. 이때 상속재산에 유체물이 포함되어 있다고 해도 문제가 되지 않는다. 농지에서 얻는 수익이 유체물이어도 상관없다. 어떤 채무 관계로 인해 우리가 받을 수 있는 것이 예컨대 농지로부터의 소득처럼 대체로 유체물이어도 상관없다. 왜냐하면 상속의 권리, 이익을 끌어낼 권리, 타인에게 어떤 의무를 지울 권리는 무체물이기 때문이다.[75]

이들 '무체물' 가운데 고대 로마에서 가장 중요한 것은 명예와 평판이었다. 본인이나 배우자의 부적절한 행동이 말이나 글로 써 놀림받거나 노골적으로 공격당하면 평판이 나빠졌다. 그래서 로마인들은 남에게 모욕당하면 법정에서 그에 대한 보상을 받을 수 있었다. 이 오래된 권리의 일부 측면은 명예훼손법으로 넘어갔지만, 현재 유럽과 미국의 저작권법에 속한 인격권은 이런 고대의 권리 소유 개념을 직접 물려받았다.

워버튼, 콩도르세, 칸트는 저작자들과 발명자들이 자신의 작품에 대해 아무런 권리도 없다고 주장하지는 않았다. 그들이 반대한 것은 그 작품의 재산화였다.

그러나 이 저명한 학자들의 논리적인 주장은 당대의 논쟁에서 패했고, 그 결과는 지금까지도 변함이 없다.

대체 어찌된 일일까?

2부

독창적 표현이란
무엇인가?

12장

법의 안개

1603년, 스코틀랜드의 제임스 6세는 잉글랜드 왕위를 계승해 제임스 1세가 되었다. 한 세기 후, 1707년 연합법에 따라 두 군주국이 합쳐져 영국(United Kingdom)이 탄생했다. 스코틀랜드가 런던의 법 절차와는 다른 독자적인 법체계를 유지했기 때문에, 영국은 프랑스 같은 단일 국가가 아니었다. 가령 잉글랜드의 서적 인쇄법이 국경 북쪽에는 적용되지 않았다. 18세기 내내 스코틀랜드, 주로 에든버러의 인쇄업자들은 서적출판업자 조합의 허가를 받지 않아도 현지 출판물과 더불어 잉글랜드의 작품을 자유롭게 인쇄할 수 있었다. 그래서 스코틀랜드 책들은 현저히 저렴하면서도 런던의 간행본만큼 질이 좋았고, 잉글랜드의 지방 서적상들은 기꺼이 스코틀랜드 서적을 들여놓았다. 그러나 스코틀랜드 출판업자들은 국경 남쪽에서는 책을 팔 수 없었다. 파는 일이 생기면 런던 출판업자들에게 고소당해 잉글랜드 법정에서 항상 패했다. 하지만 소송으로 '스코틀랜드 해적판' 한 권이 출판 금지될 때마다 열 권이 더 나왔다. 서적출판업자 조합이 앤 여왕 법을 어떻게 해석했든, 그들은 인쇄물에 대한 독점권을 거의 행사하지 못했다.

스코틀랜드의 출판업은 번창했고, 에든버러는 유럽 계몽주의 시대를 이끄는 가장 강력한 동력 중 하나가 되었다. 그중에서도 야심 큰 출판업자들은 영어 문학의 중심 시장인 런던으로 진출하고자 했다.

스코틀랜드의 인쇄업자 앤드루 밀라(Andrew Millar)가 런던으로 사업장을 이전해 스트랜드가(街)에 서점을 연 것도 그 때문이었다. 1730년에 그는 오래도록 사랑받을 대중적인 시집 한 권을 간행했다. 스코틀랜드 시인 제임스 톰슨(James Thomson)[민망한 제국 찬가 〈지배하라, 브리타니아여(Rule Britannia)〉의 작사가이기도 하다]의 『사계(The Seasons)』였다. 1766년, 경쟁자인 런던 인쇄업자 테일러도 이 시집을 찍어냈다. 그 무렵 『사계』는 출간된 지 28년이 훌쩍 넘었기 때문에 앤 여왕 법이 정한 기한에 따라 공유 재산에 속해 있었다. 그러나 밀라는 법적 시한이 적용되는 대상은 작품을 구매한 출판업자가 아니라 작가라고 보고, 재산권 침해로 테일러를 고소했다. 1769년 고등법원에서 저명한 법학자들의 길고도 복잡한 진술이 이어진 뒤, 판사인 맨스필드 경은 저작에 대한 재산권이 출판 후에도 계속 유지되어야 한다는 단호한 판결을 내렸다. 그렇지 않다면 애초에 저작을 재산으로 보지 않았을 거라는 이유에서였다. 앤 여왕 법은 무관했다.[76]

이리하여 밀라가 승소했지만 이 승리로 큰 이득을 보지는 못했다. 법원의 중지 명령이 떨어진 것은 1770년 여름인데, 그보다 훨씬 전에 테일러는 시집을 전부 팔아치웠을 테니 말이다.

밀라 대 테일러 재판은, 저자의 저작권을 인정한다는 앤 여왕법이 제정된 지 한참 후에도 17세기 잉글랜드의 출판업 규제가 여전히 적용되었음을 보여주는 사례다. 그러나 이 재판이 중요한 이유는, 그때 세워진 허들을 뛰어넘으려는 스코틀랜드 인쇄업자가 금세 다시 나타났기 때문이다.

1750년경, 알렉산더 도널드슨(Alexander Donaldson)은 에든버러 성 부근에 인쇄소를 열어 데이비드 흄을 비롯한 스코틀랜드 저자들의 철학서 및 의학서를 여러 권 냈다. 톰슨의 『사계』도 합법적인 스코틀랜드판으로 출간했다.[77] 이 서적들이 잉글랜드 지역에서 올린 매출이 도널드슨의 수입에 직간접적으로 큰 부분을 차지했을 거라고 쉽게 짐작할 수 있는데, 서적출판업자 조합의 눈에는 이 책들 대부분이 불법이었다. 1763년, 도널드슨은 그의 명예와 사업에 대한 도전에 응하기로 결심하고(누가 뭐래도 그는 사기꾼이 아니었으므로), 예전에 밀라가 그랬듯 런던으로 향했다. 런던 인쇄업자라는 황소들에게 붉은 기를 치켜들듯, 그 역시 스트랜드가에 서점을 열고 진열장에 스코틀랜드판 책들을 늘어놓았다.

런던 출판업계의 기둥이라 할 만한 열다섯 명이 이 건방진 스코틀랜드인을 불법 복제로 고소하기 위해 뭉쳤고, 주요 표적을 톰슨의 『사계』로 정했다. 그 작품이 법적으로 영원히 앤드루 밀라에게 속한다는 고등법원의 판결이 바로 얼마 전 내려졌기 때문이다.

도널드슨이 고대하던 재판이었다. 그에게는 계획이 있었다.

도널드슨을 상대로 한 소송에서 잉글랜드 출판업자들의 선봉에 선 서적상 베케트는 소송을 고등법원 상법부까지 끌고 갔고, 1772년에 대법관은 아니나 다를까 동일한 작품에 대한 밀라 대테일러 재판에서 맨스필드 경이 내렸던 판결을 따라 원고의 손을 들어주었다. 하지만 도널드슨은 스코틀랜드인이었고, 에든버러에서 '해적판'을 찍었다. 그래서 그는 고향의 최고 민사 법원에서 런던 판결에 항소할 권리가 있었다. 그의 예견내로 스코틀랜드 법원은 런던 서적상들의 주장에 아랑곳없이 도널드슨에게 유리한 판결을 내렸다. 18세기 스코틀랜드와 잉글랜드 간의 법적 절차를 이해하는 것은, 야마다 쇼지(山田奬治)의 표현대로 "구름을 잡으려 애쓰는 것과 같다."**78** 하지만 그 절차가 얼마나 애매모호했든, 스코틀랜드 법원에서 승리한 도널드슨은 그를 패소시킨 고등법원 상법부의 판결에 대하여 영국 상원에 항소할 수 있었다. 처음부터 계획한 바였다. 당시 영국의 대법원 역할을 하던 상원으로부터 작품에 대한 권리를 명확히 인정받는 것이었다.

상원의 모든 의원은 왕국의 세습 귀족이었다. 당연히 토지를 소유하고 있었다(땅의 일부는 완전히 저당 잡혀 있었지만). 그들 중에는 많이 배워서 박식한 자도 있고, 군대나 관청에서 국가를 위해 봉사한 자도 있었다. 반면 사냥과 낚시, 카드놀이로 시간을 보내는 자도 있었다. 몇몇은 사업에도 관여했다. 그러니 인쇄소에 지분을 가진 자도 분명 있었을 것이다. 총인원이 수백 명에 이르는 그들은 매우 기묘한 형태의 법정을 구성하고 있었다.

어떤 재판의 판결을 위해 소환되면 그들은 전직 판사인 열두 명의 법관 의원에게 법적 조언을 받았다. 1774년의 이 재판에서 법관 의원들은 도널드슨이 항소를 통해 제기한 문제를 다섯 가지 질문으로 요약했다. 현대식으로 표현하자면 다음과 같다.

1. 관습법상, 저작자는 저작물의 첫 인쇄에 대해 독점권을 갖는가?
2. (1)에 대한 답이 '맞다'라면, 그 저작물이 인쇄되고 출판된 후에는 관습법상 저작자가 갖는 권리는 소멸하는가?
3. (1)이나 (2) 혹은 둘 모두에 대한 답이 '맞다'라면, 앤 여왕 법은 관습법상의 권리보다 우선하는가?
4. 관습법상, 저작자와 피양도인(즉 작품을 구매한 자들)은 작품을 인쇄하고 출판할 독점권을 영구히 갖는가?
5. (4)에 대한 답이 '맞다'라면, 앤 여왕 법은 그 권리를 억제하거나 제한하거나 변경하는가?

달리 말하면 이런 뜻이다. 관습법상 출판업자들은 영구적인 저작권을 갖는가? 아니면 앤 여왕 법은 그 내용 그대로를 의도하는가(저작물에 대한 권리는 기간이 제한되어 있고, 그 후 저작물은 특정인이 아닌 모두의 것이 된다)? 열두 명의 법관 의원 중 열한 명만이 질문들에 답했다. 밀라 대 테일러 재판을 맡았던 맨스필드 경은 어떤 이유에서인지 투표하지 않았다. 적어도 그의 기권으로 양쪽이 똑같은 수의 표를 얻을 가능성은 사라졌다.

투표 결과는 다음과 같았다. (1)번 질문에 대해 도널드슨 3표, 베케트 8표, (2)번 질문에 대해 도널드슨 3표, 베케트 8표, (3) 질문에 대해 도널드슨 5표, 베케트 6표, (4)번 질문에 대해 도널드슨 4표, 베케트 7표, 마지막 질문에 대해 도널드슨 5표, 베케트 6표.

이로써 문제는 해결된 듯 보였다. 수백 년 동안 그래왔듯 인쇄물 형태의 저작물은 서적출판업자 조합의 손아귀에 남게 되는 것이다. 그러나 법관 의원들의 투표는 소송의 최종 결과가 아니라 오합지졸인 상원을 돕기 위한 전문적 조언에 불과했다.

상원에서 토론이 벌어지고, 수많은 유명 인사가 방청객으로 참석했다. 철학자 에드먼드 버크, 극작가 올리버 골드스미스 그리고 새뮤얼 존슨의 전기를 쓴 제임스 보즈웰 등등. 하지만 역사적 현장을 놓치고 싶지 않았던 상류층 귀부인과 그들을 에스코트한 신사들의 수가 작가나 사상가보다 더 많았을 것이다.

법관 의원들의 권고문이 낭독된 후, 수많은 연설이 이어지고 마침내 투표가 진행되었다. 결과는 도널드슨이 노린 대로였다. 하지만 그 이유도, 투표 실시 자체도 여전히 미스터리로 남아 있다. 법관 의원들의 권고와 달리 동료 의원들은 스코틀랜드 사업가의 손을 들어주었다. 상법부의 판결이 뒤집히고, 잉글랜드 출판업계도 발칵 뒤집어졌다. 상원 의원들은 강력한 압력 단체의 대사업가들보다, 사람들 사이에 이제 막 생겨나기 시작했을 공익이라는 개념을 우선시했다. 법조인의 전문 지식과 상업계의 의견이 모두 무시된, 흔치 않은 순간이었다. 에든버러 거리에는 고장의 영웅이 거둔 승리를 축하하는 모닥불이 타올랐다. 런던에서는, 자신이 셰익스피어와 밀턴과 드라이든의 작품에 지분을 갖고 있는 줄 알았던 서적상들이 구매 증서로 모닥불을 피웠을지도 모른다.

저작권의 진정한 태생지는, 저작자에게 추상적으로 권리를 부여한 1710년의 앤 여왕 법이 아니라 안개 속에서 내려진 판결이었다. 서적상의 권리를 제한하고, 앤 여왕 법에 따라 보호되다가 기간이 만료된 저작물을 공유 재산으로 돌린 판결 말이다. 승산이 없어 보이던 도널드슨의 전략이 적중하면서 그의 인쇄소에 큰 이득이, 독자에게는 훨씬 더 큰 이득이 돌아갔다.

이 의미 있는 순간을 이해하는 사람이 많아질수록, 지식 재산권의 타당한 존재 이유와 범위에 대한 오늘날의 논쟁은 좀 더합리적으로 이루어질 수 있을 것이다. 1774년 영국 저작권법 확립으로 저작자의 수익 소유권이 생겨나거나 출판업자가 기존에없던 권리를 얻거나 하지는 않았다. 그것은 사업가들의 과도한주장을 '저지하고 줄이기' 위한 법적 결정이었다. 누구를 위해서? 도널드슨 대 베케트 재판의 판결로부터 아무것도 얻지 못한저자들을 위한 결단은 아니었다. 비록 절차는 모호하고 혼란스러웠을지 몰라도 그 결과에는 공익을 도모하려는, 즉 누구나 더저렴한 책과 학문에 접근할 수 있도록 도우려는 소망이 담겨 있었다.

진정한 저작권은, 출판업자들이 거래하는 재산을 제한하고 통제하기 위한 방책으로 1774년 잉글랜드에서 탄생했다. 그 후 저작권은 다른 무언가로 바뀌었다. 20세기의 지난 수십 년 동안 저작권은, 18세기 출판업자들이 잃어버린 권리와 권력을 현대의 소유주들에게 되돌려줄 뿐만 아니라 전임자들은 꿈도 못 꾸던 더 큰 권리를 보장해주는 법적 장치가 되었다.

1774년에 영국의 상원 의원들은, 비록 그 과정은 기묘했지만, 사업가의 이익보다 대중의 권리를 우선시하는 결정을 내렸다. 치열한 공개 토론이 벌어졌고, 대중을 깜짝 놀라게 할 최종 판결이 나왔다. 그 후로 우리는 무엇이 중요하고 무엇이 그렇지 않은지 구분하는 감각을 잃어버린 것 같다. 우리 눈에 보이지 않고 우리 마음에서 아득히 먼 회의실의 입법자들이 저작권의 중요한 부분을 멋대로 주물럭거리도록 내버려둔다. 저작권법 개혁은 텔레비전의 황금 시간대 프로그램에 별로 어울리지 않는 소재처럼 보이겠지만, 요즘 방송되고 있는 어떤 내용보다 우리에게 중요한 문제다.

13장
저작권법의 확장

저작자의 저작물 독점권이 처음 언급된 후 출판업자의 영구적 작품 소유권이 최종적으로 제압되기까지 65년의 세월이 흘렀다. 그 사이 저작권 개념은 출판물 너머의 영역으로 퍼져 나갔다. 컴퓨터 게임, 건축, 댄스, 텔레비전 뉴스, 의복에 이르기까지 현대 사회의 구석구석까지 침투해 들어갔다. 그 시작은 어디서부터였을까?

윌리엄 호가스(William Hogarth)는 1720년대에 화가로 활동하기 시작했다. 데생이나 채색에도 능했던 그는 고대의 판화술을 이용하여, 당대의 도덕적 타락을 묘사한 일련의 풍자적이고 종종 외설적인 이미지들을 제작했다. 이상한 얘기지만, 호가스의 예술과 거기에 동반된 비즈니스 모델이 바로 저작권이 슬금슬금 뻗어 나가기 시작한 출발점이다.

판화는 동판에 조각칼이나 철필로 가느다란 선을 파서 돈을 새김으로 도안하는 방식으로 만든다. 동판에 잉크를 칠해서 종이에 찍으면 된다. 동판은 단단한 금속이라 내구성이 좋아서 똑같은 이미지를 여러 번 찍어낼 수 있다. 조각된 동판은 중국의 목판처럼 수십 년 간 보관하면서 재사용할 수 있지만, 이동 가능한 활자로 만든 활자판과 달리 해체해서 다른 무언가를 찍어낼 수는 없다.

중세 유럽의 금세공 장인들이 장식품에 새겨 넣는 도안을 기록하기 위해 처음으로 금속판을 파기 시작했을 것이다. 1430년대에 이르러 독일 화가들은 동판에 새기는 방식으로 흑백의 아주 정교한 종교화와 세속화를 제작했다. 구텐베르크가 인쇄기를 발명하기 25년 전, 판화는 이미 예술적 표현의 주된 매체였다.

18세기 잉글랜드의 앤 여왕 법은 책에 삽화로 실리는 판화만 보호했다. 낱장으로 인쇄되어, 액자에 끼워 벽에 걸어놓는 예술작품 용으로 소비자나 소매상에게 팔리는 판화는 법의 보호를 받지 못했다.

판화를 제작하려면 값비싼 재료(양질의 구리 합금), 숙련된 기술, 장시간의 노동이 필요하다. 호가스는 제작비를 마련하기 위해 먼저 목탄이나 잉크로 스케치한 도안을 잠재적 고객에게 보여주었다. 하지만 이런 유의 창작물은 앤 여왕 법의 보호를 받지 못했기 때문에, 스케치를 본 사람이 안목 좋고 손 빠른 조수를 시켜 순식간에 복제본을 손에 넣을 수도 있었다. 실제로 그런 경우가 많았다. 그 결과 호가스가 작품을 팔려고 내놓을 무렵엔 이미 모작들이 가게 진열장에 나와 있었다. 호가스의 기록에 따르면, 그의 1724년 작인 〈가장무도회와 오페라〉가 인기를 얻기 시작하자마자 "판화 가게에서 복제화가 반값에 팔리고, 내가 찍은 원작들은 내게 다시 돌아왔다."[79]

불법 복제를 막아 호가스가 작품 수익을 올리려면 어떻게 해야 할까? 예약 모델을 수정해 법적 구속력이 있는 기밀 유지 사항을 포함시킬 수도 있을 것이다. 아니면 불량배를 고용해 불법 복제자의 동판이나 슬개골을 깨부수는 거친 방법을 쓸 수도 있다. 하지만 판화 제작자들은 완전히 다른 계획을 세웠다.

호가스는 세인트 마틴 레인의 슬로터스 커피하우스에서 체스 선수, 화가, 작가 들과 자주 어울렸다. 그 친구들 몇 명과 뜻을 모아, 먹고 마시는 클럽 '숭고한 비프스테이크 협회(The Sublime Society of Beefsteaks)'를 만들었는데, 이 클럽은 머지않아 로비 단체로 변했다. 1734년, 협회의 한 소모임은 의회에 다음과 같은 진정서를 냈다. "현재 책의 저자를 법으로 보호해주는 것처럼, 향후 그런 위조 및 남용을 방지하고 진정인들의 재산을 안전하게 보호하기 위한 법안을 의회에 상정해주십시오." 한 무리의 술고래 예술가들에게서 나온 법안이 하원의 관심을 끌 가능성은 그리 높지 않았다. 도널드슨의 경우보다 승산이 더 희박했고, 거의 장난에 가까웠다.

그들의 진정서는 그 후 저작권 범위를 넓히는 데 수없이 사용된 학생 수준의 논리를 담고 있었다. 판화는 원작에 잉크를 칠한 다음 종이에 찍는 방식으로 제작된다. 고로 인쇄물이다. 기타 인쇄물—인쇄된 서적—은 앤 여왕 법의 보호를 받는다. 고로 판화도 똑같은 보호를 받을 자격이 있다.

삼단논법이라고도 알려진 유추법이다. 그리스인들은 잘못된 결론에 도달하는 사태를 피하기 위해 삼단논법을 구성하는 규칙을 만들었다. 유추에는 위험이 많이 따른다. 두 가지 대상 사이에 닮은 면을 찾기는 아주 쉽기 때문이다. (거품이 많이 인다는 점에서 거품 욕조는 샴페인과 비슷하고, 수직으로 선다는 점에서 인간은 나무와 비슷하고, 기타 등등.) 타당한 증명을 이끌어 내려면 대전제와 소전제를 잘 구분해야 한다.

모든 인간은 반드시 죽는다.
소크라테스는 인간이다.
그러므로 소크라테스는 반드시 죽는다.

똑같은 전제라도 순서가 틀리면, 어설프거나 오해를 불러일으키거나 완전히 잘못된 논증으로 이어질 수 있다.

모든 인간은 반드시 죽는다.
소크라테스는 반드시 죽는다.
그러므로 모든 인간은 소크라테스다.

그렇다면 호가스의 탄원은 타당한 삼단논법에 근거했을까? 그의 주장을 입증하려면 두 개의 삼단논법이 필요하다.

1. 판화는 인쇄물이다.

서적은 인쇄물이다.

그러므로 판화는 서적이다.

2. 판화는 서적이다.

서적은 불법 복제로부터 보호받는다.

그러므로 판화는 불법 복제로부터 보호받아야 한다.

의회 의원들이 이 논리에 넘어갔을 수도, 아닐 수도 있다. 이
동식 납 활자를 이용하는 인쇄와 동판 인쇄를 똑같이 취급한 것
도 그렇고(이 논리대로라면 압축기로 과일즙을 짜는 와인과 오렌지
주스도 보호해주어야 하지 않을까?), '해야 한다'라는 논리적으로
불안정한 표현을 사용한 것도 그렇고, 결함이 많은 논증이다. 그
런데 놀랍게도 이 진정서로 인해 의회는 법안을 제출했고, 그 법
안은 단시간에 현행법으로 제정되었다. "법안을 신속하게 처리
하도록 하원 의원들을 설득한 것이 강력한 논거인지, 그들에게
주어진 증거인지, 아니면 개인의 인맥과 영향력인지는 결코 알
수 없다." 데이비드 헌터의 이 말은, 호가스가 유력자의 도움을
받았음을 넌지시 알려준다.[80]

이리하여 잉글랜드에서는 1735년부터 다음과 같은 조처가 이
루어졌다.

역사화든 아니든 모든 판화를 발명하고 도안하고 동판 인쇄하

고 에칭하거나 메조틴트 기법이나 단색 명암법으로 혹은 독자
적인 수세공과 착안으로 작업하는 모든 사람은 14년 동안 동
일한 작품을 인쇄하고 재인쇄할 독점권과 자유를 갖는다.

이로써 글의 저자에게만 권리를 인정하던 종래의 제약이 깨
지고 저작권은 다른 영역까지 확장되었다. 그러나 득을 본 사람
은 윌리엄 호가스 외에 별로 없었다. 보통의 판화가들과 판화
들이 아니라, 판화를 도안하여 스스로 제작하거나 남에게 하청
을 주는 판화가만 보호를 받았다. 이 지점에서 수공예, 기술, 투
자는 예술가의 정신과 상상력에서 탄생한 무형의 작품으로부터
분리된다. 그래서 호가스의 법을 시작으로 저작권법은 출판업
규제보다는 무형 창작물의 소유권이라는 좀 더 광범위한 개념
으로 방향을 튼다.

요한 크리스티안 바흐(요한 세바스티안 바흐의 막내아들)가 그
의 기존 소나타 몇 곡을 재인쇄한 롱맨(훗날 세계 최대의 교육 출
판사로 성장하는 회사의 창립자)을 고소하면서 저작권은 또 한 번
다른 영역으로 확장되었다. 이 소송의 판결을 맡은 맨스필드 경
은 앤 여왕 법의 전문(前文) 도입부를 논거로 들어 쉽게 판결을
내렸다.

인쇄업자며 서적상이며 많은 사람들이 최근 책과 저술의 저
자나 소유권자의 동의 없이 제멋대로 책과 저술을 인쇄·재인
쇄·출판하거나 인쇄·재인쇄·출판을 야기함으로써 그들에게

큰 피해를 입히고….

서적만을 대상으로 한 법이었지만, 이 전문은 다른 저술에도 해당 법이 적용된다는 사실을 암시하고 있다. 그렇다면 진짜 문제는, 작곡도 저술인가 하는 것이다. 맨스필드는 다소 복잡한 답안을 내놓았다.

> 음악은 과학이다. 저술될 수 있으며, 기호와 부호로 아이디어를 전달한다. 악보를 사용해 음악을 연주할 수는 있지만, 멋대로 악보를 늘리고 처분함으로써 저작자의 수익을 강탈할 권리는 없다.[81]

이렇게 해서 1777년에 저작권은 서적과 판화에서 악보로까지 확장되었다. 이 두 번의 확장은 중단기적으로도 장기적으로도 크나큰 영향을 미쳤다. 한 예로, 음악 사용료를 징수하는 미국 음악 제작자 모임 ASCAP(American Society of Composers, Authors and Publishers, 미국 작곡가·작사가·출판인 협회)는 1996년에 걸스카우트가 캠프파이어에서 〈신이시여, 미국을 축복하소서(God Bless America)〉를 불렀을 때 캠프 운영자들에게 사용료를 청구하려 했다.[82] 그러나 음악 저작권으로 가장 큰 돈을 벌어들인 것은 〈생일 축하합니다(Happy Birthday To You)〉의 악보 판매권과 공연권으로 1949년부터 2016년까지 연간 약 200만 달러를 긁어모은 기업이었다.[83] 서미 컴퍼니(Summy Company)

와 워너 채플 뮤직(Warner/Chappel Music)은 요한 크리스티안 바흐에게 고마워해야 할 것이다.

14장
저작권 쟁취 작전

　1735년 '판화가 법'이 시행되기 전까지 불법 복제 때문에 호가스의 사업 기반이 흔들리긴 했지만, 마냥 손해만 본 것은 아니다. 1732년, 호가스는 〈매춘부의 편력(A Harlot's Progress)〉이라는 제목의 6부 연작 판화를 제작해 발표했다. 1,240점만 제작되어 세트당 1기니라는 높은 가격으로 개인 예약자에게만 판매되었지만, 사회적·윤리적 퇴락의 이야기를 생생하게 묘사한 이 작품으로 호가스는 일약 유명 판화가로 발돋움했다. 그의 그림들은 다른 작가들과 화가들에 의해 끊임없이 복제·인용·개작·참조되었다. "모든 판화가가 호가스의 작품을 열심히 복제했고, 수천 점의 모작이 왕국 도처에 깔렸다."[84] 이런 눈부신 이력을 지닌 호가스가 돈을 잘 벌었던 것은 판화가 법 덕분이 아니고, 법 제정 유무와도 상관 없었다고 할 수 있겠다.

　소설 역시 범위와 기간이 좁게 한정되었던 18세기의 저작권법으로 상당한 수익을 거둬들였다. 새뮤얼 리처드슨의 서간체 소설 『파멜라(Pamela, or Virtue Rewarded)』(1740년)가 출판되자마자, 존 켈리가 쓴 가짜 속편 『파멜라의 상류 사회에서의 품행』 뿐만 아니라 『상류 사회의 파멜라』, 원작보다 더 정밀하다고 자처하는 『파멜라의 일생』 같은 작자 불명의 아류작이 쏟아져 나왔다. 『파멜라』를 패러디한 『새멀라(Shamela)』(1742년)를 쓰기도 했던 헨리 필딩(Henry Fielding)의 소설 『조지프 앤드루스(Joseph Andrews)』에는 파멜라가 단역으로 등장했다. 사람들의 재촉에 못 이겨 리처드슨은 '진짜' 속편—『고귀한 지위의 파멜라(Pamela in Her Exalted Condition)』(1742년)—을 내놓았다. 그러나 그의 창작물은 이제 그의 손아귀를 벗어나 있었다. 엘리자 헤이우드(Eliza Haywood)의 『파멜라에 반대하다(Anti-Pamela)』가 표적으로 삼은 대상은 원작이 아니라 헨리 필딩의 풍자 소설이었다. 이 엄청난 창작 열풍이 바이러스처럼 퍼져 나가, 프랑스와 독일에서는 원작뿐만 아니라 패러디 작과 속편도 번역되어 똑같이 화제를 불러 모았고, 그 번역작들의 모작과 위작, 개작까지 생겨났다. 이런 현상은 자연스럽게 연극 무대로 옮겨져, 헨리 기퍼드(Henry Giffard)의 희곡 『파멜라』는 발표되기가 무섭게 불법 복제되었다. 시각 매체 역시 고결한 주인공을 찬양하여 이 소설을 주제로 한 부채를 만들었고, 복스홀 가든의 주랑에는 원래 소설책 삽화로 도안되었던 이미지들이 장식되었다. 보상받은 미덕에 관한 리처드슨의 이야기는 여러 매체에 지속적이고도 국제적인 영향을 미쳐 영국과 프랑스의 소설 창작 과정을 바

꾸어버릴 정도였다.[85]

호가스 법을 계기로 출판업자들은 온갖 유형의 판화 출판물—지도책, 속기 및 작문 책, 목공 디자인 책, 해상용 신호, 넬슨 제독의 서한 및 경도 설명서의 필사본 등등—에 대한 저작권을 주장하고 나섰다. 이런 시도가 모두 성공한 건 아니지만 출판업계의 압력은 1767년의 법 개정으로 이어졌다. 이제 동일한 화가가 도안하고 새긴 작품뿐만 아니라 그로부터 파생된 모든 판화가 보호를 받게 되었다. 남의 도안으로 작업하는 판화가를 도안가와 똑같이 보호해주는 것이 공정해 보일 수 있지만, 타당해 보이는 이 권한 확대는 많은 변화를 초래했다. 작품을 유형물로 팔 수 있는 권리 말고는 자신의 작품에 대해 아무런 권리도 갖지 못했던 화가들에게 또 다른 시장이 생겼다. 새 작품을 판화로 찍어두면 더 많은 잠재적 의뢰인에게 자신을 알릴 수 있거니와, 화폭을 옮겨놓은 견본도 이제 저작권 보호를 받을 수 있었다. 이렇게 해서 화가들은 역전의 기회를 맞았다. 판화로 얻을 홍보 효과에 대해 수수료를 지불하는 대신, 판화가에게 작품 복제를 허가해주는 대가를 요구할 수 있게 되었다. 사실상 화가들은 그림을 바탕으로 제작된 판화의 저작권을 확보함으로써 자체 출판업자가 된 셈이었다. 적어도 영국에서는 이것이 시각예술 저작권의 법적 기원이다.[86]

산업 시대 초반, 대형 방직 공장 소유주들은 초상화가들보다 더 기발한 방식으로 저작권을 손에 쥐었다. 호가스의 논리를 이용해 자신들의 제품에 대한 저작권 확장을 주장한 것이다. 인쇄된 서적과 더불어 이제는 판화와 악보도 인쇄기로 찍은 '서적 및 기타 저술'에 포함된다고 하여 법의 보호를 받았다. 방직 공장에서 리넨과 면에 무늬를 찍을 때도 무시무시하게 큰 인쇄기를 사용했다. 그러므로 그들의 예술적 도안이 보호받지 못할 이유가 없지 않은가? 그리고 짜잔! 1787년에 제정된 옥양목 날염공 법은 리넨·면·옥양목·모슬린에 '새롭고 독창적인' 무늬를 제일 처음 찍는 사람에게 2개월간의 독점권을 주었다. '독창성'이라는 개념이 저작권법에 등장한 것은 아마도 이때가 처음일 것이다. 개별적인 창작물이 아닌 산업 분야의 창작물에 (비록 단기간이지만) 명백한 저작권이 주어진 것도 이때가 처음이었다. 그러나 이것으로 끝이 아니었다.

오늘날 우리가 지식 재산이라 부르는 것으로 임대료를 챙긴 가장 진기한 사례의 주인공은, 동물과 풍경을 그린 진취적인 화가 조지 개러드(George Garrard)였다. 그는 부업으로 당시 전국의 양축 농장에서 키우던 여러 품종의 소들을 석고 모형으로 제작했다. 다른 화가들이 전원 풍경을 그릴 때 해부학적 정확성을 기할 수 있도록 돕기 위해서였다. 그의 주물은 1:5.33의 축척으로 제작되었기 때문에 헤리퍼드종 모형은 약 30센티미터의 키로 서 있었다. 그런데 이 모형의 구매자들은 개러드처럼 동물화를 그리는 동료 화가가 아니라 주로 농부, 동물 사육자, 가축 상인이었다. 또한 다른 주조자와 주형공이 개러드의 석고 모형을 손쉽게 모방했다. 개러드가 농업위원회에 이 문제를 제기하자, 어떤 이유에선지 위원회는 냉큼 의회에 탄원서를 제출하겠노라고 답했다. 위원회가 제출한 법안은 마법처럼 순조롭게 의회를 통과했다. '새로운 모형 및 흉상 주조물 제작 기술을 장려하기 위한 법'(1798년)은 개인의 구체적인 사업상 이익을 위해 선구적인 저작권을 보장해준 세 번째 사례였다.[87]

18세기 잉글랜드에서는 문학 작품 저자들이 1710년에 명목상의 소유권을 처음 인정받았다. 출판업계가 언제나처럼 서적 출판업자 조합의 독점적 통제하에 놓일 수 있도록 하기 위함이었다. 18세기 말 무렵, 도널드슨의 항소에서 상원이 조합의 권력을 꺾어놓았지만 저작권 보호 대상은 조금씩 늘어났고, 출판된 책들 외에 다소 기이한 조합의 다양한 것들이 포함되었다. 판화로 시작하여 악보, 그다음엔 지도, 행주에다 모형과 흉상까지. 계획하에 처리된 일처럼 보이지는 않는다. 저작권의 확장과 쟁취는 상상력의 결실 또는 정신노동처럼 그때 막 부상 중이던 개념이나 원칙에서 비롯된 것이 아니었다. 영국의 역사답게 즉흥적이다. 하지만 이런 전개가 웃겨 보일지 몰라도 여기에는 불길한 이면이 있다. 점점 더 상업화되고 산업화되는 사회에서 누구도 알아채지 못하게 사유화가 진행되어왔다는 점이다.

15장

프랑스와 미국에서의
혁명적 변화

'revolution'이라는 단어는 행성이나 바퀴나 크랭크를 출발점으로 되돌리는 360도 회전을 의미하는 경우가 대부분이다. 그런데 18세기 동안 이 단어는 다른 의미, 즉 '사회적·정치적 질서가 180도만 움직이는 변화'로 쓰이기 시작했다. 저작권법은 이 단어를 후자의 의미인 척 전자의 의미로 쓰는 경향이 있다. 다시 말해 이전 상태로 복귀하면서 방향을 바꾼 척 속여 넘긴다는 것이다.

1777년에 프랑스 왕실은 창작물의 첫째 주인이자 '영원한' 주인은 저작자임을 인정함으로써 출판업계를 호령하던 인쇄업자 조합의 기세를 한풀 꺾어놓았다(93쪽 참고). 그러나 출판 특권 제도는 그대로 남겨져 있었기에, 루소와 볼테르의 작품을 발행하는 출판업자들은 영원토록 큰돈을 긁어모을 수 있을 터였다.

12년 후, 성난 군중이 바스티유 감옥을 습격하면서 군주제가 무너지고 새로운 시대가 밝았다. 혁명 정권이 제일 처음 단행한 것은 모든 특권의 폐지였다. 여기에는 출판업자의 특권도 포함되었다. 이렇게 되고 보니 인쇄기를 가진 사람이 무엇이든 자기 마음대로 찍어내는 것을 막을 법적 근거가 사라져버렸다. 팸플릿, 광고용 전단, 탄원서, 외설 문학, 비난 성명 등 온갖 인쇄물이 쓰나미처럼 프랑스를 휩쓸었다.[88] 자유의 진보라는 측면에서는 위대한 승리였지만 출판업계에는 재앙이었다. 해적판을 저지할 방법이 없어진 파리의 출판인쇄업자들은 제대로 된 작품을 취급하지 못하고, 잠깐 팔리다 마는 책으로 근근이 연명했다. 이는 혁명 지도자들도 가볍게 넘길 수 없는 문제였다. 출판업자들은 최전방에서 혁명 사상을 전파하는 역할을 했다. 그들이 가게를 닫는다면 무슨 수로 혁명의 가치를 전 세계로 퍼뜨린단 말인가?

당장에 구제책을 마련해야 했다. 프랑스 출판업계의 압력과 권고를 받은 국민공회는 질서를 회복하는 최선의 방법을 논의했다. 이는 자연권을 기반으로 새로운 사회를 건설하자는 혁명 프로젝트의 핵심을 건드리는 문제였다. 자연권 중에는 재산권도 있었다. 하지만 새 책이든 헌 책이든 거기에 담긴 내용 같은 무형물은 어떤가?

미국의 혁명가들이 이미 길을 보여주었다. 미국 건국자들이 1776년에 독립을 선언하고 11년 뒤 제정한 헌법에 따르면, 의회는 "저작자와 발명자에게 저작물과 발견에 대한 독점적 권리를 일정 기간 보장함으로써 과학과 유용한 기술의 진보를 장려할"(현재의 미국 헌법 8조 8항에 그대로 남아 있다) 권한을 가졌다. 1790년에는 저작권과 특허권을 각각 보장하는 두 개의 개별적인 법이 통과되었다. 1793년, 혁명 정권하의 프랑스는 같은 취지의 지식 재산권 법을 다른 방식으로 차용했다.

잉글랜드의 앤 여왕 법이 그 목적을 '학문의 장려'로 설명했듯, 미국 최초의 저작권법 역시 "지도·도표·서적의 저작자 및 저작권자에게 상기한 기간 동안 권리를 보장함으로써 학문을 장려하기 위한 법"이라는 제목을 달았다. 둘 모두 법 조항에 확실히 명시되지 않은 전제를 깔고 있다. 첫째, '학문'이 증진이 곧 공익이다. 둘째, 그 창작자들이 금전적 이익을 얻는다면 공적 자산의 양이 늘어날 것이다. 첫째 전제는 완전히 공리주의적인 관점을 띠고 있으며, 둘째 전제는 작가들이 금전의 유혹에 약하다는 가정에 근거한다. 두 전제는 서로 다르고 논리적으로 연결되지 않는다. 그러나 지난 3세기 동안 영미법계의 저작권 제정 및 소송은 그 둘을 말과 마차처럼 불가분의 관계로 여겼다.

1793년 프랑스 국민의회에서 떠들썩하게 논의된 법안은, 혁명 이론가 에마뉘엘 조제프 시에예스(Emmanuel Joseph Sieyès)와 마르키 드 콩도르세가 선동 및 명예훼손과 저작 재산권에 관련된 법을 제정하자는 취지로 작성한 제안서가 그 출발점이었다. 의회는 언뜻 상관없어 보이는 두 사안을 동시에 처리할 수밖에 없었다. 1695년 후의 잉글랜드처럼 출판업계가 무질서하게 돌아가, 중상적이고 거짓되며 정치적으로 위험한 쓰레기 같은 글이 마구 인쇄되고 유포되었기 때문이다. 개인의 자유와 출판의 자유라는 혁명적 신조를 보장하려면 그런 글들을 제한해야 했다. 시에예스-콩도르세 제안은, 검열을 내쳤던 사회가 출판물의 내용을 제한하고 저자·인쇄업자·서적상의 책임을 규명하려 한 최초의 시도였다. 이 명단에 '소셜 미디어'와 '인터넷 서비스 공급업체'를 추가하면, 그 후 200년 동안 근본적인 문제가 변하지 않았음을 알 수 있다.

1790년대에 선동적이고 중상적인 팸플릿이 넘쳐난 데는 출판업자들의 사업 방식이 큰 영향을 미쳤다. 진지한 책으로 대중을 깨우쳐 공익에 기여한다는 이상적인 과업 수행만으로도 수익을 올릴 수 있다면, 음란하거나 위험한 소재를 외면하도록 출판업자들을 쉽게 회유할 수 있을 터였다. 불과 몇 년 전만 해도 글이 재산이 될 수 있다는 개념을 원론적으로 비난했던 콩도르세가 갑자기 입장을 180도 바꾼 것도 이 때문일 것이다. 시에예스와 콩도르세는 저작물에 대한 저작자의 권리를 법적으로 인정함으로써 그들에게 책임을 지우자고 제안했다. 그 결과로 간접적 형태의 재산권이 생긴다면 어쩔 수 없는 일이었다. 하지만 그것은 상속 가능한 재산이 아니라 저작자 사후 10년까지만 보장되는 권리에 불과했다. 그러므로 프랑스의 혁명적인 저작권법 제정으로 저작자의 권리가 확립되었다고 보기는 어렵다. 오히려 엄격히 제한되었다. 보호 기간이 만료되는 순간, 국가의 문학적 유산은 출판업자와 상속자의 손에서 공공 영역으로 넘어갔다. 루소, 볼테르, 디드로(각각 1774년, 1778년, 1784년에 사망했다) 등 혁명 사상을 만들어낸 위대한 철학자들의 저작들은 곧 만인의 재산이 될 터였다.

이 제안은 1791년에 철회되었는데, 사업적 이유가 아닌 철학적 근거 때문이었다. 문학서와 철학서에 더 많은 대중이 접근할 수 있어야 한다는 공리주의적 논거와, 진정한 재산권 대신 구식 특권과 무척 비슷한 제한적 권리를 인정해주자는 주장은 사상이 지극히 중요한 시대에 양립하기 어려웠다. 사상을 재산으로 인정하면 사상의 자유에 위협이 될뿐더러, 저자의 재산권을 인정해주자는 제안은 출판업자의 상업적 이익을 감추기 위한 연막에 불과하다는, 아주 설득력 있는 반대 주장이 있었다.

서적상의 파산 문제는 여전히 해결되지 않았다. 1791년에는 정반대 취지의 새로운 법안이 제출되었다. 저작자에게 창작물의 영구적 소유권을 주자는 것이었다. 창작물은 정신과 천재성의 산물이고, 천부의 재능은 어떤 제약도 받아서는 안 된다는 이유에서였다. 반면 유명한 출판인쇄업자 샤를 팽쿠크(Charles Pancoucke)는 14년의 독점권에 한 번의 갱신을 허용하는 영국법을 차용하자고 제안하며 이렇게 썼다. "사익과 공익을 조화시키는 적절한 방식이다."[89]

혁명의 혼란에 휩싸인 프랑스에서는 저작자의 권리 말고도 해결해야 할 문제가 쌓여 있었고, 권력 구조가 급변했다. 그러나 콩도르세와 시에예스가 뒷자리로 물러나 있던 1793년, 극작가 마리 조제프 셰니에[Marie-Joseph Chénier, 제1차 세계대전에서 프랑스군의 군가로 사용된 〈출정의 노래(Le Chant du départ)〉 작사가]는 제안서 원안을 거의 수정하지 않은 채 내놓았고, 공교육위원회 위원장인 조제프 라카날(Joseph Lakanal)이 그것을 국민의회에 제출했다.

라카날 법은 저작자나 그 상속자 혹은 저작자에게서 텍스트를 양도받은 출판업자에게 사후 10년까지 독점적 권리를 보장해주었다. 선동 및 명예훼손을 막는 수단이 아니라, 공익에 기여하기 위해 그리고 '천재 권리 선언'으로서 일정 기간의 저작권이 만들어졌다.

그러나 당대의 미국이나 영국의 법과 달리 라카날 법은 천재의 권리를, 출판된 책의 저자를 넘어 "모든 종류의 저술의 저작자, 작곡가, 화가, 판화의 원안인 그림과 데생의 도안자"에게도 적용했다. 잉글랜드가 점차적인 입법(특히 호가스 법과 바흐 소송의 판결)을 통해 저작권 범위를 넓혀간 데 비해, 프랑스는 단 하나의 법적 장치로 창작 매체의 대부분을 아울렀다.

미국에서는 저작권 보호가 아직 그 정도까지 확대되지 않았을뿐더러 미국 시민과 거주자에게만 유효했다.

하지만 그건 또 다른 이야기다.

16장
낭만주의와 저작권

　잉글랜드와 프랑스에서 저자들이 단기간 소유권을 보장받을 무렵, 서양에서는 새롭고 독창적인 창작의 물결이 거세게 일고 있었다. 1774년에는 독일 낭만주의의 초석과도 같은 괴테의 소설 『젊은 베르테르의 슬픔』이 발표되었고, 1787년에는 독일 연극에 새로운 발판을 마련한 프리드리히 실러의 희곡 『돈 카를로스』가 초연되었다. 워즈워스의 『서정 가요집』(1798년), 바이런의 『차일드 해럴드의 순례』(1812년), 키츠의 『시집』(1817년)이 영국의 시에 신선함과 활력을 더했다면, 제인 오스틴의 『오만과 편견』(1813년)과 메리 셸리의 『프랑켄슈타인』(1818년)은 소설을 재발명했다. 나폴레옹 전쟁 탓에 문화적 변화가 한참 늦어진 프랑스에서는 1820년에 알퐁스 드 라마르틴이 『명상 시집』을 발표하며 낭만주의 시대의 시작을 선언했고, 발자크는 1828년에 처음 본명으로 소설을 발표했다. 같은 시기 러시아에도 한 국민 작가가 불쑥 등장했다. 푸시킨은 1820년에 서사시 『루슬란과 루드밀라』를, 1825년에 희곡 『보리스 고두노프』를, 1831년에 소설 『벨킨 이야기』를 발표했다. 프랑스 혁명과 나폴레옹 시대 전후 수십 년은 유럽 문학의 전성기로 꼽힌다. 후원자나 귀족의 직접적인 지원 없이 펜으로 먹고사는 것이 처음으로 가능해진 시기이기도 했다.

이렇듯 유럽 문학이 번성한 이유는 어디에 있었을까. 언뜻 생각하기엔, 법적 지위가 변하고, 1774년의 도널드슨 재판과 1793년의 라카날 법을 통해 작품으로 금전적 이익을 얻을 수 있게 된 덕분으로 보인다. 다른 한편으로 저작권법의 이러한 변화는 저자들이 획득하고 있던 새로운 지위를 '대변'하기도 했다. 그들은 작품을 통해 점점 더 많은 독자에게 지지를 얻으며 자신만의 천재성과 독창성을 주장하고 나섰다. 닭이 먼저냐 달걀이 먼저냐 하는 질문의 답은, 어떤 역사를 원하느냐에 따라 달라진다.

최초의 진정한 저작권 제도가 만들어지면서 이미 진행 중이던 동향을 부채질한 면도 있었을 것이다. 작품을 영구적으로 소유할 권리를 잃은 출판업자는 사후 10년이 넘은 프랑스 작가의 작품이나, 처음 출판된 지 28년이 넘은 잉글랜드의 작품에서 얻을 수 있는 수익이 사라지고 말았다. 요즈음의 서점을 잠깐 둘러보기만 해도 그런 작품이 얼마나 큰 비중을 차지하는지 알 수 있다. 그때부터 출판업자들은 영구적인 독점권으로 얻었던 가격 결정력을 잃고, 국내외 동종업자들과 공개적인 경쟁을 벌여야 했다. 그들에게는 익숙지 않은 일이었지만 그중 수완 좋은 자들은 어떻게든 살길을 마련했다. 살아 있는 작가들, 주로 젊은 작가들을 찾아 저작권 보호를 받는 작품을 제공받았다. 그 작품으로 더 큰 수익을 올리거나, 어쩌면 또 횡재할 수 있을지도 몰랐다. 새로운 법에 따르면, 새로운 작품은 새롭다는 사실 자체로 옛날 책보다 잠재적인 시장 가치가 더 높았다. 하지만 어떤 원고가 부와 명예를 가져다줄까?

출판업의 곤란한 점은, 어떤 책이 대박을 터뜨리고 어떤 책이 망할지 결코 확신할 수 없다는 것이다. 지난 5세기 동안 출판업자들은 책의 흥망을 점칠 수 있는 방법을 알아내려 갖은 애를 썼지만 성공하지 못했다.

이런 까막잡기 놀이 같은 시장 상황을 타개하기 위해 오래전부터 두 가지 해법이 사용되어왔다. 첫째 방법은 드니 디드로가 1763년에 저술한 『출판업에 관한 서한』에 설명되어 있다. "(출판업계에서는) 열 번의 모험 중 한 번 성공하고, 너덧 번은 본전을 뽑고, 다섯 번은 손해를 본다."[90] 출판업자들은 대다수의 책에서 보는 손해를 잘 팔리는 몇 권의 책으로 메울 수 있기를 바랄 수밖에 없다. 오늘날의 모든 문화 산업도 사정은 마찬가지여서, 실제 수요의 열 배나 되는 책이 출판되는 이유도 부분적으로는 이 때문이다. 폴 푸르넬(Paul Fournel)의 소설에서 작은 문학관을 인수한 통통한 얼굴의 경영학 석사 역시 이 문제에 직면한다. 이제 막 경영자가 된 그는 이렇게 말한다. "1만 5,000부도 안 팔리는 책은 전부 빼버려요. 그럼 그럭저럭 버틸 수 있을 테니까." 노년의 지혜로운 편집자는 근간 서적 목록을 그 벼락부자에게 건네며, 1만 5,000부도 안 팔릴 책을 골라달라고 청한다.

"그럼 내가 그 책들은 줄을 쫙 그어버리리다."
뫼니에는 아주 진지하게 목록을 쭉 훑다가 포기해버렸다.⁹¹

 시대정신에 대한 근거 있는 추측, 시장 조사, 평론가들의 비위 맞추기, 소셜 미디어를 통한 과장된 홍보 등이 출판업자들의 위험 부담을 덜어줄지는 몰라도 완전히 없애주지는 못한다. 영화 제작에도 전반적으로 같은 법칙이 적용된다. 돈을 벌기보다는 잃는 영화가 더 많고, 손실액이 수십만 달러에 이르기도 한다. 책의 판매 부수나 영화 관람객 수의 추정치는 희망적인 관측, 어림짐작, 좋은 안목, 행운의 횡재 사이의 어딘가에 있다.
 출판 부수를 몇 배 늘리는 것 말고 또 다른 해법은 '유명인'을 탄생시켜, 책(노래, 연극, 영화, 만화 등등) 자체의 우수함보다는 창작자의 명성으로 구매자를 끌어들이는 것이다. 저작자에게 제한된 권리를 부여한 18세기 초반은 그래서 문단의 스타가 탄생한 시대였다. 가난한 천재라는 어두운 이면과 함께. 바이런, 빅토르 위고, 월터 스콧은 국내뿐만 아니라 유럽 전역에서 지금의 스타 배우나 축구선수 같은 인기를 누린 최초의 작가들이었다. 『나귀 가죽』으로 명성을 얻기 전 삼류 작가이자 실패한 출판업자로서 성공의 실체를 체감했던 오노레 드 발자크는 『잃어버린 환상』에서 허구의 출판업자인 도리아의 입을 통해 낭만주의적인 '책의 세계'가 어떤 이치로 돌아가는지를 설명한다.

"2,000프랑의 투자금으로 겨우 2,000프랑을 벌어들이는 책은 내기 싫소. 난 문학 투기꾼이오. 마흔 권을 각각 만 부씩 찍어내지. (…) 2,000프랑짜리 책을 홍보하느니 서평들을 사서 30만 프랑의 가치가 있는 사업에 힘을 쏟겠소. 나는 미래에 찾아올 영광의 디딤돌 역할을 하기 위해 여기 있는 것이 아니오. 돈을 벌어서 유명인들에게 주려는 거지. 내가 10만 프랑에 사들이는 작품은 무명작가가 내게 600프랑에 팔려고 애쓰는 작품보다 덜 비싼 셈이오."[92]

월터 스콧은 소설로 부자가 되었고 빅토르 위고는 글을 써서 생계를 유지했지만, 저작권료로 집세를 지불한 당대의 작가는 거의 없었다. 그들 대부분은 재산을 물려받거나, 개인 사업을 하거나, 그도 아니면 공무원·사서·군인·외교관·교사·성직자·의사·정치가로 일했다. 글로 먹고사는 작가 대부분은 저작권을 팔아서 돈을 번 것이 아니라 일간지와 주간지에 글을 기고했다. 학문을 장려하고 천재의 권리를 지켜주겠답시고 만들어진 법으로 큰 이득을 본 사람은 오늘날의 영화계가 그렇듯 소수의 유명인에 불과했다.

명성과 영예는 저작권의 결과물이 아니다. 어림도 없는 소리다. 영예란 그리스와 로마의 작가들이 추구하던 것, 창작물의 소유라는 개념을 생각하지도 않고 상상도 할 수 없었을 때 가끔 얻어지던 것이었다. 그러나 기간이 한정된 저작권 보호 제도가 만들어져 출판업자의 사업상 이익 구조에 변화가 생기면서, 낭

만주의적인 스타 시스템은 더욱 아찔한 피라미드 형태를 띠게
되었다. 도리아는 신간으로 번 돈을 유명 작가들에게 주는 것이
자신의 일이라고 말했다. 당연한 결과지만, 그래서 그는 유명 작
가들을 끌어모으고 그들을 더욱 유명하게 만들어야 했다.

17장
문학 유산

공리주의적이고 권리에 기반한 목표—잉글랜드의 학문을 장려하고, 미국의 과학과 유용한 기술을 증진하며, 프랑스의 천재의 권리를 인정한다—로 제정된 최초의 저작권법 덕분에 창작자는 자신의 창작물에 대해 기간 한정 권리를 얻었고, 특혜나 후원과 상관없는 (대개는 순전히 이론적인) 수입원이 생겼다. 당연히도 이 저작권법은 고인의 창의성을 격려하기 위한 법은 아니었다.

프랑스는 창작자의 권리를 사후 10년까지 보호해줌으로써 저작권법의 새로운 장을 열었다. 보호 기간을 창작자의 생존 기간으로 한정하면 법을 시행하기가 더 수월하다. 발표 혹은 등록 날짜를 확정하지 않아도 되기 때문이다. 프랑스 법의 보호 대상인 그림은 발표일을 특정할 수 없다. 그러나 보호 기간을 사후 10년으로 연장한 원래 의도는, 유명 인사가 남기고 떠난 아내와 자식들을 돕기 위함이 아니라 출판업계의 즉각적인 이익을 위해 서였다.

대부분의 책은 잘 팔리지 않고 매출이 오래가지 않는다. 단시 간에 많이 팔린 후 사라지는 책도 있다. 초판이 다 팔리고 재판 을 찍고 재인쇄가 계속 이어지는 경우는 그리 흔치 않다. 적자를 내는 책, 출간 즉시 잘 팔리는 책, 장기간 꾸준히 팔리는 책, 이 세 가지 범주 외에도 천천히 조금씩 팔려나가다 오랜 시간 끝에, 더러는 수십 년 걸려 제작 비용을 만회하는 가치 있는 책도 있 다. 시대에 앞선 시와 소설 혹은 대규모 기획으로 제작되는 사전 과 백과사전이 이 네 번째 범주에 속한다. 프랑스 혁명 정권의 입법자들이 가장 열렬히 지원하고 보호하고자 했던, 여러 권 구 성의 역사서·철학서·과학서도 마찬가지다. 이런 책들의 저자 가 제작 비용을 만회하기 전에 사망하여 출판업자가 저작에 대 한 통제권을 잃어버린다면, 출판업자는 자신들과 국민에게 가 장 중요한 저작으로부터 들어오는 수입을 대부분 잃게 될 터였 다. 이것이 바로 짧은 '사후' 기간이 도입된 대단히 실용적인 이 유였다. 위대한 혁신이었지만 이 혁신을 일으킨 자들은 자신들 이 닦아놓은 기반 위에 앞으로 몇백 년 동안 어마어마한 부가 쌓일 거라고는 전혀 예상치 못했다.

저작자의 사망 후 상속인이 저작에 대한 재산권을 행사하도 록 허용한 선례가 딱 한 번 있었다. 1761년, 시인 장 드 라 퐁텐 (1621~1695년)의 가난한 두 손녀는 할아버지의 우화와 이야기 에 대한 15년간의 권리 갱신을 요청하고 획득했다. 그들의 주장에 의하면 "상속권에 따라 작품들은 당연히 (시인의 직계 자손인) 그들에게 귀속한다. 그들의 상속권을 박탈할 어떤 근거도, 어떤 특권도 존재하지 않는다."[93] 라 퐁텐의 저작을 출판할 특권을 가진 출판업자들은 항소했지만 왕의 추밀 고문관들에게 기각되었다. 이 이례적인 판결은, 라 퐁텐이 프랑스 문학에서 차지하는 화려한 위상과, 그의 손녀들이 가난해서는 안 된다는 감상적인 시각이 작용한 결과였다.

하지만 이 재판은 수십 년 후의 한 소송에 대한 판례가 되었다. 『천성(天成)의 철학자(Le Philosophe sans le savoir)』(1765년)를 쓴 인기 극작가 미셸 장 스덴(Michel-Jean Sedaine)은 1797년에 일흔아홉 살의 고령에 사망했다. 그는 집필 활동으로 돈을 잘 벌었고, 라카날 법에 따라 그의 작품은 1807년까지 보호받았다. 당시 그의 희곡들은 여전히 무대에 올려졌고, 그는 연간 약 1만 2,000프랑을 벌어들였다.[94] 그는 말년에 결혼해 자식들을 보았다. 저작권 기간이 만료되자 스덴의 아내와 살아남은 한 명의 딸은 빈곤해졌다. 예견할 법한 결과였지만 그들은 이 처사가 부당하다고 여겼다. 그들은 황제에게 구제를 요청했지만 나폴레옹 1세는 법을 수정하여 저작권을 연장해주지는 않았다. 대신 스덴의 상속자들에게 연간 1,200프랑의 연금을 지급함으로써 황제다운 너그러움을 과시했다. 세월이 흘렀다. 1815년, 나폴레옹의 몰락 후 복위한 부르봉 왕가의 루이 18세는 그 연금을 연간 500프랑씩 더 늘렸지만, 1819년에 스덴의 아내가 사망하자 관료들은 딸의 연금을 연간 900프랑으로 줄였다. 『레 미제라블(les misérables)』의 시대에 공예가가 1년 동안 벌어들인 수입과 비슷한 액수였다. 늙어가고 있던 마드무아젤 스덴은 위대한 작가의 딸인 자신의 생계를 국가가 책임져야 한다는 생각에 사로잡혔다. 디킨스의 『황폐한 집』에서 고등법원의 판결을 기다리는 플라이트 양처럼, 그녀는 걸핏하면 고위 관료들의 집을 찾아가 아직도 매년 수천 명이 아버지의 희곡을 즐기고 있다며 연금을 올려달라고 애원했다. 가난한 천재 시인 토머스 채터턴(Thomas Chatterton)의 죽음을 극화하여 이름을 날린 유명 작가 알프레드 드 비니(Alfred de Vigny)가 드디어 그녀의 사연을 접하게 되었다. 그렇지 않아도 불만을 품고 있던 비니에게 마드무아젤 스덴은 감상적인 마중물을 부어준 셈이었다.

비니는 문학 작품에 대한 상속 가능한 재산권을 돌려달라고 요구하지 않았다. 그는 작가들이 검열의 족쇄에서 풀려나고 특권 소유자의 손아귀에서 벗어났으므로 더 이상 귀족 후원자의 종복이 아니라고 주장했다. 작가는 이제 부르주아로 존중받을 권리가 있는 천부적 엘리트 계층의 일원이었다. 그런데 그들의 작품을 진정한 재산으로, 즉 상속 가능한 자산으로 인정해주지 않는다면 어떻게 그들이 신흥 계급에 합류할 수 있겠는가? 비니는 1830년대에 잉글랜드에서 저작권법에 반대하는 자들이 처음 퍼뜨린 사상을 차용한 해법을 제시했다. 더 많은 대중이 책을 접할 수 있도록 고려하는 동시에, 시인과 사상가도 부르주아 계급처럼 자식을 부양할 수 있도록 돕기 위한 대책이었다. 그는 저작자가 생존하는 동안만 저작물의 수익권을 보장해주고, 그 후로는 저작물을 사회의 공유 재산으로 돌리자고 제안했다. 여전히 그 저작에 시장성이 있다고 생각하는 출판업자가 더 저렴한, 경쟁력 있는 가격에 간행할 수 있도록 말이다. 단, 책 판매가의 일정 비율을 작가의 상속인에게 영구히 지불해야 한다. 유상 공유 제도(domaine public payant)로 알려지게 되는 이 공식은 특허 강제 실시*와 비슷한데, 캐나다를 비롯한 여러 나라에서 시도된 바 있다. 오늘날에는 음악 공연 분야에서 완전하게 시행되고 있으며,(268~269쪽 참고) 프랑스의 가장 시끌벅적한 좌익 정당이 내세우는 공약이기도 하다.[95] 그러나 1840년에 비니는 그런 권리 사용료 지불에 기간 제한을 두자는 제안은 하지 않았다. 만약 그의 제안이 그대로 채택되었다면 지금 살아 있는 빅토르 위고의 증손자의 손자는 일론 머스크만큼 큰 부자가 되었을 것이다.

프랑스와 잉글랜드에서, 결국엔 미국에서도, 저작자 사후 권리 보호 기간은 꾸준히 늘어났다. 프랑스에서는 사후 10년에서 30년으로, 그다음엔 50년으로 늘어났고, 19세기의 러시아에 이어 스페인에서는 사후 25년에서 50년으로 늘어났다. 1793년에 출판업자의 이익을 보호하기 위해 만들어진 것이 한 세기도 지나기 전에 완전히 다른 것, 즉 작가의 사후 고아가 된 자식들과 자식의 자식들을 지원하기 위한 장치로 변했다. 제1의 수혜자는 오랜 기간 꾸준히 팔리는 저작물—저작자 사후 수십 년이 지

---

* 　특허권자가 특허권을 행사하지 않거나 불충분하게 행사하는 경우, 일정 요건을 만족하는 제3자가 해당 특허를 사용할 수 있도록 허용하는 권리.-옮긴이

나서도 대중·교육·엘리트 문화의 일부로 건재하는 책과 노래들―을 발표한 운 좋은 출판업자들이었다.

20세기에 미국을 제외한 산업 국가들은 저작권 기간을 보통 사후 50년으로 잡았지만, 1970년대부터 점점 더 많은 국가가, 마침내는 미국까지도 사후 70년을 규칙으로 삼았다. 가령 40세의 소설가가 쓴 신작이 2010년에 발간되고 소설가가 80세까지 산다면, 이 작품의 저작권은 2120년에야 풀린다는 뜻이다. 루이 페르디낭 셀린(Louis-Ferdinand Céline)의 『전쟁(Guerre)』처럼 분실되었다가 발견된 작품도 보호 대상에 포함되었다. 1934년에 집필된 것으로 추정되는 이 소설은 셀린보다 오래 살아남은 그의 아내가 107세에 사망한 후 2022년에야 발간되었다. 소설의 저작권은, 댄서였던 아내의 예전 제자와 아내의 변호사가 2032년 1월 1일까지 공동으로 갖게 될 것이다. 작가 탄생 135주년이 되는 해다.

저작자 사후에 지급되는 저작권료는 창작 활동 장려에 아무런 도움이 되지 않는다. 무덤 안에서 글을 쓸 수 있는 사람은 없기 때문이다. 하지만 브루스 스프링스틴의 경우처럼 창작자가 사망하기 전에 창작물에 대한 사후 권리를 판다면, 금융업자의 계산에 따라 상속인과 유산 수령자에게 막대한 재산이 남겨질 수도 있다.

하지만 어떤 책이나 노래가 50년은 고사하고 5년 후에도 팔릴 거라고 누가 확신할 수 있겠는가? 출판업은 언제나 위험 부담이 큰 사업이었다. 그러나 현재 엔터테인먼트 시장을 좌지우지하는 투자자들은 사후 권리에 베팅하고 있다. 향후 100년 동안 사후 저작권 보호 기간이 줄어들지 않으리라는 가정에 근거한 만큼, 복권보다 더 안전한 투자라고 할 수도 없다.

18장
연극과 영화의
저작권

　해적판―돈을 지불하지도, 허가를 받지도 않고 글자 그대로 찍어낸 책들―에 대한 대책 마련이 시급했던 18세기, 사업적 이익과 개개인의 자연권 그리고 공익에 대한 관심이 일시적으로 어우러지며 저작권이 탄생했다. 하지만 관련법이 처음 제정되자마자, 창작물에 대한 새로운 재산권의 범위가 어디까지인가 하는 문제가 발생했다.

　초기에 한 판사는 번역이 저작권 침해가 아니라는 판결을 내렸지만,(72쪽 참고) 버넷 대 쳇우드 재판이 열렸다는 사실 자체가 암시하는 바가 있었다. 저작권자가 무단 재인쇄 금지 이외의 다른 권리를 적어도 상상은 할 수 있었다는 것이다. 그러나 번역은 출간된 책의 수많은 2차적 사용 가운데 비주류에 속했다. 교육용으로 쓰기 위해, 그리고 더 넓은 독자층을 위해 축약본이 많이 제작되어 유용하게 쓰였다. 자일스 대 윌콕스 재판(1743년)

에서 "(원작을) 왜곡되게 축소하거나… 앤 여왕 법을 교묘히 회피한 것만 아니라면 축약본은 새 작품으로 보는 것이 타당하며" 저작권 침해가 아니라고 판결한 하드위크 같은 판사들이 부차적 권리를 오랫동안 제어하기도 했다. 마찬가지로 극작가들은 자유롭게 소설을 희곡으로 각색하고, 재사(才士)들은 자유롭게 패러디했으며, 인기 있는 작품의 속편을 써도 책임을 추궁당할 일이 없었다. 일반 대중은 "구매자가 작품에 담긴 신조와 정서로부터 거둬들일 수 있는 모든 혜택을 무제한으로 누릴 수 있다. 그것을 개선하고, 모방하고, 번역하고, 그 정서에 반기를 들어도 좋다."[96] 구매자가 할 수 없는 딱 한 가지 일은 똑같은 텍스트를 재인쇄하는 것이었다.

여전히 저작권이라고 불리고는 있지만, 그 의미는 이제 완전히 달라졌다. 광범위한 부차적 권리를 보호 및 사유화하고 있기 때문이다. 그러나 저작 재산권과 지식 재산권의 범위가 영역 확장과 쟁취를 통해, 더러는 기술적 변화를 통해 차근차근 넓어진 것은 전혀 필연적인 결과가 아니었다. 각 단계를 넘을 때마다 반대에 부딪혔다.

한 번의 중대한 전환점이 미국에서 찾아왔다. 찰스 업턴(Charles Upton)이 주로 워싱턴이 쓴 글을 발췌하여 학교도서관용으로 엮은 『워싱턴의 일생(Life of Washington)』을 출판했을 때였다. 당연히 업턴이 참고한 주된 자료는 재리드 스파크스(Jared Sparks)가 편집한 6,000쪽 분량의 권위 있는 저서 『조지 워싱턴의 글(The Writings of George Washington)』이었다. 스파크스의 걸작을 간행한 출판사는 업턴 측 출판사를 저작권 침해로 고소하여 승소했다. 판사는 다음과 같이 말했다. "이런 유의 문제를 해결하려면 선택의 본질과 대상, 사용된 자료의 양과 가치 그리고 그 사용이 원저작물 판매에 해를 끼치거나 수익을 감소시키거나 원저작물에 대한 수요를 대체하는 정도를 살펴야 한다."[97] 남의 저작물을 멋대로 갖다 쓰는 행위에 처음으로 제동을 건 이 판결의 가장 혁신적인 점은 돈을 직접적인 고려 사항으로 삼았다는 것이다. 공정 이용이라 불리게 되는 이 원칙에 따르면, 원저작물의 '수익을 감소시키는' 이용은 공정하지 않다. 원저작자인 조지 워싱턴이 이 재판과 아무런 관련이 없었다는 점도 중요하다. 여기서 지칭된 수익은 『조지 워싱턴의 글』의 출판업자가 '아직 내지 못한' 이익이다. 이제 와서 보면 이 판결은 저작권의 방향을 그 뿌리인 '천재의 권리'와 공익성 증진에서 사업적 보호 장치로 틀어버린 거대한 첫걸음이라 할 수 있다.

18~19세기의 저작권은 연극계와 거의 관계가 없었다. 책의 형태로 출판되는 희곡은 저작권법의 적용 대상이긴 했지만 런던, 파리, 필라델피아 등 전 세계 도시에서 공연되는 수많은 연극 중 대본이 출판되는 경우는 소수에 불과했다. 그렇다고 해서 연극계가 누구에게나 열려 있는 자유로운 분야였던 것은 아니다. 특히 프랑스의 연극계는 국가의 엄격하고도 아주 기묘한 규제를 오랫동안 받아왔다.

17세기부터 단 하나의 단체가 파리와 베르사유 궁전에서 신작이든 아니든 상관없이 비극과 희극을 공연할 수 있었다. '왕의 내실 시종' 네 명이 코메디 프랑세즈(Comédie Français) 극단의 임원 역할을 했다. 극단을 구성하는 스물네 명의 종신회원은 모두 배우와 감독을 겸하면서 그날그날 공연할 작품을 결정했다. 그들은 공연을 독점하고 희곡을 자신들의 전유물로 여겼다. 코메디 프랑세즈는 라신, 코르네유, 몰리에르의 작품뿐만 아니라, 자신들이 공연하기로 선택한 더 최근의 희극과 비극도 '소유'했다. 내실 시종들에게 선택받은 새 희곡의 작가는 티켓 판매액의 일정 비율(제작비를 감하고, 귀족 전용의 특별석으로 벌어들인 수입을 뺀 금액)을 받았다. 만약 티켓 판매액이 여름 시즌에 1,200프랑, 겨울 시즌에 1,800프랑 이하로 떨어지는 밤 공연이 이틀 넘게 이어지면 작가들은 한 푼도 받지 못했다. 이런 운명을 맞은 희곡은 현재 공연 중인 레퍼토리에서 빠졌고, 극단이 제약 없이 사용할 수 있는 재산이 되었다. 훗날 다시 공연된다 해도 관객 수나 공연 기간에 상관없이 작가에게 추가로 지불되는 금액은 전혀 없었다. 사정이 이렇다 보니 배우 겸 극단 소유주들은 희곡을 공짜로 손에 넣을 수 있는 시기를 앞당기기 위해 흥행이 저조할 듯한 때를 골라 새 연극을 올리거나, 심지어는 일부러 연기를 형편없게 하기도 했다. 자연스레 극작가들은 그들의 유일한 거래처인 극단에 원한을 품을 수밖에 없었다. 18세기가 저물어가면서 코메디 프랑세즈를 상대로 소송을 제기하는 극작가들이 점점 더 늘어났다.

소송으로도 큰 변화는 일어나지 않았다. 하지만 든든한 연줄과 극도의 전투력으로 출세 가도를 달리던 한 남자가 등장해 용납할 수 없고 구시대적인 단체를 뒤엎을 다른 방도를 찾아냈다.

세기의 최고 성공작인 『세비야의 이발사』를 쓴 보마르셰였다. 이상하게도 개막 공연은 처절하게 망했다. 보마르셰는 발 빠르게 몇몇 부분을 수정했고, 셋째 날 밤—기막힌 타이밍으로!—관객들은 그 작품의 경이로움을 마침내 알아보았다. 그 후로 연극이 대성공을 거두면서 몇 달 동안 관객석은 만원이었고, 보마르셰는 부자가 되었다.

하지만 그 정도로는 만족할 수 없었다. 자신에게 떨어진 몫에 의문을 품은 보마르셰는 소송을 거는 대신, 불만을 품은 극작가 20여 명을 집으로 초대해 그들과 함께 최초의 전문 작가 단체를 설립했다. 극작가 협회(Société des Auteurs Dramatiques, SAD)의 목적은 더 합리적인 연극계 시스템을 구축하기 위한 로비 활동을 벌이고, 더 나아가 상류 사회의 명예로운 구성원인 '문인'으로 인정받을 수 있도록 극작가의 입지를 다지는 것이었다.[98] 보마르셰와 협회 회원들이 고위 관료 및 왕실과의 협상에 성공하면서, 1780년에 극작가의 보수에 관한 새로운 규칙이 공표되었다. 또한 오래전부터 미천한 존재로 여겨져 봉헌된 땅에 묻히지도 못했던 연극인들은, 여전히 지위와 명예에 기반한 프랑스 사회에서 비로소 '신사'로 인정받게 되었다. 보마르셰의 극작가 협회가 닦아놓은 길을 따른 비슷한 문학계 로비 단체들은 유럽 작가의 역할뿐만 아니라 그들의 소득이 수령되고 분배되는 방식까지 완전히 바꾸어놓았다.

보마르셰의 진취적인 행보 그리고 그의 첫 작품보다 더 전복적이고 훨씬 더 큰 인기를 누린 두 번째 희극 『피가로의 결혼』에 힘입어, 1789년 프랑스 혁명 직후에 극작가들의 작품 소유권이 확립되었다. 1791년에 통과된 법령에 따라 그들은 (반드시 책으로 출판되지 않더라도) 공연되는 희곡에 대한 재산권을 사후 5년까지 보장받았다. (1793년에 제정된 좀 더 포괄적인 라카날 법은 이 권리를 약간 연장했다.)

잉글랜드와 미국에서 희곡은 그것을 공연하는 극단에 귀속되어 있었지만, 성공한 연극—혹은 소설—의 소재를 따다가 개작하는 데 어떤 제약도 없었다. 극장 소유주와 극단 단장 사이에 때때로 가벼운 다툼이 일었다. 그럴 때면 저작권법이 아니라 연극계 관행 및 직업윤리에 따라 처리되었다. 18세기 내내 그리고 19세기의 대부분 동안, 온갖 형태의 공연을 관람하는 사람이 책을 읽는 사람보다 훨씬 더 많았다. 문맹률이 크게 떨어졌을 때에도 작가들은 작품이 연극 무대에 올려져 많은 관객을 끌어모으기를 기대했다. 찰스 디킨스는 잉글랜드와 미국을 돌아다니며, 자기 소설의 축약본을 연기하듯 읽었다(그는 이 활동을 좋아했지만 체력 소모가 심했다).[99] 발자크, 플로베르, 졸라 같은 소설가들은 성공한 연극이 소설보다 더 많은 주목을 받고 더 많은 돈을 벌어다준다는 사실을 알았기에 희곡도 썼다. 빅토르 위고의 소설 『레 미제라블』을 읽는 대신, 출판 몇 주 만에 버밍엄, 토리노, 런던, 시드니, 필라델피아 등등 세계 곳곳에서 우후죽순처럼 쏟아져 나온 무단 각색 공연을 보고 장 발장, 마리우스, 코제트의 이야기를 알게 된 사람이 더 많을지도 모른다. 문학계 원로인 위고는 그런 2차적 사용을 반대하기는커녕 적극적으로 장려했고,

자신의 아들을 도와 브뤼셀의 한 극장을 위해 각본을 쓰기까지 했다(공연은 성공하지 못했다).

1895년 뤼미에르 형제가 시네마토그래프를 완성하자마자, 완전히 새로운 유사 연극 산업이 프랑스를 필두로 전 세계에서 시작되었다. 단편 다큐멘터리, 판타지 영화, 역사물, 각색물과 더불어 코미디는 전 세계 관객을 사로잡은 매체의 중심에 섰다. 코미디는 모방의 예술이다. 영화 제작자이자 작가인 피터 디처니(Peter Decherney)가 말하듯, 코미디는 항상 다른 무언가를 이야기한다. 유머는 다른 작품에 대한 패러디·암시·언급 그리고 무엇보다 양식화된 자극에서 발생하기 때문이다.[100] 그렇다면 연극 무대나 영화 속의 우스운 행위를 어떻게 '소유'할 수 있을까?

코미디언들이 보드빌* 공연에 대한 권리를 주장한 사례가 19세기까지 몇 건 있었지만, 그 시도는 거의 전부 실패로 돌아갔다. 실시간으로 공연하는 코미디언과 대중 연예인은 차용의 문화에 서식했고, 영화에 출연할 때도 계속 그랬다. 초기 제작자들은 경쟁자가 만든 코미디 영화의 일부분이나 심지어 전체를 베끼기도 했지만, 책의 불법 복제와 거의 비슷한 이런 관행은 1903년에 금지되었다. 그러나 배우들은 다른 영화의 촌극, 장면, 서사적 시퀀스를 재연하도록 고용되는 경우가 많았다. 제1차 세계대전 전후로 리메이크는 코미디 영화계의 활력소였다.

책보다 영화를 만드는 데 훨씬 더 많은 비용이 들기 때문에 같

—
* 춤과 노래 따위를 곁들인 가볍고 풍자적인 통속 희극.-옮긴이

은 매체의 다른 작품을 복제할(그리고 조롱할) 권리에는 당연히 금전이 연루될 수밖에 없었다. 한 사례로 〈퍼스널(Personal)〉(바이오그래프, 1903년)이라는 영화가 있다. 어느 유럽 귀족이 자신과 결혼하고 싶은 여인은 뉴욕의 그랜트 장군 묘 앞에서 기다려 달라는 내용의 개인 광고를 내는 이야기다. 1904년에 에디슨은 똑같은 줄거리의 영화를, 〈프랑스 귀족이 『뉴욕 헤럴드』의 개인 광고란을 통해 신부를 얻은 방법(How a French Nobleman Got a Wife through the New York Herald Personal Columns)〉이라는 제목으로 개봉했다. 바이오그래프사는 항의했지만 에디슨은 법정 밖에서의 합의를 거절했고, 피해자 측은 저작권 침해로 에디슨을 고소했다. 그러나 바이오그래프는 승소하지 못했다. 두 영화의 플롯은 똑같았지만, 판사는 에디슨의 영화가 "플롯을 다른 방식으로 풀어냈기" 때문에 저작권 침해가 아니라는 견해를 받아들였다. 리메이크 문화는 한동안 건재했다.

리메이크가 자유로웠기에 국가 간 문화 교류가 활발해져 영화 예술은 단시간에 큰 진전을 이루었다. 예를 들어 1908년에 프랑스의 영화 제작사 파테는 샤를 폴리와 앙드레 드 로르드의 희곡 『전화로(Au Téléphone)』를 각색했는데, 이 프랑스 영화는 금세 미국에서 〈전화로 듣다(Heard Over the Phone)〉(에디슨, 1908년)라는 제목으로 리메이크되었다. 그다음엔 영화감독 D. W. 그리피스가 맥 세네트를 시나리오 작가로 고용하여, 똑같은 이야기로 〈쓸쓸한 빌라(The Lonely Villa)〉(1909년)를 만들었다. 5년 후 야코프 프로타자노프는 그리피스로부터 소재를 빌려, 모스크바의 티만 앤드 라인하르트사를 위해 〈전화 드라마(Драма у телефона)〉라는 영화를 감독했다. 인터넷으로 인해 문화 상품의 순환과 창작이 지난 100년보다 빨라지긴 했지만, 이 이야기가 보여주듯 아주 큰 차이가 나는 것은 아니다.

그런 다음 채플린이 등장했다. 코미디 영화라는 매체를 다루는 솜씨가 독보적이었던 그는 온갖 모방자에게 너무도 유혹적인 모델이 될 수밖에 없었다. 수천 명까지는 아니어도 수백 명의 아마추어, 닮은 사람들, 흉내쟁이들이 채플린이 만들어낸 '부랑자(Tramp)' 캐릭터를 연극 무대와 영화 스크린에서 모방했다. 숱하게 열리는 채플린 흉내내기 대회의 우승자들은 그 승리를 성공의 돌파구로 이용하기도 했다. 월트 디즈니는 캔자스시티에서 열린 대회에서 2등을 차지하며 처음으로 성공의 맛을 보았고, 희극 배우 스탠 로럴은 올리버 하디와 팀을 이루기 전 몇 년 동안 무대에서 채플린을 모방했다. 영화배우 빌리 웨스트는 채플린과 유사한 캐릭터로 50편 이상의 영화를 찍었다.[101]

150년 전 『파멜라』 열풍으로 리처드슨이 아무런 피해를 입지 않았듯, 채플린도 손해 본 것은 없었다. 그와 그의 변호사들은 '절도 행위'라며 투덜거렸지만 말이다. 그러나 멕시코 배우 찰스 아마도르가 찰리 애플린이라는 이름으로 아주 흡사한 영화들을 찍기 시작하자 채플린은 그를 고소했다. 아마도르는 채플린과 똑같은 희극적 요소를 자신도 사용할 권리가 있다고 주장했다. '일반적인 레퍼토리'인 그 요소를 누군가의 소유로 볼 수 없다는 것이었다. 6년 후 아주 기묘한 판결이 내려졌다.

허드너 판사가 밝히기를, 채플린이 유일무이한 존재인 것은 맞지만, 아마도르의 영화를 금지하는 판결을 내리는 이유는 그 영화들이 희극 천재의 재산을 훔쳐서가 아니라 관객에게 오해와 혼란을 불러일으킬 수 있기 때문이라고 했다. 너무도 미묘하고 낯선 주장인지라, 《뉴욕 타임스》는 "채플린 승소하다"라고 발표했다가 바로 다음 날 "채플린, 싸움에서 지다"라는 표현을 사용했다.[102] 판사는 코미디 연기나 캐릭터가 저작권 보호 대상이 아니라는 생각을 고수했지만 상거래법, 구체적으로 허위 광고 금지법에 따라 판결을 내렸다. 이 판결은 항소에서 뒤집혔다. 항소 법원 판사의 의견은 다음과 같았다. "다른 코미디언이 채플린의 영화 캐릭터 요소를 자유롭게 이용할 수는 있지만, 채플린은 '방랑자' 캐릭터를 표현하는 독특한 방식을 갖고 있다. 따라서 다른 사람들이 그의 외모와 동작을 차용함으로써 관객을 혼란스럽게 하는 것을 막을 수 있다." 1928년에 내려진 이 판결은 새로운 시대의 시작을 알렸다. 그 후로 미국의 연예인들은 명예훼손, 상표권 침해, 부정 경쟁, 이미지 손상을 예방하기 위해 아마도르 소송을 판례로 삼을 수 있었고 실제로 그렇게 했다. 하지만 법은 코미디 연기에 저작권을 부여하는 데까지 가지는 않았다. 영화업계에서 모방을 막으려면 아주 많은 비용이 들었다. 많은 관객을 끌어모으는 연예인이나 프랑스어로 'gloire'(저명인사)라 불리는 사람들만이 그 판례를 이용해먹을 수 있었다. 덜 유명한 사람은 자기보다 유명한 코미디언의 특정 방식이나 연기, 스타일을 사용하려면 허가를 받아야 했다.

19장

불법 복제 천국이었던
19세기의 미국

   최근 몇십 년간 미국은 엄격한 지식 재산 보호법을 채택하고 시행하도록 다른 나라들을 강력하게 설득해왔다. 그러나 미국만큼 불법 복제의 유용성을 잘 아는 나라도 드물다. 수십 년 동안 미국 자체가 불법 복제의 나라였으니 말이다. 다른 국가의 사상, 책, 기계, 장치 등을 끌어다 자기네 경제와 문화의 기반으로 삼았다.

   미국만 그런 건 아니다. 18세기에 에든버러가 계몽주의 시대의 강력한 세력이 될 수 있었던 것은, 도널드슨 소송 건이 보여주듯 서적출판업자 조합의 영향력이 잉글랜드와 웨일스를 넘어 스코틀랜드에까지 미치지 못했기 때문이다. 마찬가지로 더블린도, 아일랜드가 런던의 관할 구역에 속하지 않았던 덕분에 중요한 문화 중심지로 부상할 수 있었다. 19세기에 벨기에는 무허가로 프랑스 책을 마구 찍어내며 인쇄 산업을 구축했고, 지금까지

151

도 유럽에서는 그래픽 노블과 아동 서적을 위한 컬러 인쇄에서 벨기에를 따라갈 나라가 많지 않다. 일본은 1868년 이후의 메이지 시대에 유럽 서적을 대량으로 수입, 번역, 출판하고 서양의 공산품을 모방하여 현대 국가로 탈바꿈했다. 제2차 세계대전에서 패망한 뒤에는 그 관행을 재개했다. 지식 재산권법을 무시함으로써 얻을 수 있는 이득을 보여주는 사례는 이들뿐만이 아니다. 미국의 역사 자체가 그 증거라 할 수 있다.

1790년에 처음 제정된 미국 저작권법은 범위가 한정되어 있었고 19세기 동안에는 영향력이 미미했다. 우선, 미국 시민과 거주자에게만 적용되었다. 이 신흥 국가의 국민은 영국, 프랑스, 독일 등지에서 출간된 책을 원서 또는 번역본으로 어떤 재산권의 방해도 없이 즐기며 독서욕을 채웠다.

둘째, 작품을 저작권청에 등록해야 보호를 받을 수 있었다. 미국의 출판업자 대부분은 형식적인 절차를 귀찮게 여겼으며, 등록을 시도한다 해도 가치 없는 책이라며 거부당하기 일쑤였다. 법보다는 관습상, 외설적이고 비윤리적이고 선동적인 문학뿐만 아니라 저속하고 경박한 글도 보호받을 자격이 없다고 여겨졌다. 첫 수십 년간 저작권청에 등록된 책 가운데 가장 큰 비중을 차지한 것은 교과서, 참고서, 지도, 상공인 인명록이었고, 저작권 침해 소송 중 가장 큰 건은 라틴어 문법책이나 수학 교과서와 관련된 것이었다.[103]

1909년에 법이 개정되기 전, 미국의 저작권은 첫 출판으로부터 28년간 인정되었고, 작가가 살아 있다면 14년 더 연장할 수 있었다. 사후 보호는커녕 평생 저작권도 요원한 일 같았다. 미국에서 획득한 저작권은 유럽의 저작권만큼 큰 힘을 발휘하지 못했다.

이런 연유로 미국 저작권법이 제정되고 첫 120년간 미국인들이 읽은 책 대부분은 법의 보호를 받지 못했다. 이런 조건에서도 미국은 강력한 출판업을 성장시키고, 점점 더 늘어나는 다양한 국민에게 성공적으로 교육을 보급했으며, 미국만의 풍부하고 다양한 문학을 육성했다. 해적판 서적이 신흥국 미국에 끼친 피해는 전혀 없었다.

미국 법에 따르면 '독창적인' 작품만이 저작권 보호를 받을 수 있었다. "문학계를 확장하고 그 영토를 늘려"주는 천재들의 권리를 보장해주어야 한다는 18세기 에드워드 영의 주장이 떠오르는 대목이다. 이 원칙의 곤란한 점은, 저작권법 범위 밖으로 밀려날 만큼 독창적이지 않은 작품을 결정하는 기준이 명확하지 않다는 것이었다. 그러나 1845년에 법정은 그 문제를 해결해야 했다. 보스턴의 교사였던 벤저민 굴드가, 1772년에 에든버러에서 처음 출간된 권위 있는 도서 『애덤의 라틴어 문법(Adam's Latin Grammar)』[104]을 수정하고 개선했다. 그 후 C. D. 클리블랜드도 자신이 직접 그 책을 편집해서 출간했는데(지금도 주문 맞춤형으로 구할 수 있다), 기본적으로 굴드의 책과 다르지 않았다. 굴드는 저작권 침해로 클리블랜드를 고소했다. 클리블랜드는 굴드의 문법책이 독창적인 저서가 아니므로 애초에 저작권 보호 대상이 될 수 없다고 주장했다. 재판을 맡은 스토리 판사는 피고의 주장이 저작권법 자체에 위협이 된다고 판단했다.

> 여러 다양한 출처에서 얻은 자료로 집필된 글의 저작권을 우
> 리 법이 인정해주지 않는다면, 현재 출간되어 있는 과학서와
> 전문 서적 중에 저작권의 보호를 받을 수 있는 책은 거의 없을
> 것이다.

실제로 이는 지식 재산권을 찬성하는 모든 주장의 허점이다.
과학서와 전문 서적뿐만 아니라 희곡, 소설, 시, 에세이 등의 장
르도 기존 작품의 글감을 일부 또는 전부 끌어다 쓴다. 소송은
항소를 거쳐 대법원까지 올라갔고, 또다시 스토리가 판사석에
앉았다. 그는 이번에도 클리블랜드의 변론에 대해 반대 의사를
밝혔다.

> 남의 생각에서 도움과 가르침을 받지 않고 오롯이 자신만의
> 생각으로 글을 쓰는 사람은 아무도 없다. (…) 어떤 책이 새롭
> 고 독창적인 요소가 없다는 이유로 저작권의 대상이 될 수 없
> 다면, 현대의 저작권은 어떤 근거도 갖지 못할 것이다.[105]

전적으로 옳은 말이다! 에드워드 영이 의도했던 의미의 '독창
적인' 작품만 보호받을 수 있다면, 저작권은 속임수 아니면 허구
에 지나지 않는다. 수많은 문화권이 오래전부터 인정해왔듯, 새
로운 작품은 헌 누더기에서 만들어지는 법이니 말이다. 하지만

이토록 합리적인 의견으로 스토리 판사가 도출해낸 결론은, 미국 저작권법의 근거가 약하니 재고해보자는 것이 아니었다. 오히려 정반대였다. 판결문에서 그는 이전에 출판된 적 없는 인쇄물이라면 창조적 저작물로서 저작권 보호를 받을 수 있다고 못박았다.

당시 재판에 연루된 당사자들은 잘 몰랐겠지만, 이 결과는 아주 중대한 전환점이 되었다. '독창성의 문턱'이 낮아지면서, 저작권은 공익에 기여하는 제한된 범위의 작품을 보호하기 위한 수단이라기보다는 서적 출판업을 규제하기 위한 수단이 되어버렸다.

미국의 저작권을 변변찮은 수입원에서 엄청난 돈줄로 탈바꿈시킨 두 번째 사건은, 법문을 작성한 사람들이 상상도 하지 못했던 독창적인 표현 형식과 관련되어 있었다. 바로 서커스 포스터다.

순회 서커스는 19세기 내내 그리고 그 이후까지 큰 인기를 끌었다. 광대와 곡예사를 가득 태운 마차와 동물들이 다른 마을로 이동하기 전에 서커스단 도착을 미리 알리는 포스터가 벽과 창에 붙었다. 작은 쪽지에서부터 옥외 광고판 크기의 포스터까지 다양한 이들 광고지는 미국 인쇄업의 주요 생산품이자 서커스단의 가장 큰 단일 지출 항목이었다.

월리스 서커스는 조지 블라이스타인 소유의 쿠리어 석판 인쇄소를 통해 그런 포스터를 수천 장씩 찍었다. 그런데 언젠가 준비된 물량이 동나자 월리스 서커스는 쿠리어 인쇄소의 경쟁사인 도널드슨 석판 인쇄소에 똑같은 포스터를 주문했다. 블라이스타인은 노발대발하며 도안 저작권 침해로 도널드슨을 고소했다.[106]

거액의 돈과 더불어 두 가지 문제가 걸려 있었다. 첫째, 개인이 아닌 회사가 저작권을 가질 수 있느냐 없느냐. 둘째, 과연 서커스 포스터가 저작권 보호 대상으로 적절한가.

문제의 포스터들(발레 공연, 자전거 곡예, '인간 동상'을 표현한 포스터들)을 디자인한 화가 겸 직원의 이름은 재판 기록에 남아 있지 않다. 우리가 알 수 있는 건, 그 혹은 그녀가 당시로는 상당한 액수인 주급 100달러를 받았다는 사실뿐이다.[107]

소송은 1903년에 대법원으로 넘어갔다. 첫째 쟁점은 거의 부수적으로 처리되었고, 그 후로는 직원이 창작한 저작물의 저작권이 인쇄소 같은 집합체에 귀속되는 것이 당연한 일로 여겨졌다. 지금에 와서 돌아보면, 20세기와 21세기에 저작권법과 관련하여 생긴 곤란한 문제 대다수가 바로 이때부터 시작되었다고 할 수 있다. 두 번째 쟁점은, 전에 저작권 보호 대상에서 작품을 배제했던 근거—보잘것없거나 너무 외설적인 작품은 "유용한 기술을 장려한다"는 의도로 입안자들이 명시한 권리를 누릴 자격이 없다—에 따라 결정되지 않았다. 올리버 웬들 홈스 판사는 문제의 서커스 포스터가 저작권 보호를 받을 만큼 충분히 '독창적인가'에 초점을 맞추고 '그렇다'는 결론을 내렸다. 그리고 다음과 같이 우회적인 판결문을 읽었다.

법만 공부한 사람들이 그림의 가치를 판단하는 것은 위험할
수 있다. (…) 그 그림이 누군가의 흥미를 끈다면… 거기에 미
학적이고 교육적인 가치가 없다는 말은 극언일 것이며, 대중
의 취향을 무시해서는 안 된다.

좀 더 단도직입적으로 말하자면 이런 뜻이다. '사람들이 돈을
내고 살 용의가 있는 물건은 가치가 있으므로 보호받을 자격이
있다.' '공익'이라는 말의 정의가 '대중이 흥미를 가지는 것'으로
바뀌었다.
　그렇다면 독창성은 어떨까? 홈스 판사는 독창성이란 개성의
표현이라고 설명했다.

필적에서조차 독특한 개성이 표현되고, 아주 소소한 예술에
도 다른 것으로 대체할 수 없는, 한 사람만의 무언가가 담겨
있다. 법적 제약이 없는 한, 창작자는 그 무언가에 대해 저작
권을 얻을 수 있다.

블라이스타인 대 도널드슨 재판의 결과로 인해 저작권의 경
계선이 다시 그어졌다. 이제는 남의 것을 노골적으로 베끼지 않
고 적절하게 등록한 작품이라면 모두 저작권 보호를 받을 수 있
게 되었다. 미미하게라도 '독창적인 표현'이라는 이유로. 또 창
작자가 아닌 그의 고용주가 창작물의 주인이 될 수 있다 하니,
독창성의 근원이 어디인가 하는 문제가 아주 복잡해졌다.

이 판결로 미국의 저작권이 바뀌었다. 그 후로 저작권은 출판 인쇄업계의 사업적 이익을 지탱해주는 버팀목이 되었다. 창작물의 소유권이 창작자에게서 고용주로 이전되는 것이 가능해졌고, 온갖 인쇄물이 그 가치나 유용성이나 장점에 상관없이 저작권청에 마구 등록되기 시작했다.

그러나 다른 나라의 눈에 미국은 여전히 불법 복제의 국가였다.

20장
국제 저작권 경쟁

국제적으로 저작권을 보호하기가 어려워진 것은 인터넷 탓이 아니다. 예전부터 책, 아이디어, 발명품은 어떻게든 국경을 뛰어넘었다.

18세기의 영국 서적상들은 문학 작품이 국경 너머에서 재간행되는 문제로 골치를 앓았지만, 1774년의 도널드슨 대 베케트 재판과 1793년의 라카날 법 이후 작가의 권리라는 개념이 정착되면서 작가들 스스로도 이 사안에 관심을 갖게 되었다. 그러다 프랑스 낭만주의 문학의 거장들이 그들 작품의 첫 교정쇄가 나오자마자 브뤼셀로 빼앗겨버리는 사태를 목격하던 1830년대에 문제가 더욱 불거졌다. 벨기에 조판공이 다시 조판해서 저렴한 종이에 대량으로 찍어낸 대중 소설이 프랑스로 다시 밀수되어 파리의 간행본보다 훨씬 더 싼 값에 팔렸다. 이런 진취적인 사업 방식은, 스타 작가에게 돈을 지불하는 출판업자의 시장을 침범할 뿐만 아니라 빅토르 위고, 오노레 드 발자크, 조르주 상드의 작품에 대한 출판권 수수료를 떨어뜨렸다. 벨기에의 불법 복제로 인해 이 작가들은 유럽 전역에서 더욱 많은 독자를 끌어들이며 훨씬 더 유명해졌지만, 그들의 수입에는 큰 구멍이 생겼다. 보마르셰의 행보를 따라 일단의 프랑스 작가들은 자신들의 생계를 명백히 위협하는 이 도발로부터 프랑스의 출판업을 보호할 정부 차원의 조치를 촉구하기 위해 문인회(Société des Gens de Lettres)라는 새로운 로비 단체를 결성했다.

영국 작가들도 유럽 대륙에서 점점 더 번창하는 재간행 사업 때문에 걱정이었다. 라이프치히의 타우흐니츠 출판사와 파리의 갈리냐니 출판사는 영어 서적을 시리즈로 출간했는데, 공식적으로는 해외의 영국인 관광객을 위한 것이었다. 하지만 저렴하고 대개는 질도 괜찮은 이 책들이 영국으로 흘러드는 것을 막을 길이 없었다. 그 결과 영국 출판업자의 매출도, 그들에게 돈을 받는 작가의 수입도 줄어들었다. 미국 출판업자의 행태는 훨씬 더 지독했다. 그들은 월터 스콧, 에드워드 불워 리턴, 찰스 디킨스, 윌리엄 새커리의 작품을 통째로 거저 가져가서 영국 출판사보다 훨씬 더 큰 판형으로 만들어 훨씬 더 낮은 가격에 팔았다.

책이 국경을 넘어가고 독자들이 가장 저렴한 책을 골라 사는 경향을 막기 위한 첫 시도로 영국 의회는 1838년에 정부가 외국과 협의하여 출판업을 규제할 수 있도록 허용하는 법을 통과시켰다. 진척은 더뎠다. 1846년에는 프로이센과, 1851년에는 프랑스와 쌍무 조약을 체결했다. 두 조약의 조건이 서로 다르다 보

니, 국경 간 저작권 보호는 복잡하고 혼란스러워졌다.[108]

1851년, 프랑스는 작가와 출판업자를 상호 보호하기로 벨기에와 협정을 맺었다. 이 합의는 국가 간 협력의 본보기가 되었다. 벨기에는 자국 작가와 동등하게 프랑스 작가의 권리를 지켜주겠노라 약속했고, 프랑스는 프랑스에서 작품을 발표하는 작가와 똑같은 법적 조건으로 벨기에 작가를 보호해주기로 했다. 두 나라가 상대국의 법을 채택할 필요는 없었고 상대국의 작가와 책을 자국과 동일하게 대우해주기만 하면 그만이었다. 이 협정으로 벨기에 인쇄업자들은 프랑스 문학의 불법 복제를 멈췄고, 프랑스 출판업자들은 프랑스의 도서 시장 전체를 통제할 수 있게 되면서 책값을 낮추기가 한결 수월해졌다. 그리고 실제로 그렇게 했다. 1853년에 벌써 아셰트 출판사는 '철도역 서점용' 재간행 문고판을 권당 1프랑 50상팀에 판매하기 시작했다. 일반적인 신간 소설은 6프랑이었다. 한동안 국제 저작권 규모가 커지고 새 책에 대한 열망도 높아지던 독자에게 큰 도움이 되었다.

영화와 라디오가 출현하기 전의 한 세기 동안 책은 점점 더 많아지고 도서 시장은 계속 커졌다. 1780년에서 1880년 사이에 프랑스와 잉글랜드의 문해율은 약 20퍼센트에서 80퍼센트 이상으로 훌쩍 높아졌다. 19세기 끝 무렵, 거의 모든 프랑스인이 읽고 쓸 줄 알았다. 영국, 스웨덴, 독일, 미국 등 수많은 다른 나라도 정도 차이는 있지만 문해율이 높아졌다. 이렇듯 19세기는 저작권의 범위 확장과 함께 종이책이 전성기를 구가하던 시절이었다. 어느 쪽이 원인이고 어느 쪽이 결과인지, 아니 둘 사이에 인과 관계가 있기나 한지 말하기는 어렵다. 문해율 상승은 확실히 더 저렴한 책과 정부 정책의 도움으로 이루어졌지만, 어떤 힘으로도 되돌릴 수 없는 거대한 흐름이기도 했다. 반면 심각한 분열을 자주 일으키는 저작권법은 다른 선택을 할 수도 있었을 입법자들의 손에 좌우되었다.

유럽의 여러 국가 사이에—잉글랜드와 프랑스, 프랑스와 제네바, 프로이센과 프랑스, 프랑스와 이탈리아 일부 등등—프랑스-벨기에 협정과 비슷한 쌍무 조약이 성사되었다. 1860년대에 이르러 국제 저작권 보호는 서로 비슷하면서도 절차상으로는 다른, 국가 간 계약의 모자이크가 되었다. 『레 미제라블』을 출간한 벨기에의 출판업자 알베르 라르쿠아가 이 소설이 팔릴 만한 모든 국가에서 권리를 보호받기 위해 해야 할 일을 설명하자 노작가 빅토르 위고는 당혹스러워졌다. 건지섬의 행정관들 앞에서 진술서에 독일어, 프랑스어, 이탈리아어, 영어로 서명하고 그 진술서를 번역, 증명, 복사한 다음 프로이센, 제네바, 토리노, 런던 당국으로 제날짜에 발송해야 한다는 것이었다. 집필에 방해가 되는 그 성가신 절차를 위고가 막판까지 미루자 젊은 출판업자는 자기 머리털을 쥐어뜯었다.[109]

당시의 국제 협력이란 이런 쌍무 조약과 번거로운 절차를 통해서만 가능했다. 그때만 해도 세계 정부라는 개념은 소수의 괴짜들이 꿈꾸는 환상에 불과했기 때문이다. 역사가 마크 마조워(Mark Mazower)는 워털루 전투 후의 혼란을 수습한 1815년의 빈 조약이 유럽 최초의 진정한 다자간 협약으로, 다수의 국가가 공통의 윤리 규범으로 묶일 수 있다는 개념의 씨앗이 그때 처음 뿌려졌다고 본다.[110] 그러나 국제적 윤리 규범을 만들고자 하는 최초의 명백한 시도는 훨씬 나중에 이루어졌다.

1859년 프랑스군은, 이탈리아의 상당 부분을 점령한 오스트리아군을 쫓아내고 이탈리아를 통일하려 분투 중이던 사르디니아 왕국을 지원했다. 황제인 나폴레옹 3세가 친히 군대를 지휘한 솔페리노 전투에서 사상병 수천 명이 전장을 나뒹굴었다. 부근에 있던 제네바의 사업가 앙리 뒤낭(Henri Dunant)이 다음 날 현장을 방문했다. 그는 의료인들이 총격당할 위험 없이 부상병을 치료할 수 있게 해주는 법적 제도가 없다는 사실에 경악했다. 그는 스위스로 돌아가자마자 동료 사업가들과 의논하여, 의료인을 비전투원으로 대우하는 새로운 규칙 제정을 촉구하는 운동을 벌이기로 했다. 그들은 열정과 외교적 수완으로 여러 국가의 대표들을 소집했고, 1864년에는 그중 열두 명이 새로운 전시 법규, 이른바 제네바 협약에 서명했다. 세계 모든 곳의 전쟁 사상자들을 구호하는 국제기관이 협약을 관리하고 규칙 준수를 감시하기로 했다. 스위스의 헌법적 중립을 본보기로 삼아 스위스 국기를 그들 단체의 상징으로 채택하되, 색깔을 뒤바꾸었다. 붉은 바탕에 흰 십자가를, 흰 바탕에 붉은 십자가로 바꾼 것이다.

적십자사는 세계 최초의 국제 자원봉사 단체였다. 곧이어 스위스를 근거지로 한 국제단체들이 속속 생겨나기 시작했다. 국제전신연합(전신 시스템 간의 호환성을 확립하기 위한 정부 간 기구), 만국우편연합 등이 그 사례다. 1870년대에는, 특정 활동 분야를 위한 다자간의 국적 없고 중립적이며 독립적인 '세계 정부'가 가능하다는 개념이 확고히 자리잡았고, 그 발상지는 헬베티아 연방(Helvetic Confederation), 즉 스위스였다. 적십자사는 국가의 사법권에 우선하는 윤리 규범을 정립하려는 열망에 불을 지폈다. 국제 저작권도 그중 하나로, 현대인의 삶에 지대한 영향을 미치고 있다.

1830년대 이후 철도 시대가 도래하면서 많은 국가의 작가들이 자신들의 이익을 도모하기 위해 클럽, 협회, 로비 단체를 결성하기 시작했다. 보마르셰가 프랑스 왕실을 압박하여 극작가의 권리와 지위를 보장받기 위해 만들었던 극작가 협회(SAD)를 대충 모방한 것들이었다. 프랑스에서는 1840년에 문인회가 설립되었고, 잉글랜드에서는 1843년에 발족한 영국 작가회(찰스 디킨스가 보기엔 "잘될 가망이 눈곱만큼도 없었다")가 금방 해체된 후 영국 문학 보호 협회가 그 뒤를 이었다. 이 단체는 문학 보호회로 변형되었다. 빈, 마드리드, 뉴욕에도 비슷한 단체가 생겨났다. 그들의 주된 과제는 국경 너머의 저작권을 해결하고, '모든 문명국가'의 책과 저자를 보호해줄 새로운 체제를 촉구하는 것이었다. 제일 먼저 벨기에 정부가 1858년에 국가 간 저작권에 관한 국제회의를 주관했다. 벨기에가 더 이상 불법 복제의 나라가 아니라는 사실을 보여주는 동시에, 국가 경제의 큰 비중을 차지하는 인쇄 산업을 보호하려는 목적도 있었다.

브뤼셀 회의에서는 저자의 권리에 대한 수많은 아이디어가 쏟아졌지만 입법 조치로까지 이어지지는 않았다. 20년 후인 1878년, 다시 태어난 프랑스 공화국은 프로이센-프랑스 전쟁의 여파에서 완전히 벗어났음을 알리기 위해 호화로운 만국박람회를 개최했다. 알렉산더 벨의 전화기, 에디슨의 축음기, 오귀스탱 무쇼의 태양열 증기 발생기뿐만 아니라 원주민들을 동물처럼 전시한 퇴행적인 인간 동물원을 구경하러 1,300만 명이 넘는 사람이 몰려들었다. 프랑스가 문화 주도국임을 과시하기 위한 목적으로, 저작 재산권 보호를 위한 국제회의도 박람회에서 열렸다. 의장인 빅토르 위고의 연설은 국제 문학 협회(International Literary Association, ALI)—작가뿐만 아니라 시각·음악 예술가도 포함한다는 취지에 따라 국제 문학예술 협회(Association Littéraire et Artistique Internationale, ALAI)로 곧 개명되었다—의 설립으로 이어졌다. ALAI는 저작권의 영역, 범위, 기간의 확대를 도모하는 국제단체로 여전히 건재하고 있다. 1878년에 ALAI가 본보기로 삼을 만한 모델은 적십자사뿐이었으므로, 적십자사처럼 어느 국가의 정치나 입법에도 관여하지 않는 국가 협회들의 연합으로 시작되었다. 그들은 초국가적 영역에서 평등과 정의를 실현하는 '선의의 사람들'이라는 비전에 호소하고 의지했다.

나라마다 천차만별인 관습 때문에 목적이 명확하게 정해지지 않다 보니 ALAI는 과업을 제대로 수행하기가 어려웠다. 어떤 이는 '저작 재산권'이 중요하다고 했고, 어떤 이는 '저작자의 권리'가 우선이라고 했다. 미묘한 차이로 보일지 몰라도, 이는 저작권

자체의 애매모호한 기반을 말해주는 증거이기도 하다. 프랑스 측은 재산권이 기본 인권이므로 저작 재산권을 영구히 상속할 수 있어야 한다는 입장을 취했다. 그러나 협회의 명예 회장이자 프랑스 제3공화국에서 거의 신 같은 존재로 통했던 위고는 다른 의견을 내놓았다. 한 저작물은 저작자가 살아 있는 동안은 오롯이 저작자에게, 저작자가 사망한 후에는 일반 대중에게 귀속되어야 한다. 그리고 그 후 저작물이 어떻게 되든 작가의 상속인들에게 어떤 결정권도 주어져서는 안 된다는 것이 그의 주장이었다. 그가 이토록 확고히 나온 데에는 그럴 만한 이유가 있었다. 살아남은 단 한 명의 자식이 정신병원에 갇혀 있었기 때문이다.

위고와 그를 의장으로 모신 ALAI의 입장은 첨예하게 갈렸다. '저작자가 살아 있는 동안만 권리를 인정해주어야 한다' 대 '자손 대대로 권리를 물려줄 수 있어야 한다'. 이 의견 충돌의 해결책으로 나온 '기간 한정 사후 권리 보장'은 합리적인 절충안처럼 보이겠지만, 다른 선택안도 있었다. 아내와 자식들에게 먹고 살 길을 마련해주고 떠나려는 19세기 작가들의 마음을 모르지 않았던 위고는 오랜 친구인 알프레드 드 비니가 1840년대에 제안했던 아이디어를 다시금 꺼내들었다. 사망한 작가의 작품으로 올린 판매 수익을 출판사를 통해 상속인에게 나누어주자는 것이었다. 이런 유상 공유 제도를 도입하면 출판사는 사망한 작가의 옛 작품을 자유롭게 간행하는 대신 매출액의 작은 일부를 작가의 상속인에게 돌려주면 된다.[111] 특정 영역에서는 이 방식이 잘 먹혔지만, 출판업에서 본격적으로 시행된 적은 한 번도 없었다.

저작 재산권 보호를 위한 국제회의는 ALAI가 저작권 개혁을 위한 국제 토론장 역할을 하게 될 것임을 공식화했다. 파리에 본부를 둔 협회는 각국의 작가 협회 대표들을 소집하여 1879년 런던에서 2차 회의를 열었다. 영국 왕세자, 테니슨, 트롤로프, 글래드스턴, 디즈레일리, 벨기에 왕, 브라질 황제 등 유명 인사들이 후원자로 참석했다.[112] 지식의 결실을 보호하기 위한 보편적 체계라는 개념이 당대 사람들에게 얼마나 매력적으로 다가왔는지 알 수 있는 대목이다. ALAI의 실질적인 지도부는 파리 주재 포르투갈 대사, 프랑스 문인회 회장, 주로 파리에서 활동하던 영국 저널리스트 윌리엄 블랜처드 제럴드로 구성되어 있었다.

빠르게 늘어난 ALAI의 소위원회들은 저작자 권리의 본질, 보호 대상에 포함되는 예술 분야, 보호의 범위(개작물도 포함되어야 할까? 번역물은? 2차 저작물은?), 보호 기간(영구적 보호, 사후 몇 년, 저작자가 생존해 있는 동안 또는 당시 미국에서 시행되던 28년 등 다양했다)에 관해 기나긴 토론을 벌였다. 마드리드, 런던, 뉴욕, (주로) 파리에서 열린 이들 회의의 세부 내용은 1878년부터 1885년까지 ALAI가 격월로 간행한 『회보(Bulletin)』에 실려 있다. 1885년에 빅토르 위고가 사망한 후 스위스 연방 정부는 전 세계의 화합과 평화를 상징하는 중심 국가로서의 위치를 확고히 하기 위해 국제 저작권 협약을 주관하기로 했다.

1886년, 벨기에, 영국, 덴마크, 프랑스, 갓 통일된 독일, 아이티, 이탈리아, 일본, 리베리아, 룩셈부르크, 모나코, 노르웨이, 포르투갈, 스페인, 스웨덴, 스위스, 튀니지, 미국의 공식 대표단이 베른에 모였다. 이들 가운데 8개 국가만이 협약 초안에 서명했지만, 곧이어 6개 국가가 추가로 합류 의사를 밝혔다. 러시아와 미국은 빠졌다. 그래서 서적 및 예술 작품에 대한 국제적 규제에 큰 구멍이 생겼다. 그리고 영국이 한 국가로 서명하는 바람에 영연방 자치령은 배제되고 말았다. 메이지 황제 치하에서 광적인 현대화를 겪고 있던 일본의 경우, 이 새로운 규정이 자국의 전통과 법에 잘 맞지 않았다. 전 세계 공통의 관리 체제라는 꿈을 안고 다들 베른으로 달려왔지만 프랑스에 영감받은 이 협약에 가입한 나라는 대부분 서유럽의 출판 중심지들이었다.

대표단이 베른에 모였을 무렵, 저작권은 이미―잉글랜드에서는 18세기 말 전에―서적에서 판화, 조각, 악보로 범위가 확대되어 있었다. 프랑스에서는 1793년부터 그 모든 분야와 더불어 그림에도 저작권이 적용되었다. 1800년에서 1880년대 사이에 러시아와 스페인에서는 저작권 보호 기간이 사후 50년까지 늘어났고, 영국에서는 그림에 이어 사진도 보호 대상으로 추가되었다.

사진의 저작권은 현대의 해악 중 하나가 되었다. 스마트폰 버튼 하나 누르는 것도 '창작' 행위고, 매 시간 수천만 개의 '창작물'이 생겨난다. 하지만 1860년대에 사진은 노출 시간이 긴 값비싸고 무거운 장비를 써야 하는 신생 기술이었다. 사진이 예술 작품이라는 데 모두가 동의한 것은 아니지만, 이 새로운 방식의 기계적 복제와 기존 시각예술의 관계를 생각하면, 1862년의 영국 순수예술 저작권법이 그림을 보호 대상으로 추가하면서 사진을 배제하지 못한 것은 당연한 일인지도 모른다.

화가들은 오래전부터 원화와 복제화를 크게 구별하지 않았고, 그중 다수는 자기 작품을 여러 버전으로 그려 각각을 원작으로 팔았다. 예를 들어 조슈아 레이놀즈 경은 〈비너스〉를 도싯 공작에게 판 뒤, 후원자인 러틀랜드 공작을 위해 그 그림을 유화로 다시 그렸다.[113] 다른 화가들은 자기 작품을 복제하여 돈을 벌었다. 벤저민 웨스트는 똑같이 그린 〈울프 장군의 죽음〉을 그로브너 경, 독일의 한 공작, 조지 3세를 비롯한 여섯 명 이상의 고객에게 팔았다.[114] 이런 자기 복제는 사람들의 눈총을 받았을지언정 불법도 아니고 드물지도 않았다. 예술 사업의 일환이었다.

　옛 명작에서부터 최근 인기작까지 남의 그림을 복제하는 것 역시 오래된 관행이자 좋은 돈벌이 수단이었다. 그러나 영국의 한 미술상은 존 리널의 작품을 복제한 그림의 귀퉁이에 'J. 리널'이라는 이름을 적어 넣었다가 고소당해 위조죄로 유죄 선고를 받았다. 미술상은 항소했다. 그리고 위조죄가 성립되려면 '문서나 글'이 있어야 하며 그림에 표시를 남긴 것은 위조 행위가 아니라는 이유로 유죄 판결이 뒤집혔다.[115]

　이런 맥락에서 보면, 예술 작품의 사진 복제는 주체가 예술가든 아니든 여느 복제와 근본적으로 달라 보이지 않았다. 18세기부터 판화가들은 그림을 바탕으로 제작한 판화에 대한 저작권을 누렸고, 그 대가로 화가나 그림 주인에게 사용료를 지불했다. 토머스 로런스는 그 사용료를 인상한 최초의 화가로 알려져 있으며, 조슈아 레이놀즈에게 '사용 허가를 받은' 판화는 400점이 넘었다. 그러나 화가나 그림 주인은 한 판화가에게만 독점적인 사용권을 줄 의무가 없었고, 그래서 똑같은 원화를 충실히 복제하여 서로 분간이 안 되는 판화들에 대해 두 판화가가 저작권을 갖는 경우도 발생했다. 한 판화가가 다른 판화가를 저작권 침해로 고소하면 법정은 소송을 기각했다. "그림 자체에 대한 독점권을 확대하면 예술계의 경쟁이 말살될 것이다"[116]라고 판사는 말했다. 서로의 판화를 복제하는 것은 권리 침해일지라도 "같은 그림으로 여러 사람이 판화를 제작할 수 있다"는 맨스필드 경의 판결문과 비슷하다.

1850년대 후반에 예술원(Society of Arts)은 영국의 판결이 서로 중복되고 모순되는 문제가 있다며 이를 해결하자고 제안했다. 청원자들이 밝힌 목적은 작품 위조를 막자는 것이었지만, 이를 위해서는 당시 영국의 저작권법에 없었던 두 용어를 들먹일 수밖에 없었다. '독창성' 그리고 창작자의 '서명'. 그림의 성질상 더 중요한 문제는, 저작권이 적용되기 시작하는 날짜가 '출판일'이 될 수 없다는 것이었다. 한 세기 반 동안 저작권법은 인쇄업을 중심으로 구축되었다. 그래서 1862년에 마침내 통과된 순수 예술법은 저작권 보호 기간을 권리 소유권자의 생사 여부로만 정한 최초의 영국 법이기도 했다. 미국은 한 세기가 더 지나서야 영국의 뒤를 따랐다.

1862년, 사진은 판화처럼 한 그림을 복제하여 판매 가능한 형태로 만드는 데 사용되기도 했다. 복제 판화는 보호해주면서 똑같은 그림을 사진으로 찍은 복제화를 보호해주지 않는 건 비논리적이었을 것이다. 기술적으로 따졌을 때 그랬다. 그러나 예술적인 문제도 있었다. 예술가로 자처하고 싶었던 초기 사진가들은 풍경화와 초상화의 예술적 전통에 충실한 이미지를 자주 찍었다. 구텐베르크가 최초의 인쇄본 성경을 찍으면서 최대한 필사본처럼 보이도록 애썼듯, 사진작가 줄리아 캐머런(Julia Cameron)은 모델들에게 고풍스러운 의상을 입히고 신화나 전설에서 따온 이름을 붙였다('사포', '산의 님프' 등등). 초상 사진을 찍을 때도 스튜디오를 연극 무대처럼 꾸미는 경우가 많았다. 마치 유화를 그릴 때처럼 말이다. 미술 작품을 찍은 사진과 판화의 결과물이 서로 유사하고, 사람의 사진을 찍는 환경과 사람의 초상화를 그리는 환경이 서로 유사하다 보니, 새로운 매체와 옛 매체를 구분 짓기가 어려웠다.

완전히 다르고 훨씬 더 새로운 차원의 사진도 권리에 관한 논쟁에 연루되었다. 1857년, 대담한 사진가들은 묵직한 장비를 크림 전쟁의 전장으로 싣고 가 역사상 최초의 보도 사진을 찍었다. 예루살렘과 오늘날의 기자 지역에 카메라를 들고 가서 동양의 경이로움을 완전히 새로운 방식으로 대중에게 전달한 사진가들도 있었다. 1862년에 사진 저작권을 논의한 영국 입법자들은 예술의 문제만큼이나 이 놀라운 참신함을 염두에 둘 수밖에 없었다.

사람들은 가치 있는 사진을 얻기 위해… 외국으로 가서, 엄청난 양의 시간과 노동과 돈을 쏟아부었다. 그들이 고국으로 돌아오자마자 다른 사람들이 양화로부터 음화를 얻어 자기 배를 불리는 것은 정당한 일인가?[117].

　시간과 노동이 저작권 보호의 근거가 되는 경우는 거의 없으므로, 여기서 그 두 가지가 언급된 것은 이상한 일이다. 그러나 돈은 다른 문제였다. 순수예술법이 통과되면서 저작권의 초점은 창작자의 권리 증진에서 복제 기계 투자자의 보호로 옮겨가게 되었다.

　1886년 스위스의 수도에 고결한 대표단과 참관자들이 모였을 때 그들의 협상 목표는 '문학·예술 창작'의 장려에서 멀리 떨어져 있었다. '서적 및 기타 저술' 너머로 확장된 저작권은, 원래 제약의 대상이었던 사업적 이익에 오히려 기여하기 시작했다.

21장

1886년 베른 협약

1886년에 체결된 베른 협약은 괄목할 만한 진전이었다. 1896 년(파리), 1908년(베를린), 1914년(베른), 1928년(로마), 1948년 (브뤼셀), 1967년(스톡홀름), 1971년과 1979년(파리)에 차례로 개정을 거쳤고 오늘날 국제 지식 재산권 제도의 근간을 이루고 있다.

베른 협약이 보호하는 대상은 특허, 도안, 상표, 초상권, 기업 기밀이 아니라 저작권이다. 그러나 '저작권(copyright)'이라는 단어는 협의문이나 그 어떤 수정 사항에도 등장하지 않는다. 저 작권 범위가 이미 상당히 넓었기 때문에 그 정확한 의미를 말하 기 어려웠다. 그래서 프랑스어로든 다른 어떤 언어로든 번역하 기가 쉽지 않았다. 그것은 오로지 영어권에서만 통용되는 용어 이자 개념이다. 다른 언어권에서 그 동의어로 쓰이는 용어들은 함의와 용도가 저마다 조금씩 다르다.

베른 협약의 첫 조항은, 협약 가맹국들이 "문학·예술 저작물에 대한 저작자의 권리를 보호하기 위하여" 동맹을 맺었다고 단언한다. 이 표현을 채택하기에 앞서 힘겨운 토론이 있었다. 독일 대표단은 협약의 목적이 단수의 추상적 개념인 '창작자의 권리', 즉 'Urheberrecht'의 보호이기를 원했다. 그러나 프랑스에서는 그 직역인 'droit d'auteur(저작자의 권리)'가 대개 복수형인 'droits d'auteur'로 쓰여 로열티를 의미했다. 프랑스에서 이 용어를 사용한다면 추상적인 권리와 인세 사이에 혼동이 일어날 테고, 그러면 협약이 원래 목표와 달리 편협해 보일 우려가 있었다. 다른 국가의 대표단들은 협약의 대상을 '저작 재산권' 혹은 '지식 재산권'으로 규정하는 명확한 표현을 원했다. 이번에도 프랑스 대표단은 반박하며 "문학·예술 저작물에 대한 저작자의 권리"에 재산권이 완벽하게 포함된다고 주장했다. 재산권은 프랑스 헌법과 '인간과 시민의 권리 선언'(1789년)에 의해 보장된다는 이유에서였다. 난항 끝에 기술된 베른 협약의 목표에는, 고정되고 영속적인 형태를 띤 모든 표현 매체의 재산권 소유자를 뜻하는 법률 용어로 'auteur'와 그 직역인 'author'가 쓰였다. 이 단어가 특수한 용도로 사용되면서 지식 재산권 소유자는 'auteur'가 되었다. 이제 이 단어는 책이나 노래를 쓰는 사람이 아니라 그것을 이용할 권리를 가진 사람 혹은 조직을 뜻한다.

제2조에 따르면, 이 확장된 의미의 '저작자'는 모든 협약 가맹국에서 현지 시민과 똑같은 권리를 누릴 수 있다. 예를 들어 네덜란드에서 신간 도서의 독점 인쇄를 출간 후 14년 동안 인정해

준다면, 오즈의 책들도 네버랜드에서 똑같이 보호받을 것이다. 반면 오즈에서 출간된 책이 28년간 보호받는다면, 네버랜드의 책들 역시 오즈에서 그만큼의 기간 동안 보호받을 것이다. 베른 협약은 가맹국들의 저작권법을 표준화하려 하지 않았다. 그저 저작자와 저작물의 국적에 상관없이 자국의 법을 적용하도록 요구했을 뿐이다.

고대부터 저작자는 저작물을 보류하거나 발표할 권리를 갖고 있었다(26~27쪽 참고). 그래서 18세기에 발생한 초기 저작권법은 원고가 아니라 인쇄된 책의 거래만 규제하고자 했다. 그러나 베른 협약의 목표는 이미 발표된 저작물뿐만이 아니라 "문학·예술 저작물에 대한 저작자의 권리를 보호"하는 것이었다. 따라서 대표단들은 보호 대상에 새로운 선을 그어야 했고, 아주 후하게 마음을 쓰기로 했다. 베른 협약에 따르면, 저작자가 누구든 상관없이 모든 형태의 저작물(그림, 작곡 등등)은 저작권을 보호받을 자격이 있다. 대부분의 국가(중국, 일본, 미국, 소련)는 100년 후에야 그렇게 되었지만, 베른 동맹의 선구적인 회원국들에서는 1886년부터 바로 저작권의 의미가 달라졌다. 대중이 접근할 수 있는 저작물의 규제에서 기본 인권 비슷한 것으로 급변한 것이다. 그 권리는 회원국의 시민과 거주자에게만 적용되었다. 사정이 이렇다 보니, 살아 있는 혹은 사망한 미국 작가의 미발표 원고는 프랑스나 영국 같은 베른 협약 회원국에서 저작권 보호를 전혀 받지 못했고, 발표된 작품도 마찬가지였다. 따라서 저술 및 기타 저작물의 '원산지'를 결정하는 방법을 고안해야 했고,

작가·예술가·출판업자의 국적과 거주지가 불일치하는 경우가 많았기 때문에 저작물의 원산지에 관한 규정은 복잡할 수밖에 없었다. 이로 인해 미국과 점점 더 늘어나는 베른 협약 회원국 사이에 서로 불신하고 가끔은 적대하는 분위기까지 조성되기도 했다.[118]

베른 협약 제4조는 저작권의 보호 범위를 정했다. "서적·소책자·기타 저술, 연극 또는 가사가 있거나 없는 악극, 소묘·채색화·조각·판화, 석판화·삽화·지도, 지리학·지형학·건축·일반 과학과 연관된 도면·스케치·조형물, 인쇄나 복제를 통해 발표할 수 있는 문학·과학·예술 영역의 모든 저작물."

제4조의 각주에는, '과학 자체'는 그 생산물을 복제하기 쉽지 않으므로 보호 대상에 포함되지 않는다고 적혀 있다. 창작자를 보호하는 것과, 새로운 발견, 새로운 사실, 새로운 사상에 깃든 공익을 보호하는 것을 구별하는 전통을 따른 것이다. '자연적 진리'는 그것을 발견한 자의 재산이나 특권이 되어서는 안 된다는 원칙은 17~18세기에 여러 번 공표되었고, 21세기 저작권법에도 구두적 근간으로 남아 있다. 그러나 인쇄 시대에는 사실과 그 표현을 구분 짓기가 꽤 쉬웠지만, 전자 통신 시대에 들어서면서 그 구분은 점점 더 어려워지고 있다.

베른 협약의 협상자들은 각국 정부가 그런 협약을 체결하고 비준하도록 어떻게 설득할 수 있었을까? 그들은 국내법, 심지어 국가의 검열법이 협약보다 우선한다고 주장했다(제13조). 협약문 마지막 부분에는 저작권 보호 범위(좀 더 많은 국가가 사진 저작권을 허용해야 한다는 제안)와 보호 기간을 세계적으로 일치시키자는 염원과 함께, 가맹국들끼리 사후 보호 기간을 통일하자는 제안이 담겨 있지만 꼭 실행해야 한다는 강요는 없었다.

베른 협약이 가맹국들 각자의 법과 관습을 명시적으로 무시하고 강제로 통합한 유일한 영역은 번역이었다. 전통적으로 잉글랜드, 프랑스, 러시아 등지에서는 번역물이 창작물로 취급되었다. 또 전통적으로 번역은 다른 문화가 서로 접촉하고, 언어가 재생하고 풍성해지는 주된 방식이었다. 여러 시대, 여러 장소에서 번역가들은 '국내'의 스타 작가와 맞먹는 높은 지위를 누렸다. 19세기 러시아의 번역가 바실리 주코프스키(Vassily Zhukovsky)는 푸시킨만큼 유명했고, 20세기 중국에서 자신이 모르는 언어로 쓰인 서양 책을 수십 권 번역한 린수(林紓)는 중국 문학계를 호령했다. 심지어 오늘날의 일본에서도, 폴 오스터와 리처드 파워스 작품의 번역가로 유명한 시바타 모토유키(柴田元幸)는 원작 작가들에 못지않은 명성을 누리고 있다.

그러나 18~19세기에 프랑스와 잉글랜드의 소설과 희곡이 활발하게 교류되었음에도, 낭만주의 시대에 접어들자 두 언어 사이의 번역은 평판이 나빠지기 시작했다. 해협 건너의 신작을 잽싸게 찍어내기 위해 아무나 고용해서 번역을 맡긴 출판업자들 탓도 있었다. 『레 미제라블』에서 청년 마리우스가 직장에서 차츰 배워 나가고 있는 독일어와 영어를 프랑스어로 번역해 집세를 버는(제3부, 5편, 2장) 대목만 봐도 감이 올 것이다. 원작이 자기 작품인 양 마음대로 자르고 살을 붙인 번역가들 탓도 있었다. 예를 들어 아메데 피쇼는 『데이비드 카퍼필드』를 프랑스어로 번역하면서 제목을 『내 고모의 조카(Le Neveu de ma tante)』로 바꾸고, 여섯 장(章)을 빼버렸다.[119] 그래서 프랑스와 영국의 작가들은 작품 번역을 경계하게 되었고, 자신의 소설이 외국에서 함부로 사용되지 못하도록 통제권을 가져야 한다고 생각하기 시작했다. 저작권법이 보호 범위를 조금씩 늘려가고 있었기 때문에, 유럽 전역과 그 너머까지 원본과 번역본으로 작품이 읽히고 있던 프랑스 작가들 사이에서는 번역권도 재산권에 포함되어야 한다는 의견이 나오고 있었다.

그래서 베른 협약 제5조는 다음과 같이 선언했다. "저작자는… 저작물의 번역을 행하거나 허가할 독점적 권리를 갖는다. (…) 그러나 첫 출간 후 10년 이내에 저작자가 권리를 행사하지 않는다면 (이 권리는) 만료된다." 그 필연적인 결과로, 번역서 자체가 번역가의 이름으로 저작권 보호를 받게 되었다.

이 규정은 작가와 출판업자에게 새로운 경쟁의 장을 마련해주었다. '국외' 독자가 국내 독자보다 더 많을 수밖에 없기에, 곧 번역권이 원본 매출보다 더 큰 수입원이 되었다. 빅토르 위고는 『레 미제라블』의 독일어판을 내는 출판업자에게 이런 서한을 보냈다. "모두 (내 책을) 읽을지는 알 수 없지만, 저는 모두를 위해 썼습니다. 스페인인만큼이나 잉글랜드인도, 프랑스인만큼이나 이탈리아인도, 아일랜드인만큼이나 독일인도, 농노를 부리는 제국만큼이나 노예를 부리는 공화국도 공감할 수 있는 작품입니다."[120] 의심의 여지없는 사실이다. 그러나 작가의 권리라는 그의 오랜 염원을 이루어준 그 위대한 협약에 번역권이 포함되었다면 그는 훨씬 더 큰 부자가 되었을 것이다.

대부분의 번역서는 프랑스어, 영어, 독일어로 쓰인 작품을 원전으로 했기 때문에, 번역권 확립은 당시 가장 진보적으로 여겨진 국가와 언어에 더 유리하게 작용했다. 큰 국가들에서 잘 찾지 않는 소수 언어권 작가에게는 큰 의미가 없었다. 놀랍게도 이런 상황은 한 세기 반이 지나도록 거의 바뀌지 않았다.

전 세계 번역서에 관한 유네스코의 데이터베이스에 따르면, 기록을 시작한 1950년대 이후로 50개의 가장 인기 있는 '기점 언어'로부터 221만 2,618권이 번역되었다. 이중 무려 75퍼센트 (정확히 166만 473권)가 영어, 프랑스어, 독일어에서 번역되었다. 영어를 원작으로 한 책은 126만 6,110권으로 5배 차의 선두를 차지했다. 영국에서는 2001년부터 2020년까지 2만 6,576권의 책이 프랑스어, 독일어, 스페인어, 러시아어, 중국어에서 영어로 번역된 데 반해, 22만 4,991권이 영어에서 겨우 다섯 언어로 번역되었다.[121] 인세가 어느 방향으로 흘러가는지 쉽게 알 수 있다! 미국과 영국은 자국 책의 번역 계약으로 벌어들이는 돈이 타국의 원서에 지불하는 인세보다 최소 8배 많지만, 거의 모든 다른 나라들은 저작권 계약에서 적자를 보고 있다. 예를 들어 중국은 현재 서양 국가의 저작권을 많이 사들이고 있으며 프랑스 출판사들의 최고 고객이지만, 해마다 프랑스어나 영어로 번역되는 중국 서적은 소수에 불과하다.

요약하자면 이렇다. 지식 재산을 창조하는 국가가 그 소비자인 국가로부터 큰 액수의 임대료를 받고 있다. 번역서는 세계 무역의 한 귀퉁이를 차지하는 조그맣고 속물적인 영역일지 몰라도, 전 세계 책의 불균형적인 흐름은 저작권이 국가들 사이의 불평등한 관계를 부추기고 있음을 증명해준다.

작가에게 그들 작품의 번역본을 허가하고 판매할 권리를 부여한 베른 협약은 번역의 직업적 기준에 미묘한 영향을 미치고, 번역가의 지위에는 기대에 어긋나는 결과를 가져왔다. '완전하고 공정한' 번역이라는 개념과, 현재의 규범이 된 최소한의 개작 방식은 베른 협약에서 유래했다고 해도 과언이 아니다. 베른 협약은 번역가를 부차적 인물로 만들어버리기도 했다. 번역가들은 스스로를 원저자(그리고 원저자의 출판업자와 상속인)의 종복으로 여겼고, 그들의 지위는 내리막길로 접어들었다. 영국과 미국의 경우, 문학 번역 시급이 최저 소득에도 못 미치는 경우가 허다하다.

1886년에 베른 협약 가맹국은 벨기에, 영국, 프랑스, 독일, 스페인, 아이티, 리베리아, 스위스, 튀니지 등 아홉 나라뿐이었다. 리베리아는 동맹 가입을 비준하지 않으면서 탈퇴했고, 아이티와 튀니지는 저작권 보호를 받는 저작물의 생산에도 소비에도 큰 비중을 차지하는 국가들이 아니었다. 따라서 지리적으로 근접한 유럽 6개국이 동맹의 중추를 이루었다. 1896년 파리 회의에서 조약이 개정될 무렵엔 이탈리아, 룩셈부르크, 모나코, 콘테네그로도 가맹국에 속해 있었다. 천천히 움직이던 기차는 이제 속도를 내기 시작했다. 제1차 세계대전 전에 노르웨이, 일본,

덴마크, 스웨덴, 포르투갈, 네덜란드가 가입했고, 제2차 세계대전이 발발하기 전에는 20개국이 더 가입했다. 1945년에서 1970년 사이에 20개국이 추가로 가입한 뒤, 20개국이 더 가입했고, 마침내 1989년에 미국이 간발의 차로 알바니아를 제치고 먼저 가입했다. 그 후로 기차는 계속 달렸고, 지금은 179개 나라가 가입되어 있다. 국제 저작권법에서 벗어나 있는 곳은 소수의, 주로 작은 국가들뿐이다. 앙골라, 캄보디아, 에리트레아, 에티오피아, 이란, 이라크, 코소보, 몰디브, 마셜제도, 미얀마, 팔라우, 팔레스타인, 파푸아뉴기니, 세이셸, 시에라리온, 소말리아, 남수단, 타이완, 동티모르, 우간다 등이다. 심지어 북한도 2003년에 가입했다.

나중에 추가된 여러 권리가 처음에는 베른 협약에서 제외되어 있었다. 가령 발표 여부에 상관없이 연극과 악극의 공연권을 인정하지 않았다. 저작자에게 허락된 것은, 악보에 공개 실연을 허락지 않는다고 명시할 경우 공연권을 유지할 수 있으리라는 가능성뿐이었다. 대표단은 악극 규정에 한 가지 예외를 두었으니, 음악 저작물을 기계적으로 재현하는 악기의 제조 및 판매는 권리 침해가 아니라는 것이었다. 뉴저지의 에디슨 연구소에서만 존재하다시피 했던 음반 산업에 공개 경쟁을 허용하기 위한 조처는 아니었다. 협약을 주관한 스위스에 베푼 호의였다. 스위스는 뮤직 박스와 노래하는 뻐꾸기시계의 본고장이었다.

베른 협약은 (우선은 유럽으로 시작하지만 전 세계를 목표로) 작가와 예술가의 권리를 신장하고 지위를 끌어올린다는 숭고한 이상을 선포하며 화려하게 출발하여 놀랍도록 장수하고 있다.

20세기 말까지 여러 번의 개정을 거친 베른 협약은 창작물의 국제 유통에 점점 더 큰 통제권을 행사하며 광범위한 기준으로 자리잡았다. 사실 이제는 거의 모든 종류의 창작물이 베른 협약의 보호를 받고 있는데, 녹음에서부터 컴퓨터 프로그램에 이르기까지 광범위한 유사 공산품도 여기에 포함된다. 또 보호 기간도 점점 길어지더니 100년이 넘는 경우가 많아졌고, 2차적 사용에 대한 통제도 점점 더 엄격해졌다. 빅토르 위고를 앞세운 파리의 로비 단체로 소박하게 시작된 베른 협약은 이제 천재의 권리와는 큰 관계가 없다. 그 후속 협정들과 조직들의 주된 역할은, 법인의 임대업이라는 폭주하는 국제 기관차를 규제하는 것이다.

22장

기사회생한 저작권

인쇄 독점권, 궁극적으로 저작권은 아득히 먼 15세기에 베네치아가 색유리 제조공이나 최초의 인쇄공 같은 '영리하고 재간 많은 사람들'에게 부여한 특권에서 시작되었다. 발명품에 대한 특허와 책에 대한 권리는 쌍둥이처럼 똑같은 역사를 겪었다. 17세기부터 둘은 분리되기 시작하여, 1790년 미국 의회에서 통과된 두 개의 개별적인 법(저술 관련 법과 발명품 관련 법) 그리고 베른 협약이 저작권의 새로운 토대를 마련하기 직전인 1883년에 공업 재산권 보호를 위한 파리 조약이 체결되면서 완전히 분리되었다.

발명품에 대한 권리는 예술 창작물에 대한 권리처럼 커지고 증식한 적이 없다. 오늘날에도 특허는 존속 기간이 짧고—대부분의 국가에서 20년—국제적으로 관리되지 않는다. 신청을 해야 특허를 받을 수 있고, 특허가 발부된 관할권(그리고 협정을 맺은 국가들)에서만 효력이 발생한다. 신약이나 수축 포장된 치즈 샌드위치[122]에 대한 권리를 전 세계에서 제대로 보호받으려면, 발명자는 발명품이 판매될 모든 관할권에 각각 신청서를 내야 한다. 대기업만이 감당할 수 있는 일이다.

영국 특허법의 역사는 그리 유쾌하지 않다. 전매조례의 규정을 따르려면 관청에서 기나긴 절차를 밟아야 했는데, 그곳 직원들이 툭하면 훼방을 놓았던 모양이다. 찰스 디킨스의 『작은 도릿(Little Dorrit)』에 등장하는 점잖은 엔지니어 대니얼 도이스는 허구의 인물이지만, 그가 번문욕례청(Circumlocution Office) 때문에 헛고생하는 모습은 영국의 발명가들이 두 세기 동안 겪었던 일을 고스란히 보여준다.

1690년경, 니어마이아 그루(Nehemiah Grew)라는 런던 약제사는 엡섬의 온천수에서 유효 성분을 추출해내는 방법을 발견했다. 엡섬 온천은 발 통증 치료 효과로 유명했고, 물을 마시면 변비에도 도움이 되었다. 그루는 맹물에 적정량을 섞으면 온천수만큼의 약효를 낼 수 있는 흰 가루를 제조하기 위해 공장을 세웠다. 그루의 조수에게 뇌물을 먹여 그 비법을 알아내려다 실패한 또 다른 약제사도 공장을 세워, 엡섬 염(황산 마그네슘) 비슷한 것을 시장에 넘쳐나도록 다량으로 생산했다. 그루는 굳이 특허를 신청하지 않았었다. 신청 결과가 임의적인데다 너무 늦게 나왔기 때문이다. 그러니까 그 경쟁자는 어떤 법도 어기지 않은 셈이다. 하지만 과연 그의 제품을 신뢰할 수 있을까? 진짜 엡섬 염이 함유되어 있는지, 다른 소금이나 탤컴 파우더가 섞여 들어가 있는지 무슨 수로 알겠는가? 진위를 가려낼 화학적 방법도, 그런 유의 판단을 내릴 권한을 가진 당국도 없었다. 그래서 라틴어와 영어로 쓰인 책과 소책자를 통해, 서로의 무지와 기만과 거짓말을 비난하는 격전이 벌어졌다. 결국 그루는 엡섬 염 생산법에 대한 특허를 신청했다. 돈을 벌기 위해서라기보다는 똑같은 것을 팔고 있다고 주장하는 사람들을 막기 위해서였다. 마침내 1698년에 특허를 따냈지만, 그루에게는 별로 좋을 것이 없었다. 그루의 상대는 더 교활한 사업가였고, 법 체제도 그루에게 불리했다. 그루는 패배를 인정하고 경쟁자에게 특허를 양도한 뒤 연구실로 물러났다.[123]

그로부터 100년 후, 현대 광학의 아버지, 대중 과학 서적을 여러 권 집필한 작가, 영국 과학 협회의 설립자인 데이비드 브루스터(David Brewster)는 특허의 무익함을 여실히 보여주었다. 1819년에 그는 물리 광학 연구의 부산물로서 교육적이고 심미적인 도구인 만화경을 발명했다. 파리에서 유행하던 파노라마처럼 만화경은 영국인들을 단번에 매료시켰고, 가정마다 하나씩은 꼭 있어야 할 필수품이 되었다. 브루스터는 곧장 특허를 신청했다. 그러나 그 처리가 어찌나 느려터졌던지 (대개는 결함 있는) 모조 만화경들이 2만 대 이상 팔린 뒤에야 정식으로 특허를 획득할 수 있었다.[124] 그 매력적인 발명품으로 브루스터가 벌어들인 돈은 한 푼도 없었다.

미국은 1790년 이후 거의 정반대의 문제를 겪었다. 어마어마한 수의 소소한 발명가들이 서로 비슷하거나, 기존 기계를 살짝 수정했거나, 아무런 의미도 없는 장치와 기계를 들고 나와 특허를 신청했다. 1930년대까지만 해도 '특허약'은 '엉터리 치료제'와 동의어였다. 정말로 기존 제품보다 기능이 더 좋다면 굳이 특허를 받을 필요가 있을까? 안 그래도 구매자가 몰려들 텐데? 다른 한편으로 만약 그 발명품이 인간 이해력과 능력의 획기적 변화를 상징한다면, 그 소유권을 단 한 명에게 몰아주는 것이 과연 옳은 일일까? 프랑스가 이 두 가지 질문에 직면한 사건이 있었다. 화가인 루이 다게르(Louis Daguerre)는 수많은 과거 실험자들과 특히 전 파트너 조제프 니세포르 니에프스(Joseph Nicéphore Niépce)의 연구에 착안하여, 동판을 빛에 노출함으로써 그 위에 현실의 이미지를 생성해내는 장치를 만든 다음 특허를 신청했다. '빛 그림'을 만드는 능력은 너무도 오랜 염원이었기에 다게르의 특허 신청은 프랑스 국민의회의 심의까지 받게 되었다. 의원들 가운데 저명한 과학자였던 프랑수아 아라고(François Arago)는 특허 신청과 그 뒤에 숨은 과학의 역사를 검토한 뒤 의회에서 길고도 거침없는 보고를 올렸다. 아라고는 1802년 나폴레옹의 이집트 원정 때 사진이 있었다면 정말 유용했을 거라고 말했다. 수백 명의 필경사들이 상형문자를 처음으로 옮겨 적느라 고생하지 않아도 됐을 테니 말이다. 또 그는 물질계의 수많은 신비를 밝히고 과학적 관찰을 크게 진보시킬 사진의 잠재력을 지적했다. 간단히 말해 사진은 프랑스가 전 인류에게 기증해야 할 경이로운 업적이었다. 따라서 특허를 내줘서는 안 된다.

프랑스는 이 발견을 즉각 수용하였으며, 자랑스럽게 전 세계
에 선물하고자 한다.[125]

대신에 의회는 루이 다게르에게 종신 연금을 지급하기로 했다.
다게르는 데이비드 브루스터보다는 나은 거래를 한 셈이었다.

마찬가지로 20세기 소련의 위대한 발명가들은 특허가 아
닌 특권과 후원의 정교한 시스템을 통해 보상받았다. 1947
년, 정비병이었던 미하일 티모페예비치 칼라시니코프(Mikhail
Timofeyevich Kalashnikov)는 작은 총기들을 만지작거리다가
자동소총의 새로운 설계법을 구상했다. 소련군은 그가 발명한
AK-47(Avtomat Kalashnikov-47)을 제조하기 시작했고, 그것이
1억 정 이상 만들어지면서 총기의 고전이 되었다. 소련에는 특
허 시스템이 없었지만 그렇다고 해서 발명자가 독창성과 노동
의 결실을 강탈당한 것은 아니었다. 발명자의 이름과 발명 날짜
로 이루어진 AK-47의 정식 명칭과 그 관례적 명칭인 칼라시니
코프는 원작자를 분명히 밝히고 있다. 칼라시니코프는 1949년
에 USSR 국가상과 스탈린상을 받고, 1958년에는 사회주의 노동
영웅의 지위를 얻었다. 군에서도 승진을 거듭하여 육군 중장까
지 올라간 뒤 기나긴 복무를 마쳤다. 한 계급 승진할 때마다 아
파트는 점점 더 커지고, 보통 사람들이 손에 넣을 수 없는 사치
품을 구매할 권리 같은 새로운 권리들이 추가되었다. 그는 훈장
과 작위 덕분에 사회적 지위가 상당히 높아졌고, 심지어 개인용
자동차까지 받았다. 국가에 봉사한 만큼 충분히 보상받았다고

생각할 만했다.

우리 생각과 달리, 현대의 미국 특허법은 소련 시스템을 닮았
다. 이론상으로 봤을 때 미국에서 개량된 쥐덫을 발명한 사람은
특허를 받은 다음 그 권리를 기업에 팔 수 있다. 그러면 기업은
쥐덫을 제조하고 기업 법무팀은 쥐 박멸이 시급한 수많은 지역
에서 특허를 신청해줄 것이다. 운이 좋으면 발명자는 쥐덫이 창
출할 것으로 기대되는 특허권 사용료에 대해 거액의 선불금을
받고, 햇볕 쨍쨍한 섬의 해변 별장에서 여생을 보낼 수 있을지
도 모른다. 현실을 말하자면, 특허권으로 부자가 될 생각을 하느
니 차라리 쥐덫 사업에서 완전히 손 떼고 구멍가게에서 복권을
사는 편이 낫다. 하지만 제약이나 정보 기술이나 공학 분야의 기
업에 다니는 직원이 어떤 장치를 개발한다면 그 특허권은 기업
에게 돌아갈 것이다. 그 대가로 직원은 연봉 인상, 상여금, 더 큰
연구실 같은 보상을 받을지도 모른다. 차이점이라면 국가가 아
닌 기업이 후원자라는 것이다. 그래도 발명자는 미하일 칼라시
니코프에 뒤지지 않는 혜택을 누리게 된다.

19세기 중반, 유럽에서는 특허가 아예 폐지될 뻔했다. 영국의
특허 제도는 제대로 기능하지 않았고, 프로이센은 절차가 워낙
복잡해서 승인되는 특허가 거의 없었다. 산업이 무서운 속도로
발전하고 있던 미국의 경우, 기관차 같은 복잡한 기계에 필요한
수백 개의 부품에 특허가 걸려 있다 보니 기술 혁신에 차질이
생기고 대형 사업에 행정적 부담이 늘었다.[126]

그래서 선진국에서는 다들 그 골칫거리를 없애자는 움직임

이 일기 시작했다. 자유 무역을 주창한 리처드 코브던(Richard Cobden)은 "공익을 위해서나 발명자를 위해서나 그 제도가 과연 가치 있고 정당한지 의심스럽다"며 그 운동에 힘을 실어주었다.[127] 코브던의 추종자이자 왕년의 제당업계 거물로 리스(스코틀랜드의 항구) 의회의 의원이 된 로버트 맥피(Robert Macfie)는 1868년부터 1874년까지 그 운동을 이끌었다. 그의 지지 세력은 사회주의 권위자들이 아니라 산업계의 우두머리들이었는데, 그중 공학자이자 조선업자인 이점바드 킹덤 브루넬과 후장총을 개발한 군수업계 거물 윌리엄 암스트롱이 눈에 띈다.[128] 특허 폐지 운동에서 본보기로 삼을 만한 국가들도 있었다. 화학과 기계 분야에서 타의 추종을 불허하는 전문 기술을 보유하고 있으면서도 특허를 전혀 허용하지 않은 스위스, 비스마르크가 특허법이라는 개념 자체를 조롱한 프로이센, 20세기까지 특허법에 저항한 네덜란드 등이 있다. 미국에서 특허 폐지 운동을 주도한 사람은 철도 부호들이었다. 그들은 수고스럽게 특허를 따느니, 회사에 필요한 수많은 부품을 발명하거나 완벽하게 다듬거나 유용하게 수정하는 직원에게 상여금을 지불하는 쪽을 선호했다.

새로운 발명품이 계속 나오고 소련이 우주 비행 외에도 많은 것을 성공적으로 개발하던 시기에 유럽 도처에서 특허 반대 운동이 불붙었던 사실을 생각하면, 오늘날의 주요 특허권자들이 법정이나 선전 활동에서 특허 보호야말로 발전의 필수 조건이라고 주장할 때마다 멈칫하게 된다.

1869년, 런던의 《이코노미스트》지는 "머지않아 특허법이 폐지될 가능성이 상당히 높다"고 했고, 파리의 한 미국인 저널리스트는 "잉글랜드가 (특허) 제도의 완전한 폐지에 착수한 듯하다"라며 미국도 분명 그 뒤를 따를 것이라고 보도했다.[129] 그러나 그런 일은 벌어지지 않았다. 이번만은 '돈주머니를 찬 자들'의 뜻대로 되지 않았다.

영국 의회는 1851년과 1862년 그리고 절충 법안이 제출된 1872년에 다시 한 번 그 문제를 검토했다. 그 법안은 특허 보호 기간을 7년으로 줄이고, 출원 심사 규정을 훨씬 더 엄격하게 수정했다. 등록 후 2년이 지나도록 어떤 제품 생산에도 사용되지 않은 특허는 소멸하고, 모든 특허는 강제 실시의 대상이 된다(다시 말해 첫 7년 동안 특허권자에게 사용료를 지불하고 나면 경쟁자들은 마음껏 똑같은 상품을 만들 수 있다). 법안은 반대 없이 상원을 통과했다. 그러나 1874년에 하원에서 철회되면서 흔적도 없이 사라져버렸다.

이와 비슷하게 독일은 정계의 반대를 무릅쓰고 1877년에 새로운 특허법을 통과시켰고, 스위스는 1888년에 특허 보호를 주장하는 여론의 흐름에 굴복했으며, 완강하던 네덜란드마저 결국 1910년에 특허법을 채택했다.

왜 이런 일이 벌어졌을까? 그 답은 정치적 역사에서 찾아볼 수 있을 것 같다. 1866년의 독일 통일과 1870~1871년의 프로이센-프랑스 전쟁 후, 자유 무역 기조가 흔들리고 국가 간의 경쟁이 불붙기 시작했다. 저마다 관세 장벽 뒤에 숨어 이익을 꾀하면서, '자유로운 접근'을 막고 '철저한 보호벽'을 세웠다. 새 발명품은 국가 정체성이 달린 문제가 되었다. 특허법은 국가의 지위를 높이는 수단으로 다시 등장했다.[130] 이런 까닭에 특허는 베른 협약 같은 국제 협약을 통해 조정된 적이 단 한 번도 없었다. 당시의 가장 중요한 과제는, 새로운 장난감을 만들어내는 독창적인 사람에게 자연권을 부여하는 것이 아니라 국가의 산업을 보호하는 것이었다.

특허와 관련하여 의회 도당에게 패배한 맥퍼는 곧이어 구성된 저작권 관련 위원회의 핵심 증인으로 다시 전쟁에 끼어들었다. 이 절차는 영국 상무부의 요청으로 시작되었다. 전직 마드라스 총독이자 상무부의 강력한 장관인 찰스 트리벨리언(Charles Trevelyan)은 유권자의 범위를 상당히 확장했던 얼마 전의 교육 및 개혁 법이 영국 저작권법의 방해로 제대로 이행되지 못하고 있다고 역설했다. 새로운 계층의 유권자들을 교육하려면 더 저렴한 책이 필요한데, 저작권 보호를 등에 업은 출판업계가 가격을 내리지 않아 일반 시민은 책을 구하기 어렵다는 것이었다.[131]

19세기에 영국 서적이 비쌌던 건 독특한 상업 체계 때문이었다. 1850년대에 벨기에에서 불법 복제가 금지되고 신구 서적의 저렴한 재간본이 널리 보급되면서 프랑스의 유료 대출 도서관(cabinets de lecture)은 거의 사라졌다. 그러나 19세기의 영국에서는 여전히 유료 대출 도서관이 신간 도서를 배포하는 주된 수단이었다. 그중 규모가 가장 큰 뮤디의 대출 도서관(Mudie's Circulating Library)은 그리 부유하지 않은 사람들에게 하루 또는 일주일 단위로 회비를 받고 책을 빌려주었는데, 제일 잘 나가는

3부작 소설들을 주로 사들였다. 저작권으로 독점이 발생할 수도 있지만, 뮤디 도서관은 구매자 독점─단일 구매자에게 장악된 시장─을 초래했다. 그 결과, 출판사들은 뮤디 도서관이 용납할 만한 고가의 책을 소량으로 찍으려 했다. 그러니 '일반 시민'은 새 책을 손에 넣을 수가 없었다. "이 문제를 해결하려면… 책 판매액의 일정 비율을 저자에게 지불함으로써 자유로운 시장 환경을 만들어야 한다." 트리벨리언은 이렇게 주장하며 뮤디 도서관의 구매자 독점을 통해 한층 더 시장을 압박하고 있는 저작권의 독점 체제에 반대했다.

제출된 증거 자료에서, 많은 이들이 프랑스의 비니와 위고가 요구했던 것과 다르지 않은 강제 실시권 제도를 강력하게 지지했다. 거기에는 반복적으로 등장하는 몇 가지 사항이 있었다. 강제 실시 후 1년간의 독점을 허용할 것, 소매가의 5~15퍼센트를 저자에게 인세로 지불할 것, 정부의 재정 지원을 받는 수금 조합이 저자에게 인세를 지불할 것 등등. 허황한 생각이 아니다. 현재 연극과 노래의 공연 수수료는 바로 이런 아이디어에 근거한 방식으로 수금되고 있다. 하지만 1870년대에는 그 앞을 가로막는 기이한 장벽이 있었다.

비례 지급 안의 약점은 그 구조가 아니라 거기에 내재한 정치적 이념이었다. 당시에 많은 영국 정치인이 동조한 자유 무역이라는 개념은, 노력에 꼭 비례하지는 않는 수익(이것야말로 사업의 목적 아니던가?)을 허용하기 위해 고안된 것이었다. 그런데 비례 지급은 정반대로, 성공에 정확히 비례한 보상을 약속했다. 맥피와 트리벨리언의 생각은, 작가들에게서 일확천금의 기회를 빼앗아 공익―저렴한 읽을거리, 교육, 진보―을 널리 확산하자는 것이었다. 사회진화론의 주창자인 허버트 스펜서(Herbert Spencer)는 그 발상을 강력히 비난하며 '사이비 자유 무역주의자들'의 무분별한 자선이라고 조롱했다. '사이비 자유 무역주의자들'이라는 호칭은 정곡을 찌르는 정치적 단검이었다.

인세 찬성파는 기세가 한풀 꺾였다. 위원회는 모든 증언을 들은 후 비공개 회의실로 물러나, 저작권을 현 상태로 유지하되 보호 기간을 사후 30년으로 연장할 것을 요구하는 의사록을 작성했다. 저작권을 폐지하자는 (정부의) 열정적인 제안과 의사록 작성 사이에 무슨 일이 있었던 걸까? 확실히 알 수는 없다. 의사록에는 저작권 폐지에 찬성하는 소수 의견도 제법 실렸지만 투표에서 밀렸고, 다수파의 보고서에는 그 제안들이 생략되었다. 그 결과, 저작권 폐지는 의회 토론에서 전혀 언급되지 않았다.

1870년대의 잉글랜드에서는 근대적인 지식 재산권 법이 폐지 직전까지 갔다가 회생했다. 특허 반대파의 패배는 거대 자본이 항상 입법 전쟁에서 승리하는 건 아니라는 사실을 증명해 보였다. 저작권 반대파의 의견이 완전히 묵살된 것은 지식 재산권 입법이 공개 토론의 장이 아닌 막후에서 이루어졌다는 증거다. 이 두 번의 패배는 저작권에 대한 논쟁이 다른 무언가―정치적 정통성, 어떤 신조에 대한 충성 또는 국익의 보호―에 대한 투쟁이 될 수 있음을 암시하기도 한다.

지식 재산권에 관한 일반 역사서, 지식 재산권의 발전에 관한 법률서, 법정에서 내려지는 판결은 선택되지 않은 길을 거의 다루지 않는다. 오늘날의 저작권 관계자, 그들에게 압박받는 입법자, 저작권법의 의미를 둘러싼 논쟁을 심판하는 판사는 지식 재산권의 힘이 한때 얼마나 위태로웠는지 인정하지도, 특허법과 저작권법의 사회적 목표를 성취할 수 있는 다른 방법을 상상해보지도 않는다. 그들의 생각과 달리 저작권은 그 토대가 그리 탄탄하지 않아서 예상 밖의 결과를 몰고 왔다.

23장

사후 저작권 논쟁

1825년의 데카브리스트(Decembrist)* 반란 후 1828년에 제정 러시아가 통과시킨 새로운 검열법의 부수적 효과로 인해 창작자들은 지식 재산권을 얻게 되었다. 두 가지 제약 조건이 있었다. 검열관의 승인을 받은 저작물만 보호받았으며, 승인받지 못한 저작물은 국가에 몰수될 수 있었다(이 규정은 20세기의 소련법에도 그대로 남았다). 이에 더하여 저작자 사후 20년까지 권리가 보장되었다. 당시로서는 저작권법 역사상 최장 기간이었다. 사후 보호가 망자의 아내와 자식들을 위한 것이라고 명시한 점도 혁신적이었다.[132]

예기치 않게도 이 새로운 조처들 때문에 머지않아 세간의 이목을 끈 유명한 사건이 일어났다. 1837년 러시아의 위대한 시인

---

* 1825년 러시아 최초로 근대적 혁명을 꾀한 혁명가들. - 옮긴이

알렉산드르 푸시킨은 소문으로 실추된 아내의 명예를 지키기 위해 한 프랑스 장교에게 결투를 신청했다가 서른일곱의 나이에 사망했다. 1828년의 저작권법에 따라 그의 아내 나탈리아—그외엔 아무도 없었다—가 메모, 초고, 미필 원고 등 푸시킨이 남긴 저작에 대한 출판 허가권을 얻었다. 그녀는 1862년까지 지금의 예술계에는 익숙한, 큐레이터이자 고인의 유지 계승자라는 지위를 누릴 터였다.

푸시킨의 저작권이 만료되기 5년 전, 나탈리아는 황제인 알렉산드르 2세에게 당시 20대 후반이던 아들들을 위해 저작권 보호 기간을 연장해달라고 탄원했다. 교육과 사법을 담당하는 각료들의 조언을 받아들인 황제는 이 특정한 요구를 받아들이는 동시에 모든 문학 작품의 사후 보호 기간을 50년으로 연장해 또 한 번 신기록을 세웠다(이 기록은 금세 스페인에게 따라잡혔다). 그래서 푸시킨의 모든 저작은 시인 탄생 100주년에 조금 못 미친 1887년에야 공유 재산으로 풀렸다.[133] 그전 50년 동안은 나탈리아(재혼해서 란스카야라는 이름을 얻었다)나 그녀의 아들들에게 허가받은 작품만 출판되었다. 그들은 상당량의 자료를 비공개로 숨겨두었다.

러시아의 가장 귀중한 시들에 대한 나탈리아의 권리가 소멸한 해에, 푸시킨의 작품들은 163개 이상의 서로 다른 판본으로 출간되어 150만 부 가까이 팔렸다. 문맹률이 여전히 높은 나라에서 실로 대단한 판매 기록이었다. 이는 저작권 보호가 얼마나 효과적으로 시장을 억압할 수 있는지 증명해준다. 비평가들은 나탈리아 란스카야가 푸시킨을 두 번 죽였다며 비난했다. 우선 푸시킨이 결투를 신청할 빌미를 제공했고, 그다음엔 저작권을 연장하여 50년 동안이나 수많은 가난한 독자들이 그의 작품을 읽지 못하게 막았다는 것이다.

작가나 음악가 등 예술가의 유산 관리자들은 저작권 보호 기간 내에 발견되는 모든 것을 발표하여 금전상의 이익을 얻는다. 하지만 망자와 가까웠던 측근을 비롯한 일부 사람은 개인적인 이유(창피함, 그들 자신의 명예가 실추될지도 모른다는 두려움, 망자의 사생활을 지켜주고자 하는 열망 등등)로 자료를 숨기기도 하고 수정하기도 한다. 푸시킨의 경우가 딱 그랬다. 그는 아주 젊어서 명성을 얻었기 때문에 아무렇게나 끼적인 미숙한 글이 상당량 보존되어 있었다. 원고를 보면, 아름답기 그지없는 서정시의 초안 여기저기에 특정 유명인을 겨냥한 추잡한 시와 노골적으로 음탕한 글이 섞여 있었다. 『예브게니 오네긴』 같은 중요한 시의 원고에는 군데군데 줄이 좍좍 그어져 있고, 버려진 절을 대신할 글귀가 여백에 갈겨져 있었다. 이런 미발표 자료들을, 사후 저작권 보호를 받는 '저작물'의 일부로 간주해야 할까? 남겨진 아내나 아들이 50년간 대중에게 보여줄 자료를 자기들 마음대로 결정하는 것이 과연 옳은 일일까? 러시아 작가들은 이 문제에 대해 강경한 입장을 취했고, 일부는 그들의 초고를 파기하기까지 했다. 『오블로모프』의 작가 이반 곤차로프는 전에 받았던 서한들을 반송용 봉투에 넣어놓고 자기가 사망하자마자 발송되도록 조처했다. 그에게 편지를 쓴 사람들의 사생활을 지켜주기 위해

서였다. 소설가 투르게네프는 정반대의 태도를 취했다. 그는 푸시킨의 사사로운 편지들을 편집하고 출간하여 시인의 품위를 떨어뜨렸다는 비난을 샀다.[134] 상속인들의 변덕과 금지령이 국가의 문화유산을 훼손한다며 항의하는 이도 있었고, 국가 차원의 위원회나 문학 고문단을 결성하자는 제안도 있었다. 오늘날 유산 관리자의 인격권이라 불리는 권리를 오롯이 인수하여, 고인이 된 작가의 작품을 공익 목적으로 관리할 수 있도록 말이다.

수많은 러시아인이 나탈리아의 행동에 대해 품은 혐오감은 예술적 독창성의 본질에 대한 더 뿌리 깊고 전통적인 믿음에 근거한다. 푸시킨은 러시아 시의 창시자가 아니었다. 물론 훌륭한 시를 남겼지만 러시아의 시와 산문을 발전시킨 수많은 선조들이 없었다면 그런 영광을 누리지 못했을 것이다. 그렇다면 『대위의 딸』의 진정한 주인은 누구인가? 그 창작자를 배출한 국가였다. "지식은 신의 선물"이라는 중세의 격언이 있듯, 러시아의 문학 문화를 국유 재산으로 보고 작가가 사망하면 공공재로 취급해야 한다고 생각하는 사람이 많았다. 사실 미국은 1976년까지 그런 입장을 취했다. 그전에 미국의 저작권은 등록 후 최대 56년간 유지되었기 때문에, 많은 저작물의 경우 사후 권리가 존재하지 않거나 아니면 비교적 짧은 기간만 지속되었다. 그래서 공유 재산으로 전환되는 저작물의 양이 1976년 후보다 훨씬 더 방대했다.

수십 년 후, 장수한 작가 레프 톨스토이 역시 자기 작품의 주인은 자신이나 자연 상속인이 아니라 '인민'이라고 믿었다. 말년에는 문학 유산의 사후 소유권을 '사회', '인류' 또는 '만인'에게 넘긴다는 내용의 유서를 작성하려고 했다. 실행에 옮기기는 쉽지 않았다. 변호사들이 조언했듯, 러시아에서는 유서에 지명된 사람만이 유산을 받을 수 있었기 때문이다. '인민'에게는 법적 정체성이 없으므로 그런 표현이 담긴 유증은 법정에서 무효화될 터였다. 톨스토이는 1880년 이후에 집필한 작품들을 사이가 틀어진 지 오래된 아내 소피아에게 남기지 않기로 결정하고, 대신 그의 사회적·종교적 신념을 성실하게 따라준 막내딸 알렉산드라에게 모든 문학 유산을 상속했다. 알렉산드라는 재단을 설립하여 톨스토이 사후에 발생하는 인세를 빈곤한 사람들에게 나누어주는 임무를 맡았다. 계획대로 되지는 않았다. 소피아가 소송을 걸었고, 제1차 세계대전의 혼란 속에 판결은 계속 밀렸다. 그러다 1917년에 러시아 혁명이 일어났고, 볼셰비키는 저작권을 비롯한 대부분의 사유 재산을 재빨리 폐지했다. 소피아는 1919년에 사망했다.[135]

빅토르 위고 역시 자기 작품의 주인은 자연 상속인이 아니라 전 세계라고 굳건히 믿고, 자신의 문학 유산을 '국가에' 남겼다. 그 결과, 호화본 전집 간행을 맡은 국가 기관인 국립 인쇄소(Imprimerie Nationale)가 저작권을 얻었고, 2차 허가가 떨어진 개별 작품들은 일반 출판사에 넘어갔다.

다른 작가들은 기관을 지명하여 작품 전체나 일부를 남겼다. 예를 들어 아서 케스틀러는 유산을 관리할 여력이 거의 없는 어느 영국 대학의 심리학과에 작품을 남겼고, 제임스 매슈 배리는 『피터 팬』을 아동 병원에 맡겼다.* 유서 없이 사망한 작가의 작품은 상속법에 따라, 문학과 출판에 대한 관심이나 전문 지식이 있을 수도 없을 수도 있는, 가깝거나 먼 친척에게 넘어갔다. 하지만 유산이 신중하고 섬세한 사람의 수중에 들어가더라도 개인의 관점이나 편견이나 변덕에 따라 운명이 달라졌다. 조르주 페렉의 소설이 텔레비전 드라마나 영화로 전혀 각색되지 않은 것도 이 때문이다. 그러나 20세기의 보물 같은 문학예술 작품 대부분이 창작자의 직간접 후손들 손아귀에 있다. 가령 제임스 조이스의 작품은 2012년 1월 1일에야 영국과 유럽연합의 공유 재산이 되었다. 그전 수십 년 동안 유산을 관리한 조이스의 손자 스티븐은 학자들과 작가들의 활동을 지나치게 제약했다. 스티븐 조이스는 1988년에 고모 루시아의 서한들은 파기하더니, 다음 해에는 전기 작가에게 몰리 블룸**의 실제 모델에 관한 부분을 삭제하도록 종용했다. 1995년에는 누구든 할아버지의 작품을 절대 인용할 수 없고, 도서관에 소장된 제임스 조이스의 서한을 읽거나 인용하려는 학자는 허가를 받아야 하며, 인터넷에 올라와 있는 조이스의 글은 삭제될 거라고 발표했다. 그러면서 가끔은 사용료를 받고 서한 등의 인용을 허락하기도 했다.[136]

극작가 사뮈엘 베케트가 남긴 작품들은 제롬 랭동이 이끄는 출판업자, 협회, 변호사의 다국적 네트워크가 1989년부터 랭동

---

* 『피터 팬』은 그레이트 오먼드 스트리트 아동병원의 운영비에 큰 도움이 되었기 때문에 의회는 1988년에 저작권, 디자인 및 특허 법을 제정하면서 저작권 만료와 관계없이 병원이 영구히 저작권료를 받을 수 있다는 내용을 추가하여 국민의 찬사를 받았다. 이외에 유일하게 공인판 성경이 영국에서 영구적인 저작권(왕실에 귀속)을 갖고 있다.

** 제임스 조이스의 소설 『율리시스』의 등장인물. -옮긴이

이 사망한 2001년까지, 그 후로는 베케트의 조카인 에드워드 베케트가 관리를 맡았다. 에드워드 베케트는 부적절한 연극 제작에 대해 법적 조치를 취하는 것에 그치지 않고 공연에 특정한 미학을 장려하기도 했다. 극단과 제작사를 상대로 제기한 모든 소송에서 에드워드는 "사뮈엘이 이런 대처를 원했을 것"이라고 주장하며 『고도를 기다리며』의 원전에서 조금이라도 어긋나는 연출을 허용하지 않았다. 사뮈엘이라면 새로운 아이디어와 접근법을 받아들이지 못했을 거라는 듯이 말이다. 고인의 유지를 계승한답시고 이렇게 툭하면 고액의 소송을 걸고 적대적으로 대응하다 보면 그 유지는 점점 희미해지다 못해 급기야 사라져버릴 수도 있다.[137]

고아 저작물*은 출판사와 학자에게 다른 딜레마를 안겨준다. 최대 100년이라는 보호 기간 내에 계승이 끊기는 경우가 허다하다. 얼굴도 모르는 고조부의 작품을 자기가 책임져야 한다는 사실을 모르는 저작권자도 있고, 구식의 고집불통 조상이 마음에 안 들어 사용 허가 요청을 무시해버리는 경우도 있다. 어느 쪽이든 20세기에 창작된 수많은 문학예술 작품이 이런 상황에 놓여 있다. 이 문제를 어떻게 해결해야 할까? 우리가 할 수 있는 일은 그리 많지 않다. 잊혔던 1930년대의 소설을 재발견한다 해도 저작권자를 찾아 허락을 받아야 다시 간행할 수 있다. 흔히 그러듯 저작권자를 찾지 못하면 출판사는 돈 많고 소송 걸기 좋아하는

---

* 저작권의 보호를 받지만, 저작권자가 불분명하거나 연락이 닿지 않는 작품. —옮긴이

방계 혈족에게 고소당할 가능성을 무시하기 어렵다.

창작 예술업계의 모든 관계자가 해결책을 바라고 있지만 대형 콘텐츠 기업들의 몇몇 주장은 황당하기 그지없다. 더 강력한 저작권을 위해 로비 활동을 벌이고 있는 자들은 저작권이 풀린 작품마저 고아라고 가끔 주장하기도 한다. 미국 영화 협회(Motion Picture Association)의 전 회장인 잭 발렌티는, 저작권 없는 작품은 그 생사를 책임질 사람이 없으므로 "모두에게 착취당하다가 이전의 미덕을 잃은 채 더럽혀지고 훼손된다"[138]라는 기이한 성명을 발표했다. 셰익스피어, 디킨스, 위고는 새까맣게 잊은 모양이다.

사후 저작권 보호가 초래하는 지독한 효과는 마틴 루터 킹의 연설과 저술이 맞은 운명을 보면 알 수 있다. 그의 자식과 손주, 그의 생존한 형제자매와 그들의 자녀로 구성된 유산 관리단(이들 중 몇 명은 유산 일부의 통제권을 얻기 위해 서로를 고소하기도 했다)은 킹의 이름을 하나의 브랜드처럼 상업적으로 이용하고 있다. 법원은 킹의 명연설 '나에게는 꿈이 있습니다(I Have a Dream)'의 녹음본과 녹화본이 킹 가족과 그 발매자인 E.M.I. 뮤직 퍼블리싱에 귀속한다는 판결을 내렸다. 킹의 이미지는 2001년 프랑스 통신 장비 회사였던 알카텔의 텔레비전 광고에[139] 그리고 2018년 슈퍼볼 중계의 소형 트럭 광고[140]에 사용이 허가되었다. 하지만 저작권 침해로 공격적인 소송에 휘말릴 위험이 있기 때문에 웬만큼 용감한 역사가와 저널리스트 아니고서는 연설을 인용하거나 보여주기를 꺼린다. 마틴 루터 킹 서거 70주기를 지난 2039년 1월 1일 전까지는, 인권 운동 역사상 가장 빛나는 지도자인 그의 흉상이나 기념물을 제작하려면 또는 그의 발언과 행동이 담긴 역사적 기록물에 접근하려면 또는 역사서 등에 그 전체나 일부를 실으려면 저작권자인 개인들과 기업들에게 허락을 받고 사용료를 지불해야 한다.

1793년에 프랑스에서 사후 저작권 보호 제도가 시작된 것은, 천천히 팔리는 책, 여러 권으로 이루어진 작품, 탈고 직후 사망한 작가의 저작을 출판업자가 잘 관리할 수 있도록 돕기 위함이었다. 러시아에서 그 제도는 사망한 유명 작가의 가족을 지원하기 위한 수단으로 변했다. 그런 다음 1886년의 베른 협약을 통해 영국과 기타 유럽 국가도 그 발상을 차츰 받아들이기 시작하면서, 50년이라는 보호 기간을 의무가 아닌 목표로 삼았다. 이는 사망한 작가의 저작물을 어떻게 관리하느냐에 대한 해답이 되어주었지만, 미국은 1976년에 그 방식을 본격적으로 받아들였다. 그 후로 보호 기간은 크게 늘어났다!

사후 저작권 보호가 확실한 창작 동기로 작용하는 것은 아니다. 반면 오래도록 인기를 끌 가능성이 높은 노래와 글의 창작자는 큰 부자가 되었다. 대개는 저작권을 헤지 펀드와 투자자에게 수억 달러에 팔 수 있는 노년에 말이다. 그러나 사후 저작권 보호의 진정한 수혜자는 개별 창작자나 그들의 사후 남겨진 아내, 자식, 손주, 유산 상속자가 아니라 소설·노래·녹음(녹화) 기록·영화·그림·프로그램의 '종신 저작권'(요즈음 대부분의 표준 계약이 요구하는 사항)을 정기적으로 사들이는 기업들이다.

앞서 살폈듯 저작권은 18세기에 당시 사업체들이 남들의 무형 저작물을 영구히 소유하는 것을 막는 방법으로 등장했다. 그런데 20세기의 마지막 25년간 엄청난 반전이 거의 눈에 띄지 않게 조용히 일어나면서, 서적출판업자 조합의 후계자라 할 수 있는 자들에게 모든 혜택이 되돌아가고 말았다.

24장

20세기의 미국과 소련

20세기가 다 지나도록 지구상에서 인구가 가장 많은 나라, 지구상에서 땅덩어리가 가장 넓은 나라, 지구상에서 가장 잘사는 나라가 국제 저작권의 보호 범위 밖에 있었다. 중국의 전통은 서양의 저작권 개념에 잘 들어맞지 않았고, 러시아는 혁명 전후의 창작물에 대해 외국인의 권리를 결코 인정해주지 않았으며, 미국은 목덜미를 붙잡힌 채 억지로 끌려가 다른 나라들과 협력했다.

독일 수상 비스마르크는 자신의 일생에서 가장 중요한 정치적 사건을 하나 꼽으라면 북미 사람들이 영어를 그들의 언어로 선택한 것이라고 밝힌 바 있다. 1790년에 미국이 외국인의 글에 대한 저작권을 인정해주지 않기로 한 결정도 미국의 교육에 이바지했다. 영국 서적을 저렴하게 다시 찍을 수 있었기 때문이다.

그러나 영국 저작물의 무료 이용은 두 가지 큰 문제를 불러일

으켰다. 첫째, 미국 작가들이 큰 손해를 보았다. 미국 작가에게
는 저작권이 있었으므로 출판사는 그들에게 저작권료를 내야
했다. 그래서 미국 작가의 소설과 희곡을 출판하려면 디킨스나
새커리, 그외에 영어로 집필하는 더 유명하거나 덜 유명한 수많
은 작가의 작품을 공짜로 재인쇄하는 것보다 더 많은 비용이 들
었다. 두 번째 문제는, 수입한 작품의 미국판이 나오자마자 다른
인쇄 회사가 불법 복제할 수 있다는 것이었다. 외국 문학은 19
세기 내내 큰 인기를 끌었지만, 국제 저작권법이 적용되지 않는
미국에서 출판하기에는 위험 부담이 컸다.

이 난관을 극복하기 위해 다수의 선도적인 미국 출판업자들
이 뜻을 모아 '상도의(courtesies of the trade)'라는, 법적 구속력
이 없는 관례를 채택했다. 영국 서적출판업자 조합의 규칙을 대
충 모방한 이 관례에 따라, 출판사들은 동료가 이전에 간행했거
나 근간 목록에 올린 작품을 출간하지 않기로 약속했다. 이 비공
식적 합의는, 요즈음 유명 요리사들과 메인주의 바닷가재 어부
들이 서로를 파멸시키는 경쟁을 막기 위해 사용하는 방법과 비
슷하다. 유명 출판사들로 이루어진 '뉴욕 마피아'는 점차 이 관
례의 범위를 인기 있는 외국 작가에게까지 확장하여, 새 작품의
견본쇄에 수수료를 지불했다. 또 외국 작가에게 수수료를 지불
한 출판사가 동일 작가의 다음 작품에 대한 우선 구입권을 갖기
로 했다. 소형 출판사와 다른 도시의 출판업자는 거의 제외되었
으므로 완벽한 시스템이라고 할 수는 없었다. 내부적으로 정해
진 기준도 딱히 없었다. 예를 들어 새커리에게 지불한 금액과 오

스카 와일드에게 제안한 금액이 서로 달랐다. 그래도 국가 간 협조가 부담이 아닌 자산이 될 수 있다는 의식을 미국인에게 일깨워주는 계기가 되었다.

외국 작가들 역시 적절한 권리를 요구하며 미국을 압박하기 시작했다. 미국에 두 번 방문한 디킨스는 미국에서 일상다반사로 벌어지는 불법 복제가 미국 문학의 출현을 방해하고 있다고 단호히 주장했다. 보스턴에 도착하자마자 연단에 오른 그는 양국 상호 간의 저작권 보호가 꼭 필요하다고 역설했다.

저작권은 위대한 국가의 자질입니다. 첫째, 그것이 곧 정의니까요. 둘째, 그것이 없다면 여러분만의 문학을 보유하고 지킬 수 없기 때문입니다.[141]

특허법이 없으면 발명이 쇠퇴할 거라는 주장처럼, 디킨스의 주장 역시 증거가 불충분하다. 19세기에 미국 문학은 분명 존재하고 있었다. 디킨스가 미국 작가의 작품을 접하지 못했을지 몰라도,『톰 아저씨의 오두막(Uncle Tom's Cabin)』은 19세기에 유럽에서도 가장 많이 팔린 책 중 한 권이었다. 이 책의 작가인 해리엇 비처 스토는 영국판이나 다른 번역판으로 한 푼도 벌지 못했다. 하지만 광범위한 저작권 보호를 지지하는 자들은 이를 저작권의 창작 장려 효과가 미미하다는 증거가 아닌 불공정의 사례로 자주 인용한다.

그러나 19세기 동안 작가뿐 아니라 출판업자도 미국 작품이

해외에서 보호받지 못하면 장기적으로 봤을 때 손해이며, 미국 작품이 보호받으려면 미국도 외국 작품을 보호해주어야 한다는 사실을 이해하기 시작했다. 제임스 페니모어 쿠퍼가 쓴 『모히칸족의 최후(Last of the Mohicans)』(1826년)는 1820년대부터 영어판과 수많은 번역판으로 엄청난 인기를 끌면서 유럽에서 모험소설이라는 완전히 새로운 장르를 촉발했다. 에드거 앨런 포의 소설 역시 미국보다는 프랑스에서 더 큰 인기를 누렸고, 『마치 선생의 네 딸들(Les Quatres Filles du docteur March)』이라는 제목으로 번역된 루이자 메이 올컷의 『작은 아씨들』(1868년)은 프랑스 10대들의 필독서가 되었다. 미국 문학은 존재했을 뿐만 아니라 활발히 수출되기까지 했다. 이런 사정을 고려하여 미국 의회는 결국 입법 조치를 취했다.

1870년에 저작권법이 개정됨에 따라 작가들은 자기 작품의 각색 및 번역을 허락할 권리를 얻게 되었다. 1721년 영국의 버넷 대 쳇우드 재판과 1853년 미국의 스토 대 토머스 재판(번역판은 원작과 같은 작품이 아니므로 『톰 아저씨의 오두막』의 무허가 독일어판은 저작권 침해가 아니라는 판결이 내려졌다)[142]의 판결이 뒤집힌 셈이다. 그러나 이러한 법 개정은 비시민권자가 쓴 작품—어마어마한 양의 번역판—에는 아무런 영향도 미치지 않았다. 외국 작품은 여전히 미국에서 저작권을 얻지 못했기 때문이다.

1891년, 미국 의회는 마침내 체이스 법(Chace Act)이라는 국제 저작권법을 통과시켰다. 그러나 그로부터 5년 전에 체결된 베른 협약과는 전혀 닮지 않았다. 우선 체이스 법은 대통령령을 통해 저작권자의 범위를 몇몇 선택된 국가의 국민으로 확장할 수 있도록 허용하는 수권법*이었다. 선택된 국가에는 벨기에, 프랑스, 스위스, 영국 및 영국 식민지들(1891년), 독일과 이탈리아(1892년), 덴마크와 포르투갈(1893년)이 포함되었고 머지않아 스페인, 멕시코, 칠레, 코스타리카, 네덜란드, 쿠바, 노르웨이도 추가되었다. 그 후로 이 국가들의 국민은 미국 출판사의 번역판 출간을 허가하는 번역권을 주장할 수 있게 되었다. 잭 런던은 자전적인 소설 『마틴 에덴(Martin Eden)』에서 그의 주인공이 스웨덴어판이나 러시아어판으로는 한 푼도 벌지 못하리라고 정확히 지적한다. 그 국가들은 아직 대통령령의 간택을 받지 못했기 때문이다.[143] 체이스 법이 제정되면서 미국은 국제 도서 시장으로 진입하기 시작했지만 아직 갈 길이 멀었다.

체이스 법의 두 번째 특징은, 저작권 보호 대상을 미국에서 인쇄된 책으로 제한했다는 것이다. 미국 식자공들이 식자한 연판을 통해 인쇄된 책이어야 했고, 그 결과로 나온 미국판은 "본국이나 외국에서 출판되는 날이나 그 전에" 저작권청에 등록해야 했다.

체이스 법은 지식 재산권법에 대한 국제적 협력으로 나아가는 작은 발걸음이었고, 그 조항들의 결정에는 작가나 출판업자가 아닌 인쇄업계의 입김이 작용했다. 베른 협약 가맹국이 점점 늘어나며 번역권이 하나의 규범으로 자리잡은 상황에서 미국은

---

* 행정부에 법률을 정립할 수 있는 권한을 위임하는 법률. -옮긴이

20세기 거의 내내 수많은 외국 작가가 보기에 여전히 불법 복제의 나라였다. 외국 작품의 불법 복제에서 미국과 경쟁할 만한 나라는 소련뿐이었다. 1925년에 제정된 소련의 저작권법(1928년에 개정)은 소련 국민의 저작물이나, 외국인이 썼지만 소련에서 처음 출간된 작품에만 적용되었다.* 그러나 소련은 베른 협약 가맹국들과 마찬가지로 사전 등록 없이 출판된 서적의 저작권도 인정한 반면, 미국은 저작권청에 등록된 저작물만 보호했다.

소련의 저작권은 극도로 너그러운 동시에 심하게 모호했다. 오래전부터 다른 나라의 저작자들은 자신의 글을 공개할지 말지 결정할 독점적 권리를 가졌지만, 소련의 저자들은 자기 작품의 출판이나 배포를 금지할 수 없었다. 출판사와 잡지사는 새로운 작품을 별다른 통지 없이 인쇄할 수 있었다. 그래서 작가는 대체로 꽤 큰 금액을 받았지만 자신의 작품을 독점하지는 못했다. 출판사가 작가의 소재를 모르거나 굳이 찾으려 하지 않으면 인세는 국고로 들어갔다. 작가가 그 사실을 알고 법적 조치를 취할 때까지 계속. 이런 인세의 액수는 결코 작지 않았다. 인쇄 부수가 많은 인기 산문 작가들은 한 부당 소매가의 100퍼센트를 받고, 책이 재판되면 60퍼센트를 추가로 받았다. 시인들도 이 시스템을 이용해 돈을 벌어들일 수 있었다. 예를 들어 알렉산드르 자로프는 소련의 수많은 경축일에 소년단이 모닥불 주변에 모여 부를 노래의 가사를 단숨에 지어내 전국에 배포하고 큰 돈을 벌었다. 그러나 가장 큰 수혜자는 극작가였다. 그들은 공연되는 연극의 한 막당 흥행 수입의 1.5퍼센트―5막짜리 연극의 경우 7.5퍼센트―를 받을 수 있었다. 어떤 희곡이 드넓은 나라의 수십 혹은 수백 개 극장에서 동시에 공연되어 상업적 성공을 거두거나 정치적으로 올바르다는 평가를 받는다면―이 둘의 결합이라면 금상첨화겠지만―그 극작가는 소련의 아주 부유한 명사가 되었다.

소련의 서적 저작권은 간접적으로만 수요 주도적이었다. 원칙상 선금과 인세는 예상 인쇄 부수에 따른 일정 비율로 계산되었지만, 비율 자체가 저자의 정치적 신용과 공적 지위에 근거해 정해졌기 때문에 '스타 작가'와 '나머지들'로 이루어진 가파른 피라미드가 형성되었다. 그러나 서양과 달리, 덜 유명한 작가라고 해서 가난하지는 않았다. 전문 작가들은 작가 동맹이라는 국가 기관에 속해 있으면 누구든 적정 수준의 소득을 올렸으며, 더 좋은 주택과 다양한 수준의 사치품 같은 물질적·사회적 혜택을 누렸다. 최절정기에 작가 동맹의 회원 수는 1만 명이 넘었고, 그들의 총수입을 따지면 미국의 전업 작가 1만 명(이렇게 많기나 했다면 말이지만)보다 훨씬 더 높았다. 하지만 이민자의 작품, 출판 금지된 작품, 비소련 작가의 작품은 아무런 보상도 받지 못했다.

소련의 이런 시스템은 문맹률을 낮추고 공교육을 발전시키는 데 19세기 미국의 불법 복제만큼이나 눈부신 효과를 발휘했다. 반세기 내에 소련은 역사상 문맹률이 가장 낮은 문명국가가 되었다. 시인들은 축구 경기장에서 낭독회를 열었고, 고전 작품의 신판을 10만 부 찍으면 하루 만에 품절되었다. 이 독자적인 정책의 불이익은 외국 영화 제작자들이 소련에 영화 배급을 거부할 때 비로소 드러났다.

한편 국제 저작권 보호에 협조하기로 입장을 바꾼 미국은 체이스 법을 통과시키고 후속으로 쌍무 조약을 체결했을 뿐만 아니라 서반구의 다수 국가와 다자간 조약을 맺기도 했다. 복제 불허가 명시된 작품의 저작권을 상호 인정해주자는 협정문이 1911년에 부에노스아이레스에서 작성되었고, 1920년까지 도미니카 공화국, 에콰도르, 과테말라, 파나마, 볼리비아, 온두라스, 니카라과, 우루과이, 아이티, 파라과이, 코스타리카, 페루가 거기에 서명했다. 저작권 공고 옆에는 흔히 '모든 권리가 보호됨(All Rights Reserved)'(영어, 스페인어 또는 프랑스어로)이라는 문구가 붙었다. 부에노스아이레스 조약은 국제 저작권 역사의 작은 샛길에 불과하지만, 거기서 기원한 이 문구는 저작권법 용어로 계속 남게 되었다.

베른 협약이 아니라 대통령령으로 특정 국가에 호의를 베푸는 미국 시스템은 히틀러의 저서 『나의 투쟁』과 관련된 복잡한 문제에서 허점을 드러냈다. 히틀러는 오스트리아 시민권자였지만 제1차 세계대전에서 독일군에 입대하면서 시민권을 잃었다. 『나의 투쟁』1권이 1925년에 출판되었고, 출판사는 미국 저작권을 얻으려 했으나 거부당했다. 미국과 상호 협약을 맺은 국가의 국민에게만 저작권이 허락되는데 저자가 무국적자였기 때문이다. 히틀러는 1927년에 출판된 2권에 대해 미국 저작권을 신청하면서 자신이 독일인이므로 저작권 보호를 받을 자격이 있다고 주장했다. 『나의 투쟁』의 축약 번역본과 완역본이 1930년에 출간되자 이 책이 공유 재산인가 아닌가 하는 문제가 불거졌다. 그 후로 이 책의 저작권은 수많은 나라에서 우여곡절을 겪었는데, 최초의 치열한 투쟁은 누덕누덕 기운 듯 고르지 못한 미국의 국제 저작권 보호 정책에서 비롯되었다.[144]

제2차 세계대전 후, 미국과 소련은 의심할 바 없는 세계 강대국이었지만 대부분의 선진국이 채택한 국제 지식 재산권 제도를 받아들이지 않았다. 베른 협약 가맹국에서는 저자에게 어떤 형식적 절차도 요구하지 않았지만, 미국 저자들은 저작권청에 등록된 작품에 대해서만 저작권을 유지할 수 있었다. 베른 협약은 일정 햇수의 사후 보호 기간(대부분 50년)을 약속했지만, 미국 책들은 첫 발간일로부터 일정 기간만 보호받았다. 말도 안 되는 상황이 벌어졌다. 마크 트웨인의 소설 『왕자와 거지』는 1937년(출판 연도인 1881년으로부터 50년 후)에 미국의 공유 재산이 되었지만, 다수의 유럽 국가에서는 트웨인 사후 50년인 1961년까지 저작권이 살아 있었다. 국제 출판계는 다시금 중복되고 모순된 규칙으로 점철된 복잡한 미궁에 빠지고 말았다.

신생 기구인 유네스코(유엔 교육·과학·문화 기구)가 베른 동맹 외부 국가들 간의 화합을 중개하기 시작했다. 그 결과 1952년 제네바에서 세계 저작권 협약(Universal Copyright Convention, UCC)이라는 아주 거창한 이름의 협정이 체결되었다. 범미 협약

(부에노스아이레스 조약의 후신)의 모든 회원국뿐 아니라 안도라, 엘살바도르, 이스라엘, 리베리아, 산마리노, 유고슬라비아 등 소수의 작은 국가들이 새로운 협약에 서명했다. 베른 동맹의 허가에 따라 오스트리아, 벨기에, 프랑스, 독일, 네덜란드, 이탈리아, 영국도 UCC에 가입했다. 하지만 이들은 베른 협약 가맹국으로서 미국을 비롯한 새로운 협약의 회원국들과는 구조적으로 다른, 더욱 폭넓은 저작권을 계속 보호해주었다.

UCC 회원국들은 여전히 작품의 저작권 등록을 요구하거나 '사후'가 아니라 일정 기간 동안 보호 시스템을 유지할 수 있었기 때문에, 1880년대 이후에 저술된 작품 대부분은 계속 모순된 상황에 갇혀 있었다. 그러나 UCC의 주된 의의는, 소련이 미국 영화를 배급받을 수 있는 길이 열렸다는 점에 있었다. 베른 협약처럼 UCC에도 영화에 대한 상호 보호 조항이 포함되어 있었기 때문이다. 은밀한 권력 싸움 끝에 모스크바는 결국 1973년 UCC에 가입했다. 그 후에도 소련은 오랜 관행대로 미발표된 작품을 국가 재산으로 취급했고, 다른 UCC 회원국에서 발간되어 저작권을 획득한 작품의 출판을 금지했다. 한 예로 영국 철학자 이사야 벌린(Isaiah Berlin)이 소련 밖으로 몰래 빼돌려 1957년에 출판사 펠트리넬리가 이탈리아에서 출간한 파스테르나크의 『닥터 지바고』는 소련에서 저작권 보호를 받지도 못했고 합법적으로 손에 넣을 수도 없었다. 그러나 1973년부터 소련에 수입된 할리우드 영화가 철의 장막 걷는 데 NATO(북대서양 조약기구)보다 더 큰 기여를 한 것은 거의 틀림없는 사실이다.

소프트 파워(soft power)라는 말이 생겨나기 전이었지만, 미국은 이미 그 위력에 눈뜨고 있었다.

25장
법인의 저작권

살인이 뭔지 모르는 사람은 없다. 시대마다 나라마다 그 행위를 구별해 다른 이름을 붙였지만(살해, 고살, 일급 살인, 이급 살인 등등), 아무도 이런 미세한 구분을 문제삼지 않으며, 각각 다른 수위의 처벌이 내려진다 해도 살인이라는 추상적 실체는 변하지 않는다.

마찬가지로 저작권도 추상적 실체일까? 그것을 정의하는 법이 연이어 제정되면서 본질에 대한 설명도 점점 더 완벽하게 다듬어졌을까? 아니면 오히려 그것을 정의하는 법의 총계에 불과할까? 자연법의 산물이 아니라 그저 말의 창작물일까?

한 가지 사실은 자명하다. 문자가 생긴 이래 제정된 살인 관련 법보다 지난 한 세기 동안 만들어진 저작권법이 더 많다는 것이다. 19세기 초반부터 매년 한 해도 빠지지 않고 저작권을 재검토하기 위한 의회 회의가 열리거나 국제 조약이 체결되었다. 저작권의 현재 형태가 절대 바뀌지 않으리라는 생각은 그 역사를 무시한 착각이다.

저작권법의 가장 큰 변화는 한 세기 전에 일어났다. "우리의 저작권법은… 정의가 불완전하며, 표현이 모호하고 일관성이 없다. 현대의 재생산 과정에서 보호받을 자격이 있는 수많은 품목이 보호 대상에서 빠져 있고… 법정에서의 해석이 어려운데다 국민이 만족할 만한 집행이 불가능하다." 시어도어 루스벨트 대통령의 이 올바른 평가에 응하여 미국 의회는 1909년에 개정법을 통과시켰다. 개정법에 따라 저작권 보호 기간이 28년에서 28년 더 연장되었고(첫 기간이 만료되기 전에 저작물을 다시 등록해야 56년의 보호 기간을 온전히 누릴 수 있었다), 미국에서 조판되고 인쇄되어야 한다는 체이스 법의 요구 사항은 그대로 유지되었다. 속표지에 저작권을 공지하고, ⓒ 기호 뒤에 날짜와 저작권자 이름을 기재해야 한다는 요건이 추가되었다. (이 요건은 오래전에 철회되었지만 1면에 ⓒ만 집어넣으면 자기 글을 지킬 수 있다고 믿는 사람이 아직도 많다.) 개정법은 저작권 보호 범위를 넓혀 복합 저작물, 백과사전식 저작물, 안내 책자, 지명 사전, 기타 편찬물, 신문 같은 정기 간행물, 강의·설교·연설을 위해 준비한 글, 연극 저작물 혹은 악극 저작물, 음악 저작물, 지도, 미술 저작물, 미술 저작을 위한 모형이나 도안, 미술 저작물의 재현물, 과학적 또는 기술적 성격의 도면이나 플라스틱 조형물, 사진, 인쇄물, 도해 등을 포함했다. 그런 저작물에 딸린 권리도 재현뿐만 아니라 번역, (소설의) 극화, (희곡의) 소설화, 음악 저작물의 편곡 및 변형

그리고 "미술 저작을 위한 모형이나 도안의 완성, 실행, 마무리"
로까지 확장되었다. 연극 및 음악 공연권도 추가되었고, 공연 중
인 연극의 대사를 그대로 베낀 책을 제작하는 건 금지되었다.

그러나 1909년 개정법의 가장 중요한 측면은 저작권 범위와
영역의 큰 확대가 아니었다. 64개 조항으로 구성된 이 개정법에
서 가장 충격적인 대목은, 마치 뒤늦게 덧붙인 듯한 제62조항이다.

업무상 저작물의 경우 '저작자'라는 단어에는 고용주가 포함
된다.

이는 "'저작자와 발명자'에게 저작물과 발견에 대한 독점적
권리를 일정 기간 보장함으로써 과학과 유용한 기술의 진보를
장려"하는 법을 통과시킬 의회의 권한을 보장한다는 미국 헌법
조항에 모순된다. 저작자와 발명자는 '사람'인 반면, '고용주'는
합자회사, 상회, 기업 같은 법인일 수도 있기 때문이다. 1909년
개정법 제62조항을 기반으로 한 미국 저작권법의 합헌성을 따
진 이는 아직까지 아무도 없었다. '저작자'라는 단어의 의미가
공식적으로 바뀐 여파—실은 오래전에 시작되었고 1886년 베
른 협약에도 암시되어 있다—는 대단했다. 그것은 그저 "법으
로 보장된 권리를 소유한 자를 가리키는 기술적 용어"[145]가 되어
버렸다. 오늘날 상업성 있는 저작권 대다수는 사람이 아니라 서
적·영화·음악·소프트웨어 업계의 비인격적인 대기업이 쥐고
있으며, 용어가 애매모호한 저작권법상 이제 저작물을 배포하

는 이 법인들이 '저작자'다. 17~18세기 잉글랜드의 서적출판업자 조합 회원들이 '저작물'을 '소유'했던 것과 똑같은 원리다.

법인의 소유권은 부분적으로 '업무상 저작물'이라는 개념에 기초하고 있다. 이 개념은 '회사의 발명 사용권'이라는 산업계의 오랜 관습에서 비롯되었을 것이다. 즉 고용인이 업무 시간에 회사의 용구나 시설, 장비를 사용하여 발명한 물건을 고용주가 무상으로 사용할 수 있도록 허용하는 권리다.[146] 그러나 고용주의 저작권이 탄생하게 된 좀 더 직접적인 원인은 19세기의 미국 저작권법이 안고 있던 기이한 한계 때문이었다. 사람들이 읽은 책은 대부분 저작권이 걸려 있지 않았고—해적판 유럽 소설, 해적판 문법책 등등—1860년대 이전에 저작권청에 등록된 저작물의 상당수는 저자를 한 명으로 확정할 수 없는 지도, 도표, 사전, 안내 책자였다. 판례집에 대한 저작권을 두고 벌어진 기나긴 전쟁은 1895년에 특별히 제정된 인쇄업자 법으로 해결되었다. 판사의 의견은 공유 재산이며 누구든 복제할 수 있다는 내용이었다. 하지만 대부분의 분쟁, 특히 극장 소유주와 극작가 각각의 권리와 관련된 분쟁에서는 대개 고용주가 아닌 저자에게 저작권이 돌아갔다. 1857년에 영국의 한 편람은 그 규칙을 다음과 같이 명시했다.

희곡이나 어문 저작물을 저술할 저자를 고용하고 급료를 지불하는 사람은 고용을 이유로 표현물에 대한 독점적 권리, 즉 저작권을 가질 수 없다.

그러나 20세기의 첫 몇 년 사이에 이런 합의는 시들해졌다. 1903년의 서커스 포스터 소송(155~157쪽 참고)에서 올리버 웬들 홈스 판사의 판결은 여러모로 획기적이었다. 독창성의 문턱을 거의 바닥으로 낮추고, 포스터를 도안한 (익명의) 화가가 아니라 포스터를 찍어낸 석판 인쇄소에 저작권을 부여했다. 다른 상황에서는 일급 자가당착으로 간주될 법한 일종의 정신분열증적인 판결이었다. 홈스 판사는 문제의 그림 세 점이 "자연에 대한 개인의 사적인 반응"이며 따라서 "고유성"을 지니므로 저작권 대상으로 적절하다고 단언했다. 이렇듯 작품의 개성을 이유로 인정해준 저작권을, 바로 다음 문장에서는 개성 없는 쿠리어 석판 인쇄소의 손에 쥐어주었다.

저작권법에는 이런 모호함이 난무한다. 현재 미국에서 주요 법으로 시행 중인 1976년 저작권법은 "프로그래머의 독창적인 아이디어가 표현된" 컴퓨터 프로그램의 저작권을 인정하지만, 프로그래머가 아니라 그를 고용한 회사의 저작권 소유를 허락한다.

창작물에 대한 권리를 고용주가 갖는 것은 현대 미디어의 불가피한 숙명이라고 주장하는 사람도 있다. 라디오 드라마, 영화, 음반, 컴퓨터 프로그램 제작에 수많은 사람이 참여하는데, 창작 팀과 기술 팀 전원(장편 영화의 경우 수백 명에 달한다)에게 권리를 분배하는 일은 거의 불가능하다는 것이다. 이는 모든 나라가 내건 저작권법의 취지에 위배되는 편의주의적 주장이다. 잉글랜드와 미국은 "'저작자와 발명자'에게 저작물과 발견에 대한 독점적 권리"를 주는 것이 저작권법의 목적이라고 선언했다. 그러나 이제 미국 헌법과 저작권법을 정당화하는 명분은 법 조항이 아닌 암묵적 목표인 것 같다. "고용인과 하청업자의 저술과 발견에 대한 독점적 권리를 거의 무기한으로 기업에 보장함으로써 금광 창출을 장려하자"는 목표 말이다.

어쨌든 법인의 저작권을 지지하는 편의주의적 주장은 의뭉스럽기 그지없다. 스프레드시트 소프트웨어를 사용하면 최소한 소수점 이하 다섯 자리까지 수익을 쉽게 나눌 수 있다. 그러므로 창작에 참여한 사람들에게 인세 소득을 분배해서는 안 될 구조적 이유는 전혀 없다. 사실 많은 분야에서, 저작자의 인세를 수금하고 라이선스를 관리하는 단체들(미국의 ASCAP, 영국의 ALCS, 프랑스의 SACEM 등등)이 늘 그런 일을 하고 있다.

창작물의 소유권이 실질적인 창작자로부터 점차 떨어져 나가면서, 오늘날의 저작권 제도는 그 명분을 전혀 살리지 못하고 있다. 입법자들과 변호사들은 18세기의 용어를 본래 의미와 상관없이 다른 용도로 사용함으로써 한 입으로 두말하기의 오류를 범하고 있다.

3부

저작권의 홍수

26장
사실은 누구의 것인가?

앞서 인용했던 중세 교회의 격언을 따르자면, 사실(fact)은 그 누구의 것도 아니다. "지식은 신의 선물이다. 고로 팔 수 없다." 이 원칙은 오늘날의 법에도 여전히 살아 숨쉬고 있지만 전적으로 존중하기는 쉽지 않다.

초기 근대에는 자연이 진리의 원천으로서 신을 대신했고, 그 후로 사실의 소유권에 관한 입법 및 법률학에서는 지식 재산권에서 제외되는 문제를 지칭할 때 '자연적 사실'이라는 용어를 여전히 사용하고 있다. 특허와 저작권은 인간의 기지와 천재성과 정신으로 창조된 무형물을 대상으로 한다. 도구나 언어로 표현되기 이전에 존재하는 것들에 권리나 보호책을 부여하지 않으려는, 꽤 명백한 의도를 갖고 있다.

그러나 문제는, 사실에도 여러 종류가 있다는 것이다.

우선, 아직 발견되지 않은 사실이 무수히 많다. 이를테면 센타

우루스자리 알파성에서 조금 떨어진 어느 행성에 사는 외계인은 점심 때 뭘 먹을까? 그게 뭔지 안다고 주장할 수 있는 사람은 아무도 없기에, 그 사실이 자기 것이라고 주장할 수 있는 사람도 없다.

누군가 알아내기 전부터 계속 존재했던 사실 또한 헤아릴 수 없이 많다. 예를 들어 물을 가열하여 생겨난 증기가 물보다 천 배 더 넓은 공간을 차지한다는 사실 같은 것 말이다. 이 사실을 발견함으로써 그만한 양의 증기를 좁은 공간에 응축하면 그 힘으로 바퀴를 돌릴 수 있다는 관측이 나왔다. 그래서 과연 로버트 보일이 '자연적 사실'을 '발견'했느냐, 아니면 증기 기관을 '발명'했느냐 하는 문제가 발생한다. 17세기부터 두 용어가 개별적인 개념으로 분리되기 시작하면서 장치 및 도구에 대한 지식 재산권의 역사에 큰 영향을 미쳤다.

수많은 기존 사실은 글로 기록되기도 한다. 이를테면 역사서(산문으로 쓰였든, 예전의 관습대로 운문으로 쓰였든)는 부정확할 때조차 (거의) 사실을 담고 있다고 여겨진다. 반면 도서관 장서 목록은 유용한 기존 사실들—저자명과 책 제목—을 기록하지만, 목록 자체를 만드는 과정에서 발생하는 다른 사실들도 담고 있다. 서가 번호, 물리적 위치, 대출 현황 등등. 이들 정보도 분명 사실에 입각해 있지만(잘못 기록된 정보 때문에 미로 같은 서가를 돌고 돌아 결국 벽돌 벽에 부딪히는 끔찍한 도서관도 있긴 하다) '자연적 사실'은 아니다.

18세기에 콩도르세부터 칸트까지 다양한 분야의 사상가들은 지식 재산권이 사실의 영역을 침범해서는 안 된다고 주장했다. 그러나 19세기에는 특허와 저작권을 논할 때 발견과 발명, 자연적 사실과 창작된 사실을 구분하기가 더욱 어려워졌다. 20세기 후반과 21세기에 과학 기술이 발전하면서 그 구분이 훨씬 더 모호해졌지만, 보호 대상과 비보호 대상의 경계나 공적 재산과 사유 재산의 경계를 둘러싼 논쟁에서는 여전히 과거의 용어가 사용되고 있다.

사실과 창조물의 경계는 1853년에 있었던 한 법정 소송으로 정해졌다. 고체 납으로 배관을 제조하는 기계 장치가 미국 특허를 받았다. 새로운 관을 만들 때마다 납을 녹여 주물을 뜰 필요 없이, 고열과 압력만으로도 납을 응집할 수 있다는 최근 발견에 근거해 만든 기계였다. 배관을 제조하는 특정 기계에만 특허를 주었어야 했을까? 아니면 납의 물리적 속성에 대해 새로이 발견된 사실도 특허의 보호를 받게 된 걸까? 이 소송은 대법원으로 넘어갔고, 오랜 논쟁 끝에 다음과 같은 판결이 내려졌다. 납관 제조 기계의 특허권자는 "천재성과 기술을 새로이 발휘하여 제작한 기계를 해당 목적과 목표를 위해서 활용할 때에만 권리를 보호받는다. 그외의 모든 목적에 대해서는 전 인류가 그 원칙을 자유롭게 사용할 수 있기 때문이다."[147] 중세의 신조가 계속 유효한 듯이, 당시에 '원칙'이라 불리는 것은 그 누구의 재산도 될 수 없었다.

새뮤얼 모스가 부호를 전송하는 경이로운 '발명품'으로 특허를 따려 했을 때에도 그 전통적인 방침이 적용되었다. 모스가 기재한 청구항 8항은 그가 고안한 기계 장치의 어느 특정 부분에 대한 것이 아니라 "전류의 동력으로… 식별 가능한 문자를 만들거나 인쇄할 수 있다"는, 발견에 대한 것이었다. 모스는 이 새로운 지식을 활용하여 전신선을 설치하려는 기업가들을 상대로 소송을 제기했고, 그중 한 건은 하급 법원들에서 상반된 판결이 나온 후 미국 대법원까지 올라갔다. 이번에도 판사들은 "그렇게 광범위한 청구권은 적법하지 않다"며 신의 편을 들었다. 법정에 따르면, '발견'에 대한 소유권 주장에 관해서는 모스가 취득한 특허가 위법이며 무효했다.[148]

그러나 책에 공표된 발명은 어떨까? 회계사였던 찰스 셸든은 지자체나 더 나아가 미국 재무부 같은 정부 당국이 이용할 수 있는 새롭고 더 능률적인 부기 방식을 고안해냈다. 이 방식에 관한 책을 발표하고 저작권을 등록했지만 큰 성공을 거두지는 못했다. 또 다른 전문 회계사인 W. C. M. 베이커가 셸든의 전반적인 접근법을 수정한 다음, 오하이오주의 여러 카운티와 기업을 설득해 법적 인가를 받았다. 셸든은 빚진 채 죽었다. 그가 땅속에 묻히자마자 그의 아내는, 짐작건대 자산가들의 도움에 힘입어, 죽은 남편의 저작권을 침해했다며 베이커를 고소했다. 그런데 찰스 셸든의 유산 관리자들이 권리를 갖는 대상은 그가 발표한 책일까, 아니면 그가 제시한 방법일까? 표절은 쟁점이 아니었다. 요즈음의 작곡·작사가와 소설가들은 못 믿겠지만, 저작권법 자체에 아이디어 갈취와 관련된 규정이 포함되었던 적은 단 한 번도 없다. 1873년부터 1879년까지 연이어진 재판과 항소의 쟁점은, 셀든의 설명서에 담긴 부기 방식이 저작권 보호를 받을 만한 대상인가 하는 것이었다. 셀든이 특허를 취득하려 시도했다가 실패한 전적은 그가 자신의 작업물을 '유용한 기술'(저작권법에서 명백히 배제된다)로 여겼음을 시사하므로 저작권 요구를 받아들일 수 없다는 주장이 제기되었다. 결국 소송이 대법원까지 올라갔을 때 판사들은 "부기 시스템을 설명한 책으로 그 시스템에 대한 독점적 재산권을 저작권법에 따라 주장할 수 있는가"[149]에 초점을 맞추었다. 가난한 과부에게 비보가 날아들었다.

책 안에 설명된 기술에 대한 배타적 재산권을 저자에게 주는 것은 대중에 대한 불의의 습격이자 기만일 것이다.[150]

셀든의 책은 저작권을 인정받았지만 거기에 담긴 내용은 그렇지 못했다.

한 세기 후 전화번호부를 둘러싸고 이와 유사한 분쟁이 일어났다. 전화번호부에는 기존 사실(전화 가입자의 성명과 주소)과 창작된 사실(전화번호부를 간행하는 전화 회사가 부여한 전화번호)이 함께 담겨 있다. 서로 다른 회사들이 전화 서비스를 제공하는 캔자스주 지역의 전화번호부를 간행하던 파이스트 출판사는 지역별 전화번호부를 한 권으로 합칠 권한을 얻고자 했다. 그중 비교적 규모가 작은 루럴 출판사는 꿈쩍도 하지 않았다. 하지만 파이스트는 루럴의 인명편 목록을 사용했는데, 거기에는 그 소기업이 경쟁사보다 앞지른 척 보이기 위해 집어넣은 가짜 번호도 있었다. 루럴사는 저작권 침해 소송을 걸었다가 반갑잖은 기습을 당했다. 대법원은 최소한의 독창적 창의성도 없는 정보는 저작권 보호를 받을 수 없다고 판결했다.[151]

20세기 초반에 서커스 포스터와 관련된 판결(155~157쪽 참고)로 인해 '독창성의 문턱'이 아주 낮아졌지만, 세기말에 기준이 다시 설정되면서 난장판이 벌어졌다.

그 무렵 창작된 사실들은 가치 있는 재산이 되어 있었기 때문이다. 법률 및 사법 판결의 데이터베이스, 제품 사양의 색인, 금속의 속성이나 화합물을 표기한 카탈로그는 묵직한 책으로 찍어내는 것보다 디지털 형식을 취하거나 인터넷을 통하는 편이 훨씬 더 유용하다. 하지만 그런 유용한 것을 만들어낸다면 거기에 담긴 '사실'에 대해 소유권을 주장할 수 있을까? 파이스트 소송 건의 판결을 보면 그렇지 않은 것 같다. 반면 사실을 배열하고 그 접근성을 높이는 방식에 대해서는 저작권이 설정될 가능성이 열렸다. 다시 말해 본래의 '천재의 권리'와 새로운 문학 및 예술 창작을 장려한다는 유인책의 대상이 색인과 카탈로그를 제작하는 전문가, 아니 그들에게 임금을 지불하는 법인에까지 확장되는 것이다. 그러나 사용자 입장에서는 온라인 정보의 독창적 부분에 대한 사용료를 지불하든, 거기 포함된 사실에 대해 돈을 지불하든 큰 차이가 없다. 신의 선물인 지식은 원칙상 사유화가 금지되었지만, 실제로는 돈을 내야 그것을 손에 쥘 수 있다.

사실의 소유권에 대한 분쟁은 비단 전자 데이터베이스에서만 발생하지 않는다. 네트워크로 연결된 컴퓨터가 개발되기 오래전인 19세기 하반기에 전신선을 통해 뉴스가 수집되고 보급되면서 비슷한 충돌이 일어났다. '무료 사실'과, 그것을 사용할 수 있게 해주는 업자들의 금전적·사업적 이익 사이에 벌어진 다툼이었다. 지역 신문사들은 유력 회사로부터 싼값에 전신 전송권을 사들여 자기들끼리 기사를 나누어 갖기 위한 목적으로 클럽을 결성했다. 클럽 회원들은 다른 통신사를 이용할 권리를 포기해야 했고, 회원과 같은 지역의 신흥 신문사는 클럽에 끼워주지 않기로 합의했다. (여러모로 수십 년 전 뉴욕 출판업자들의 '상도의'를 흉내낸 시스템이었다.) 이로써 경쟁사를 배척하는 기업 연합이 형성되고, 뉴스 전송 서비스업체들이 생겨나 국내에서 국제로 영역을 넓혀 나갔으며, 지금은 극소수 기관에 활동이 집중되어 있다.[*]

미국에서는 본래의 연합이 계속 유지되기가 어려웠다. 주조 활자를 이용해 석판인쇄를 하던 시절에 (연합에 속해 있는)《피오리아 타임스(Peoria Times)》의 조간 기사가 바로 그날 저녁 (연합에 속해 있지 않은)《피오리아 뉴스》에 토씨 하나 다르지 않게 실릴 수 있었다. 사실에 대해서는 저작권이 성립되지 않았으므로 다른 방법을 강구해야 했다.

훗날 연합통신(Associated Press, AP)의 수장이 되는 멜빌 스톤이 편집자로 일하고 있던《시카고 데일리 뉴스》는 맥멀런 형제

---

[*]   미국의 AP(Associated Press), 영국의 PA(Press Association)와 로이터, 유럽연합의 AFP(Agence France-Presse)와 DPA(Deutsche Press Agentur)와 ANP(네덜란드) 그리고 이탈리아·스페인·홍콩·한국에서 주로 국가가 운영하는 통신사들.

가 운영하는 《시카고 포스트 앤드 메일》과 치열한 경쟁 관계에 있었다. 1876년 12월 2월 자에 스톤은 《런던 타임스》로부터 받았다는 발칸 반도 소식을 실었다. 그 내용은 다음과 같았다.

> 세르비아 주재 특파원에 따르면, 세르비아가 여행객에게 음울한 풍경을 선사하고 있다고 한다. 땅은 황폐하고 사람들은 굶주리고 있다. 남녀노소 할 것 없이 모두 거리로 나와 빵을 달라 울부짖으며, 자신들을 도와주지 않는 부자에게 악담을 퍼붓는다. 며칠 전 소비크 시장은 섬뜩한 성명을 발표했다. "Er us siht la Etsll iws nel lum cmeht(당국은 도울 수 없다)."

아니나 다를까, 그날 오후 3시에 이 기사는 글자 하나 바뀌지 않고 《시카고 포스트 앤드 메일》에 그대로 등장했다. 외국어 문장을 해석하고 싶거든 굳이 웹 번역기를 돌릴 필요 없이 그냥 거꾸로 읽으면 된다. 그러면 스톤이 놓은 덫을 보게 될 것이다. "The McMullens will steal this, sure(맥멀런 네가 이 기사를 훔칠 거야, 분명)!"

스톤은 맥멀런 형제에게 법적 조치를 취하지 않고도 소기의 성과를 거두었다. 맥멀런 형제가 귀 얇은 멍청이로 낙인찍히면서 《시카고 포스트 앤드 메일》의 명성은 땅에 떨어졌고, 2년이 채 지나지 않아 폐간되었다.

정기 간행물은 서로의 기사를 복제하는 것을 주된 수단으로 삼았기 때문에, 한 신문사가 뉴스의 소유자가 될 수 있다는 아이디어는 오랫동안 거센 저항을 받았다. 베른 협약은 신문에 실리는 문학 작품(20세기가 시작된 후에도 한참이나 책 출판 전의 연재는 새로운 작품의 주된 출구였다)을 위한 조항을 만들었다. 하지만 "문학·예술 저작물의 보호"라는 합의된 취지에 따라, 외국 신문에 실리는 기사는 전재를 금한다는 경고문이 없는 한 원문 혹은 번역문으로 자유롭게 재인쇄할 수 있도록 했다. 베른 협약이 이런 입장을 취한 까닭은, 프랑스에서는 '뉴스 기사'를 흔히 'fait divers'라고 부르는데, 뉴스를 규제하면 'fait', 즉 '사실'에 대한 소유권을 주장하는 것처럼 보일 수도 있었기 때문이다. 1896년과 1908년의 개정을 거친 후에도 베른 협약은 '당일 뉴스'와 '시사(時事)'를 협정 대상에서 배제했다.

그러나 잉글랜드 런던의 유력 신문사《타임스》는 자체 뉴스에 대한 통제권을 얻기 위해 기나긴 싸움을 벌였다. 영국과 전세계 신문사들은 '사실'을 전달하는 믿을 만한 소식통으로 널리 인정받는《타임스》의 기사를 베껴서 실었다.《타임스》가 자신들의 기사를 그대로 전재한《세인트 제임스 가제트(St James's Gazette)》를 고소하자, 기사 복제는 오랜 관행이며 "《타임스》도 빈번히 그 관행을 따랐다"는 반응이 나왔다. 재판에서《타임스》는 그들이 어느 외국 지도자의 사망을 보도한다면 다른 신문사들이 그 보도 자체가 아닌 사망 사실을 다른 표현으로 전달하는 건 자유라고 인정할 수밖에 없었다. 판사는 뉴스에 저작권이 없지만 "정보가 전달되는… 언어의 특정한 표현법에는 저작권이 있거나 혹은 있을 수 있기" 때문에 신문에 실리는 "해저 전신,

전보, 통신문"은 저작권 보호를 받을 자격이 있다는 판결을 내렸다.[152]

당시 미국에서 일어나고 있던 분쟁처럼, 《타임스》의 걱정은 조간에 실린 따끈따끈한 뉴스가 단 몇 시간 후 석간에 그대로 전재되는 것이었다. 그래서 수익을 지키려면 광범위한 기자 네트워크에 자금을 지원하고, 값비싼 원거리 통신 기술에 투자해야 했다. '원저작자' 자격보다는 신문업자가 기사를 '창조'하기 위해 들인 노동과 돈을 저작권으로 보호해줘야 한다는 아이디어가 점차 힘을 얻기 시작했다. 생산물에 대한 재산권을 정신보다는 준산업적 사실 수집 사업에 부여하는 일명 '이마의 땀(sweat of the brow)' 원칙이 영미법에서 우세해졌다.

1918년, 두 통신사가 맞붙은 한 법정 소송에서는 출판업자와 통신사가 뉴스 기사의 실제 사실에 대해 '준재산권'을 갖는다는 판결이 나왔다. 이런 '유사 실체'는 저작권법 영역 밖에 있었고, 그 후 소송 당사자들은 어떤 사실을 처음으로 보도한 통신사가 네 시간 동안 그 사실을 독점적으로 통제할 수 있는 권한을 갖기로 합의를 보았다. 이로써 '최신 뉴스 도용'이라는 위반 행위가 새롭게 생겨났다.

그때부터 뉴스 산업과는 동떨어진 업체들이 자사의 가입자에게 주는 정보를 경쟁사가 이용하지 못하도록 막으려고 수차례 시도했다. 예를 들어 미국 농구 협회는 경쟁 상대인 웹 서비스업체가 실시간 농구 경기 점수를 재유포하는 것을 막으려다 실패했다. 이와 비슷하게 일단의 은행들은 추천주가 발표되자마자 곧바로 보도하는 어느 웹 뉴스 서비스업체를 막으려 시도했지만 성공하지 못했다.[153] 그러나 이런 종류의 문제는 갈수록 저작권과의 관련성이 떨어지고 있다. 이제 '사실'의 실시간 소유와 통제에 관한 사안에는 사업 관행과 언론의 자유가 연관되어 있다.

27장
아이디어와 표현

    사실을 소유하는 것이 올바른가 아닌가의 논쟁은, 저작권 보호가 '텍스트(text)'에는 적용되지만 '내용(content)'에는 적용되지 않는다는 현대적 원리에 근거하는 동시에 그 원리를 알려주기도 한다. 미국에서 '아이디어/표현 이분법'이라 알려진 이 원리는 잉글랜드의 지방들과 스코틀랜드에서 행해지는 책의 무단 전재를 막으려는 앤 여왕 법의 본래 목적에 뿌리를 두고 있다. 당대의 의회 의원들과 출판업자들은 새 소설의 사상, 플롯, 캐릭터, 풍경이 비겁하게 다른 소설을 모방한 것인지 아닌지는 신경 쓰지 않았다. 똑같이 베껴 쓰지 않고 더 싼 값에 팔지만 않으면 그만이었다. 노골적인 무단 복제 외에 유일한 관심사는 축약본과 선집을 통한 2차적 사용이었다. 연극 같은 다른 매체를 위한 각색, 번역, 속편, 아류작, 모작은 19세기 말까지도 전혀 단속 대상이 아니었다.

문학 작품의 자유로운 활용을 허용하는 너그러운 분위기에서도 표절만은 처벌을 면치 못했다. 고대부터 사기꾼은 비열한 악당으로 취급받았고, 죄가 발각되면 사람들 앞에서 공개적으로 망신당하는 벌을 받았다. 이는 오늘날에도 크게 다르지 않다.

'형식(forme)'과 '내용(fond)'을 구분하여 텍스트를 해석(explication de texte)하는 프랑스의 전통적 공부법처럼 아이디어와 표현을 따로 분리할 수 있다는 개념은, 두 사람이 한 가지 아이디어를 정확히 똑같은 언어로 표현하는 건 불가능하다는 일반적인 가정에 근거한다. 언어는 지나치게 가변적이고, 유연하고, 대략적이며, 차고 넘치기 때문이다. 학생의 과제물에서 자기 저서의 문장을 발견한 교사가 순전히 자기 생각으로 썼다고 말하는 학생의 수줍은 눈빛에 넘어갈 리 만무하다.

그러나 가끔 작가들은 같은 이야기를 같은 단어로 써내기도 한다. 예를 들어 듣지도 보지도 못한 헬렌 켈러가 집필한 한 단편소설은 그녀가 어린 시절 촉지화*를 통해 접했던 이야기와 아주 유사하고 몇몇 구절은 완전히 똑같은 것으로 밝혀졌다.[154] 표절 시비에 휘말리자 켈러는 누누이 사과하면서, 점자를 배우기 전에 그 이야기를 먼저 '들었기' 때문에 꼭 닮은 소설을 쓰게 되었다고 말했다. 마크 트웨인은 그녀를 옹호하는 편지를 썼고, 이 멋진 편지에는 아이디어와 표현을 구분하는 변호사들의 이분법이 고스란히 담겨 있다.

—
* 손가락으로 글자를 만들어 단어와 문장을 표현하는 방법. -옮긴이

인간의 말이든 글이든 표절을 빼고 나면 남는 건 거의 없지! 알맹이, 영혼—아니 더 나아가 인간이 뱉는 모든 말의 본질, 핵심, 실제적이고 귀중한 재료—은 표절이야. 본질상 모든 아이디어는 중고품이거든. 의식적으로든 무심결에든 수많은 외부 출처에서 끌어오니까. 그런데 사람들은 자기가 생각해냈다고 착각하고는 자부심과 만족감 속에 그걸 매일 사용하지. 조금의 독창성도 없는데 말이야. 정신적·도덕적 역량과 기질로 아주 살짝 빛깔만 바꿀 뿐인데, 그것이 개성적인 표현으로 드러나는 거지.[155]

심리학자들은 이렇듯 무의식적으로 베끼는 현상에 '잠복 기억(cryptomnesia)'이라는 용어를 붙였지만, 정신 장애라고 할 수는 없다.[156] 누구나 그런 식으로 언어를 익히지 않던가. 어휘, 표현 방식, 상투적인 문구, 속담 등등을 자기 것으로 습득한 다음 그 출처를 잊는 것이다. 사실 우리가 입 밖으로 내뱉는 모든 문장은 어딘가에서 얻은 재료들로 이루어져 있다. 오늘날의 웹 기반 기계 번역은 문장의 각 요소가 전에 모두 번역됐었다는 사실을 기반으로 한다. 성경 속의 격언을 한 번 더 인용하자면, 태양 아래 새로운 것은 없으니 말이다.

게으름, 부주의 혹은 의도적인 기만으로 인한 표절은 대개 혹독한 처분을 받지만 저작권법에 따른 것은 아니다. 저널리스트는 일자리를 잃고, 작가는 출판사에게 책을 회수하여 처분케 하고, 학자나 정치인이나 미국의 전 대통령 부인은 웃음거리가 된다. 그러나 가끔―특히 지난 50여 년 동안―저작권법은 모방자로 발각된 사람에게 도덕적 수치심에다 금전적 고통까지 덤으로 얹어주는 무기가 되기도 했다.

저작권 범위가 2차적 저작물, 특히 연극 및 영화를 위한 각색으로까지 확장되면서 그런 소송은 좀 더 그럴듯해졌다. 미국에서는 1909년에 어문 저작물을 각색하거나 연극 저작물을 소설화할 권리, 음악을 편곡 및 변형할 권리가 지식 재산권에 추가되었고, 영국에서는 1911년 저작권법에 각색의 권리가 추가되었으며, 베른 동맹은 1908년에 보호 대상 미디어 목록에 영상 저작물을 추가했고, 그 결과 소설 및 희곡의 영화 각색도 저작자 권리의 범위 안으로 슬그머니 들어가게 되었다. 미국도 1912년에 타운센드 개정법으로 그 뒤를 따랐다. 이로써 역사상 가장 어리석고 거짓된 저작권 소송들을 위한 무대가 마련되었다.

1982년에 감성적인 SF 영화 〈E. T.〉를 개봉한 스티븐 스필버그는 영화사로부터 극본을 거절당했던 작가에게 저작권 침해로 고소당했다. 원고는 자신의 극본과 스필버그의 영화가 플롯과 상황 면에서 유사한 여러 지점을 지적했지만 판사는 인정해주지 않았다. 인정하기는커녕 원고가 "저작권 보호의 범위를 완전히 잘못 이해하고 있다"며 한탄했다. "작가와 작곡가는 나중에 등장하는 다른 작품이 자신의 작품과 유사하면 무조건 표절이라고 확신하는 경향이 있다."[157]

이 판결문에서 이상한 점은, 표절 자체는 저작권 침해가 아니라는 것이다. 그러니 오히려 표절을 위법 행위로 가정하는 판사의 오류를 한탄해야 할 판이다. 하지만 그 무렵엔 자신이 뿌리지 않은 것은 거두지 말아야 한다는 오랜 금기가 2차적 저작물의 보호와 완전히 혼동되고 있었다.

2006년, 인기 작가 댄 브라운은 프랑스 메로빙거 왕조의 왕들이 예수 그리스도와 막달라 마리아 사이에 태어난 아이의 직계 후손이라는 기묘한 아이디어를 담은 소설을 발표했다. 책으로도 블록버스터 영화로도 큰 성공을 거둔 『다 빈치 코드』는, 아이디어와 작품을 표절당했다며 여러 사람들에게 저작권 침해로 고소당했다. 『다 빈치 레거시(The Da Vinci Legacy)』(1983년)와 『신의 딸(Daughter of God)』(2000년)의 작가 루이스 퍼듀가 제기한 첫 소송은 미국 제2연방순회항소법원에 의해 기각되었다. 그 다음엔 『성혈과 성배(The Holy Blood and the Holy Grail)』라는 제목의 역사서를 집필한 마이클 베이전트와 리처드 리가, 댄 브라운이 그들 저작의 소재를 가져다 썼다며 영국 법원에 고소했다. 그들은 저서에서 전에 아무도 생각하지 못했던 연관성을 찾아냈다고 주장했다. 특히 '성배'를 물체가 아닌 막달라 마리아에 대한 은유로 풀이한 대목이 중요했다. 댄 브라운이 이 추측과 더불어 15가지 핵심 요소를 베꼈다고 고소인들은 말했다. 런던의 고등법원에서 심리가 열렸는데, 양측 모두 변론이나 반대 신문이 시원찮았다. 원고 측은 댄 브라운이 훔쳐갔다는 그들 저작의 '중심 주제'가 정확히 무엇인지 말하지 못했고, 리(Leigh)와 베이전트(Baigent)의 철자 순서를 바꾼 이름인 리 티빙 경(Sir Leigh Teabing)을 『다 빈치 코드』에 등장시켰던 댄 브라운은 『성혈과 성배』를 읽은 적도 본 적도 없다고 주장했지만 거기에 인용된 저서들을 전부 소장하고 있었다. 스미스 판사는 메로빙거 왕조의 혈통이 막달라 마리아의 왕족 혈통과 결합했다는 아이디어를 댄 브라운이 리와 베이전트의 저서에서 취한 '중심 주제'로 보았다. 그러나 "그것은 너무나 일반적인 수준의 추상적 아이디어이므로 보호받을 수 없다"는 것이 그의 명백한 입장이었다.

> 논픽션으로 발표된 책에 다량의 사실과 아이디어가 담겨 있을 때, 그 사실과 아이디어를 베끼지 못하도록 막는 것은 어려운 일이다. 그 자체는 보호받을 수 없기 때문이다. 보호받을 수 있는 것은, 그 아이디어와 사실을 세상에 내놓는 데 들어간 노력과 시간이다.[158]

베이전트와 리가 왜 이런 무모한 소송을 걸었는지는 아직도 명확히 알 수 없다. 변호사들이 보기엔 결말이 뻔히 정해진 소송이었기 때문이다. 어느 변호사 말마따나 만약 고등법원이 원고 측에 유리한 판결을 내렸다면, "저작권법의 전제에 어긋나기에 법조계와 문학계에 큰 파장을 불러일으켰을 것이다."

이 유명한 소송 사건의 아이러니는 『다 빈치 코드』의 바탕에 깔린 추측이 정교한 날조였다는 것이다. 1960년대 초반, 아메데라는 예명으로 라디오 드라마 〈시녜 퓌락스(Signé Furax)〉를 진행한 프랑스의 라디오 작가 필리프 드 셰리제(Phillipe de Chérisey)는 중세의 양피지 문서를 위조했다. 거기에는 프랑크

족의 왕 다고베르트 2세의 후손과 1,000년 된 비밀 결사인 시온 수도회가 여전히 존재한다는 암시가 담겨 있었다. 이 장난의 공모자 또는 무고한 피해자였을 제라르 드 세드(Gérard de Sède)는 이 문서를 복사하여 『렌의 황금(L'Or de Renne)』이라는 가짜 역사서에 실었다. 베이전트와 리도, 댄 브라운도 바로 이 책에서 아이디어를 얻었다.

셰리제는 '불가능한 해법의 과학'을 받들고 문학예술계를 아수라장으로 만드는 데 몰두한 전위적 단체 콜레주 드 파타피지크(Collège de Pataphysique)의 일원으로 초현실주의 운동에 참여했다. 그는 이후 50년 동안 수많은 이들을 우롱하면서, 표절 의혹을 제기하고 싶어 하는 모든 이들에게 큰 경고장을 날렸다. 먼저 출전(出典)을 확인할 것! 누구나 허락 없이 쓸 수 있는 역사 문헌인 줄 알았던 것이 실은 누군가가 지어낸 글일 수도 있다. '출전'에 이물질이 하나라도 끼어 있다면 자료의 근원을 찾아 끝도 없이 거슬러 올라가야 한다.

그런데 왜 군이 이런 소송을 거는 걸까? 작가들 대부분은 남이 자기 아이디어를 가져가면 불쾌해하기보다는 우쭐해한다. 이렇게 돈 많이 들고 무익한 취미 활동이 생겨난 근본 원인은, 저작권 보호 대상에 사진(1862년 영국의 순수예술법을 필두로)과 (원래는 그저 사진 릴로 구상되었던) 영화 필름이 차례로 포함된 데 있다. 영화라는 창작 산업은 어떤 출판사나 극단이나 서커스단의 사업보다 훨씬 더 큰 규모의 손익을 내고 투자를 필요로 한다. 바로 이런 영화가 저작권 범위 안으로 들어오게 된 것이다. J. K. 롤링이 낸시 스투퍼와 에이드리언 제이콥스의 작품에서 플롯을 차용했다는 혐의를 증명하려다 불발로 끝난 사건도, 롤링의 소설이 아니라 『해리 포터』 시리즈의 영화판이 거둔 성공의 여파로 보인다. 이 안타까운 사연에서 원고 측은 5억 달러의 손해배상금을 요구했다가 150만 달러의 변호사 비용과 벌금을 물어야 했다.

그래도 지난 세기 동안 '아이디어'와 '표현' 사이의 불안정한 경계선을 단속하기 위한 판례법이 상당량 생겨났다. 이제 원고는 피고가 자신의 작품을 접한 적이 있고, 피고의 작품과 자기 작품 사이에 '실질적 유사성'이 있다는 사실을 증명해야 한다. 위대한 지성인들은 '실질적 유사성'을 파악하는 정교한 방식을 고안했다. 이성적인 사람이 보기에 두 작품의 '전체적 콘셉트와 느낌'이 유사하고 '줄거리, 주제, 대화, 분위기, 공간 배경, 등장인물'이 확실히 유사하다는 느낌을 줄 때 '실질적 유사성'이 있는 것으로 간주된다. 미술가 제프 쿤스(Jeff Koons)가 사진작가 아트 로저스(Art Rogers)의 강아지 사진을 도용해 〈강아지들〉이라는 조각 작품을 만들었다고 고발당한, 비교적 단순한 소송 사건이 있었다. 대형 조각물의 '전체적 콘셉트와 느낌'이 2차원의 사진과 '유사하다'고 보기 어려운데도, 작품을 수백만 달러에 팔아 치우는 쿤스는 패소하고 말았다.[159]

법에서 말하는 '유사성'의 경계는 '필수 장면(scene a faire)'이라는 사법 개념에 의해 정해졌다. 18세기 프랑스 연극 비평에서 미국의 법적 소송으로 도입된 '필수 장면'은 희곡·소설·영화에서 창작이 아닌 장르적 제약 및 기대의 결과로 간주되는 플롯 요소나 상황을 일컫는다. 예를 들어 어떤 영화의 자동차 추격전이 자동차 충돌로 끝난다면, 비슷한 장면이 들어간 예전 영화의 권리자는 권리 침해를 주장할 수 없다. 장르상 관습적이고 예상 가능한 전개이기 때문이다. 어떤 야망 있는 여성이 배우자가 살인을 저지르자 강박적으로 손을 씻는 장면 역시 셰익스피어의 『맥베스』 이후 누구나 써먹을 수 있는 문학적 자원이 되었다. 이 논리를 극단으로 끌고 가면, 필수 장면 원칙에 따라 거의 모든 소설·희곡·영화의 플롯은 공유 재산이 된다. 진실로 새로운 서사적 전개란 극히 드물기 때문이다.[160] 1942년 미국의 어느 영화사를 상대로 제기된 소송에서 처음 도입된 '필수 장면' 원칙은 당연히 영화와 관련된 소송에서 가장 많이 거론되었다. 예를 들자면 홀링 대 유니버설 시티 스튜디오(1980년), 앤더슨 대 파라마운트(1985년), 워커 대 타임 라이프 필름(1985년), 스타인버그 대 컬럼비아 픽처스(1987년) 소송 등이 있다.[161]

아이디어/표현 이분법을 적용할 수 없는 경우―아이디어와 그 표현 방식을 분리할 수 없어 양극이 융합될 때―를 위한 별개의 경계선도 정해졌다. 수학 공식이 바로 여기에 포함된다. 'e=mc^2'은 아인슈타인의 상대성 이론의 구체적 표현으로서만 의미를 갖는다. 이 합체의 원칙(merger doctrine)은 컴퓨터 소프트웨어와 연관된 소송에서 가장 빈번히 적용된다. 아이디어가 아닌 표현을 저작권으로 보호한다는 기본 법칙이 그 근원지에서 멀리 떨어진 곳까지 뻗어간 것이다.

집안끼리 서로 앙숙인 아일랜드인 남자와 유대인 여자가 결혼하는 내용의 희곡을 바탕으로 만들어진 영화가 앤 니콜스의 희곡『에이비의 아이리시 로즈(Abie's Irish Rose)』(유대인 남자와 아일랜드 가톨릭교도 여자가 두 아버지의 반대를 무릅쓰고 결혼한다는 내용)의 저작권을 침해했느냐를 결정하는 재판에서 러니드 핸드 판사가 판결했듯, 형식과 내용 혹은 아이디어와 표현은 사실상 분리할 수 없다.

아무도 그 경계를 정하지 못했고, 앞으로도 그럴 것이다.[162]

"나중에 등장하는 다른 작품이 자신의 작품과 유사하면 무조건 표절이라고 확신하는" 대다수의 원고들과 마찬가지로 앤 니콜스 역시 소송에서 패했다. 상처받은 자존심을 회복하겠다고 쓸데없이 저작권법에 의존하는 경향은 법정에서의 복잡한 변론보다 심리학적 연구에 더 어울릴지도 모르겠다.

28장

내 얼굴은 나의 것인가?

　노르망디 연안의 자치령으로 몇백 년 동안 영국 왕실 소유였지만 단 한 번도 잉글랜드나 영국이나 유럽연합에 속한 적 없는 건지섬은 여러 이유로 한번 들러볼 만하다. 멋진 해안선, 그곳에 서식하는 수많은 새들 그리고 멕시코 만류 덕분에 서리가 내리지 않는 기후 등 즐길 거리가 많다. 하지만 건지섬의 한 교구인 세인트마틴스도 방문해야 할 두 가지 이유가 있다. 우선 빅토르위고가 『레 미제라블』을 탈고한 오트빌 하우스에 가봐야 한다. 둘째, 현지 변호사에게 요청해 자신의 '인격(personality)'을 등록해야 한다.

　2012년에 건지섬의 초상권 법령이 시행되면서 인격 및 관련 이미지에 대한 새롭고 포괄적인 형태의 지식 재산권이 형성되었다. 건지섬의 초상권법은 '인격 뒤에 있는 인물이나 캐릭터(personnage)'(건지섬의 법은 프랑스계 노르만 용어를 사용한다)와,

등록 주체인 '인격'을 구분한다. 자연인, 법인, 공동 인격체(코미디언 콤비 로럴과 하디처럼, 대중이 보기에 실과 바늘의 관계에 있는 2인 이상의 사람들), 단체(록 밴드처럼 그 일원이 언제든 교체될 수 있다)는 물론이고 허구의 인물(인간이든 비인간이든)까지 인격으로 등록될 수 있다. 사망한 인물의 인격은 사후 최대 100년까지 등록이 유지된다. 법인의 인격 역시 해체 후 최대 100년까지 등록이 유지된다. 얼마나 유명하고 인지도가 있어야 인격을 등록할 수 있는지에 대한 기준은 없지만, 상업적 가치가 없는 것을 등록하겠다고 굳이 번거로운 절차를 밟을 사람은 없을 것이다. 건지섬의 초상권법에 따라 인격을 등록해두면 광범위한 보호를 받을 수 있다. 이름이나 가명, 목소리, 서명, 초상, 외양, 실루엣, 이목구비, 얼굴, 말투, 몸짓, 특징적인 버릇 등등 개성적이거나 개인적인 특징 그리고 사진, 일러스트레이션, 이미지, 그림, 동영상, 전자적이거나 비전자적인 재현까지.

이론상(실제로도 충분히 가능한 일이다) 이 법의 작용 원리를 보면 다음과 같다. 오랫동안 잊고 살았던 할머니가 레지스탕스 영웅이었다는 사실이 한 역사가에 의해 발견되어 매혹적인 책의 주인공이 된다면, 당장에 건지섬으로 날아가 할머니의 인격을 등록해야 한다. 그러면 책이나 웹사이트에 할머니의 옛 사진을 싣고 싶어 하는 사람, 영화나 티셔츠에 할머니 사진을 재현하려는 사람에게 사용료를 청구해 짭짤한 수입을 올릴 수도 있다.

디즈니 같은 법인에게는 훨씬 더 짭짤한 수익이 보장된다. 건지섬 법에 따라 '인격 뒤에 있는 인물이나 캐릭터'의 지위를 가진 디즈니는 도널드 덕(허구의 동물) 같은 캐릭터를 인격으로 등록하고 그것의 이미지, 음성, 특징적 언행에 대한 '영구적' 소유권을 주장할 수 있다. 도널드 덕은 독일에서 엄청난 인기를 누리고 있으니, 건지섬에 등록한 내용을 유럽연합에 인정받아 잘 써먹는 것이 좋다. 숙련된 변호사라면 금방 시도할 것이다.

건지섬의 인격권은 새롭게 만들어진 권리가 아니라, 얼마 전부터 형성 중이던 시류에 슬그머니 편승해 주도권을 잡아보려는 시도일 뿐이다. 다른 관할권에서 초상권 또는 퍼블리시티권이라 불리는 이 권리는 저작권의 산물도, 베른 협약의 결과물도 아니다. 오히려 퍼블리시티권이 저작권과 충돌하는 경우가 빈번하다. 하지만 그 덕에 저작권 범위가 더욱 섬세하게 조정될 수밖에 없었고, 퍼블리시티권은 지식 재산권과 불가분의 관계가 되었다. 지난 100년 동안 특허(실용 특허 및 디자인 특허), 상표, 저작권으로 구성되었던 지식 재산권은 이제 퍼블리시티권과 프라이버시권이라는 인접한 권리들까지 포함하게 되었다.

이 사태의 책임자는 조지 이스트먼(George Eastman)이다. 그는 원통에 돌돌 말 수 있는 셀룰로이드 사진 필름을 발명하고 특허를 딴 뒤, 그 필름을 사용할 조그만 휴대용 장치를 발명했다. 1888년에 탄생한 코닥 1호 카메라는 사진의 본질을 바꾸어 놓았다. 이 새로운 장치는 "버튼만 누르세요, 나머지는 우리가 알아서 하겠습니다"라는 슬로건과 함께 몇 년 만에 전 세계로 퍼져 나갔다. 이 장치만 있으면 놀고 있는 아이들, 신문을 읽고 있는 삼촌, 식당의 손님들, 공식적인 파트너이거나 아닌 사람과 손 잡고 거리를 걷는 연예인을 찍을 수 있었다. 석판으로 사진을 복제할 수 있게 된 신문사들은 그런 이미지들을 덥석덥석 주워 담았다. 점잖지 못한 이미지일수록 더 좋았다. 정치인이나 여배우처럼 뉴스거리가 될 만한 사람들은 민망한 자세나 행동이 언론 매체에 그대로 실리는 걸 보며 발끈했다. 저녁을 먹으러 나가거나 혼잡한 거리를 걷는 일은 더 이상 사생활이 아닌 공적 행위가 되어버렸다. 견디기 힘든 변화였다. 어떻게 하면 멈출 수 있을까? 설상가상으로 유명인의 이미지가 그들과 아무 관계도 없는 제품의 광고에 사용되거나, 그들이 들어보지도 못한 기업과 기관의 로고나 상징으로 쓰이기도 했다. 많은 나라의 저작권법은 사진작가의 저작물을 보호했지만, 사진의 피사체는 보호하지 않았다. 저작권은 피해자가 기댈 수 있는 언덕이 아니었다.

1762년에 디드로는 한 개인이 소유하는 최초의 재산은 자신의 인격이라고 말했다. 이 원칙으로부터 합리적인 추론을 해보자면, 개인은 자신의 인격과 그 표현을 마음대로 처분할 권리 또한 갖는다. 미국 조지아주의 한 판사는 같은 맥락에서 다음과 같이 공표했다. "개인이 원하는 때에 대중의 시선을 피할 권리는… 개인의 자유에 포함된다."[163] 연방법으로 성문화되지는 않았지만 충분히 자명한 의견이었기에, 몇몇 주에서는 무단 촬영된 사진을 이용한 사람들이 자연권 침해로 고소당하기도 했다. 하지만 정확히 어떤 권리를 말하는 걸까?

곳곳의 법정에서 반복적으로 등장하는 두 용어가 있다. 개인의 이미지 및 음성의 공공 이용을 '통제'할 권리로 통하는 '퍼블

249

리시티권' 그리고 이와 유사하지만 이름·주소·이미지·음성을 포함한 개인정보의 사용을 '금지'하는 데 초점을 맞춘 '프라이버시권'. 프랑스에서는 '사생활의 권리(droit à la vie privée)'와 '초상권(droit à l'image)'으로 거의 같은 취지의 구분이 이루어졌다. 퍼블리시티권은 주로 미국에서 서서히 발전했으며, 주된 취지는 유명인의 손에 두 가지 새로운 도구 혹은 무기를 쥐어주는 것이었다. 광고주, 엽서 제작자, 더 나아가 티셔츠 제작자와 기념품 머그잔 납품업자에게 이미지 사용료를 받고, 어떤 이유에서든 그들 마음에 들지 않는 이미지를 줄판하지 못하도록 막을 수 있는 권리. 프라이버시권 확립에는 유럽연합이 주도적으로 나섰으며, 그 뒤를 이어 신상 정보의 사용 및 이전을 규제하는 포괄적인 법들이 채택되었다.

퍼블리시티권은 곧바로 저작권법과 충돌했다. 유명하거나 주목할 만한 인물의 이미지는 대부분 저작권이 걸린 저작물로부터 나오기 때문이다. 그렇다면 배우나 기타리스트나 운동선수가 사진을 마음에 들어 하지 않거나 그 사진이 머그잔에 인쇄되는 걸 원치 않을 경우, 저작권자들은 자신들이 소유한 이미지의 독점적 복제권을 잃어버리게 될까? 그런 상품을 제작하려면 이미지에 걸려 있는 저작권뿐만 아니라 새롭게 만들어진 퍼블리시티권을 행운의 유명인으로부터 사들여야 할까?

이 문제와 관련하여 미국의 주마다 법이 다르고 연방법이 마련되어 있지 않다 보니 퍼블리시티권은 서로 모순되는 규정이 뒤범벅된 아수라장이 되고 말았다. 뉴욕주에서 합법인 것이 조지아주에서는 권리 침해가 되고, 캘리포니아주 법과 뉴욕주 법은 확실히 다르다. 영국은 프랑스보다 법적 제재가 덜하다. 베른 협약이 체결되기 전 수십 년간 국제 저작권이 미로처럼 복잡하게 뒤얽혔던 상황과 비슷하다.

프라이버시권이 자연법과 사적 권리에서 파생되었다는 시각은 더욱 골치 아픈 문제를 야기한다. 저작권법상의 이득은 상속 가능하지만 기한이 정해져 있다. 그러나 베른 협약이 인정한 인격권은 사적 권리로 간주되기 때문에 무기한으로 상속 가능하다. 퍼블리시티권은 코닥의 시대에 사적 권리가 구축되면서 발생했으므로, 영구적으로 상속 가능한 인격권으로 취급하는 데 큰 무리가 없었다. 이는 곧 제라르 드파르디외의 이미지는 '영원히' 그의 직계 자손에게 귀속된다는 뜻이다. 몇 년 만에 그 대배우가 우리의 기억 속에서 잊힐 수도 있지만 아닐 수도 있다. 유명인의 자식들이 새로이 생겨난 이 거대한 수입원을 점유할 위험이 있다. 아니, 그들로부터 권리를 인수했거나 인수할 수많은 이미지 제공 업체들이 더 위험하다.

대중문화의 전적인 사유화를 막으려는 시도가 여러 번 있었지만 연패 행진이었다.

헝가리 배우 벨라 루고시(Béla Lugosi, 1882~1956년)는 독일에서 활동하다가 1920년에 뱃사람으로 미국에 도착한 뒤, 헝가리어로 공연하는 뉴욕의 극단에서 연기를 다시 시작했다. 시작은 초라했지만 브램 스토커의 공포 소설을 각색한 브로드웨이 연극에서 드라큘라를 연기한 뒤 같은 작품의 영화판(공포 영화의 고전이 된다)에서 주연을 맡아 유니버설 픽처스와 계약했다. 영화와 포스터의 저작권은 유니버설에 있었다. 그래서 유니버설은 루고시가 사망한 뒤에도 그 이미지를 계속 사용했다. 하지만 10년 후 루고시의 아내와 아들은 자신들의 허락 없이 이미지를 계속 사용했다며 유니버설을 고소했다. 1960년부터 유니버설이 루고시의 '드라큘라 이미지'에 대해 다른 기업들과 라이선스 계약을 맺었는데, 이는 배우와 영화사 간 계약에 원래 없던 사항이며, 그 수익의 일부를 유족에게 나누어야 한다는 것이 그들의 주장이었다. 소송은 무려 11년이나 진행되었다. 원 계약의 세부적인 내용과는 별개로, 퍼블리시티권이 해당자 사후에 상속되느냐 하는 것이 주요 쟁점이었다. 1심 판사는 원고측 주장을 받아들여 7만 달러의 보상금 지급 판정을 내렸다. 유니버설에게는 새 발의 피 같은 액수였지만, 향후 이와 비슷한 소송이 빗발쳐 훨씬 더 큰 돈을 잃을 수도 있기 때문에 영화사는 캘리포니아주 대법원에 상고했고, 결국 이전의 판결이 뒤집혔다. 판결문에 따르면, "한 사람의 이름과 초상을 이용할 권리는 '예술가 개인의 것'이며, 그 또는 그녀의 생전에 당사자에 의해 행사되어야 한다."[164]

그러나 중요한 저작권 소송이 으레 그렇듯, 이번에도 법적 심판은 이야기에 종지부를 찍지 못했다. 캘리포니아주는 수많은 유명인의 본거지이며, 그들 중 일부인 유력한 로비스트들은 돈 냄새를 맡았다. 2007년, 고(故) 리 스트라스버그의 아내와 두 라이선스 관리 회사들(C. M. G. 월드와이드와 오센틱 브랜즈 그룹)이 공동 운영하던 노먼 진 모텐슨, 즉 마릴린 먼로의 유산 관리단은 무단으로 먼로의 사진을 게재하고 라이선스 계약을 맺으면서 사용료를 지불하지 않은 사진작가들을 고소했다. 사진작가들은 사진에 대한 저작권을 가지고 있었지만, 유산 관리단은 퍼블리시티권에 따라 사진작가들이 허가 없이 사진을 팔거나 제3자와 라이선스 계약을 맺을 수 없다고 주장했다. 법원은 먼로가 사망한 1962년에 이미 그녀의 퍼블리시티권이 만료되었다며 원고측 주장을 기각했다. 그러자 유산 관리단은 새로운 법안을 통과시키기 위해 로비 활동을 벌였고, 1986년 캘리포니아주 입법부는 당시 유럽연합의 저작권법과 똑같이 사후 70년 동안 퍼블리시티권을 인정해주는 법을 제정했다. 2007년, 이 법은 1938년 1월 1일 이후에 사망한 사람에게 소급 적용되도록 보완되었다. 새로운 법을 손에 쥔 먼로 유산 관리단은 다시 사진작가들을 고소했지만 또 한 번 좌절을 맛보았다. 마릴린 먼로가 사망할 당시 그녀는 뉴욕 시민이었으므로 그녀의 유산은 캘리포니아주 법이 아니라 뉴욕주 법에 따라 처분되어야 한다는 판결이 내려진 것이다. 뉴욕주 법은 퍼블리시티권의 사후 존속을 인정하지 않았기 때문에 유산 관리단은 이번에도 패소했다. 하지만 눈앞의 떡을 포기할 수는 없잖은가! 그들은 퍼블리시티권의 사후 존속을 인정하도록 뉴욕 입법부를 곧장 압박했고, 드디어 2021년 5월 29일에 뉴욕주는 퍼블리시티권의 사후 40년 존속을 보장하는 새로운 법을 제정했다. 그러나 소급 적용되지 않으므로, 2021년 5월 30일 이후에 사망하는 유명인의 유산에만 적용된다. 마릴린 먼로의 유산 관리단은 이득 없는 승리를 거둔 셈이지만, 그들의 소송은 퍼블리시티권 법이 잇따라 확장되는 결과를 낳았다.

일부 관할권에서 상속이 가능해진 퍼블리시티권은 세법과 묘한 관계를 맺게 되었다. 위대한 스타의 불운한 상속인은 유산의 자본 가치에 대해 상속세를 내야 하는데, 권리 관리 회사들의 교묘한 수법 때문에 퍼블리시티권의 가치는 그 권리가 최대한으로 활용된다는 가정하에 계산된다. 그래서 유명인의 자식들이 상속세를 감당하려면 관리 회사에 퍼블리시티권을 팔 수밖에 없다. 물론 권리를 행사하지 않거나 아주 낮은 액수에 라이선스 계약을 맺고 싶겠지만 조세 당국에는 전혀 먹히지 않는다. 권리 관리 회사의 견적에 근거해 유산 가치를 평가하기 때문이다. 초상권 상속으로 개인 상속인이 부자가 되는 경우는 아주 드물 것이다.

요즘 퍼블리시티권이 질주하듯 퍼져 나가면서, 웹에 이미지를 공유하는 것과 관련하여 이런저런 분쟁이 속출하고 있다. 예를 들어 2015년 미국의 풋볼 선수들은 한 비디오 게임 제작사를 퍼블리시티권 침해로 고소했다. 이용자가 실제 풋볼 선수들의 아바타로 가상 풋볼 경기를 하는 게임이었는데, 거기에는 선수들의 등 번호와 신체 특징, 신상 정보도 포함되어 있었다. 법원은 선수들의 손을 들어주며, 그런 시뮬레이션은 '공정 이용' 규정(이에 관해서는 나중에 더 자세히 설명하겠다)이나 미국 수정 헌법 제1조('언론의 자유' 보호)에 따른 면제 대상에 속하지 않는다고 판결했다.[165] 이렇듯 (적어도 캘리포니아주에서) 퍼블리시티권은 이제 개인의 이미지뿐만 아니라, 비디오 게임 속의 전자 아바

타처럼 인공적으로 만들어진 이미지에도 적용된다.

오래전 사망한 스타가 연루되면 문제는 훨씬 더 복잡해진다. 2012년, 한 패션 브랜드는 험프리 보가트가 영화 〈카사블랑카〉에서 그 유명한 레인코트를 입고 있는 사진들을 소셜 미디어에 올렸다.[166] 보가트의 유산 관리단은 곧장 캘리포니아에 있는 그 의류업체를 퍼블리시티권 침해로 고소했다. 의류업체는 사진의 저작권자인 에이전시와 라이선스 계약을 맺었다고 주장했지만, 그 에이전시는 퍼블리시티권을 소유하고 있지 않았다. 퍼블리시티권은 상속 가능한 인격권으로, 저작권이 팔려도 이전되지 않는다. 결국 법정 밖에서 합의가 이루어졌고 조건은 공개되지 않았다. 어느 쪽이 옳고 어느 쪽이 틀렸는가에 관한 판결 없이, 퍼블리시티권이라는 법적 구조는 언제나 그랬듯 불가해한 상태로 남겨졌다.

프랑스에서는 인격권에 프라이버시권, 좀 더 정확히 말하자면 사생활을 존중받을 권리(droit au respect de la vie privée)가 포함되고, 독일의 경우 세계 인권 선언 제12조가 있다. "어느 누구도 자신의 사생활, 가정, 주거 또는 통신에 대하여 임의적인 간섭을 받거나, 자신의 명예 또는 명성에 대하여 공격을 받지 아니한다. 모든 사람은 그러한 간섭이나 공격에 대하여 법률의 보호를 받을 권리가 있다." 영국은 유럽연합에서 탈퇴하기 전까지 거의 같은 취지의 법을 시행했다. 어느 진취적인 저널리스트가 변태적인 분위기의 파티에서 나치 제복을 입고 있는 유명 인사의 영상을 손에 넣어, 지금은 폐간된《뉴스 오브 더 월드(News of the World)》(일반 대중을 대상으로 한 가십 전문 일요 신문)에 그 사실을 폭로했다. 그는 고소당했고, 소송은 런던의 고등법원으로 넘어갔다. 원고인 맥스 모즐리(영국 파시스트 오즈월드 모즐리의 아들)는 '프라이버시 침해'에 대한 거액의 손해 배상금을 받아냈다. 그 기사가 공익을 위한 것이므로 보호받아야 한다는 신문사의 변론은 받아들여지지 않았다.[167] 아직 만족하지 못한 모즐리는 그 신문이 몇 부 배포된 프랑스에서도 소송을 걸어 역시 승소했지만, 영국에서보다 훨씬 적은 액수를 받았다.[168] 프라이버시권과 초상권이 상호보완적이라는 사실을 고스란히 보여주는 사례다. 같은 원리—내 얼굴은 나의 것—에 따라 모즐리는 남에게 보여주기 싫은 그의 이미지가 게재된 데 대한 배상금을 받았다. 게다가 그가 원하기만 하면 그 이미지를 '전문' 잡지나 웹사이트에 상품으로 내놓을 수도 있었다. 초상권과 프라이버시권은 저작권을 꺾고 그 사용을 제한한다. 이 소송뿐만 아니라 수많은 유사 소송 건에서도 이미지(와 그에 동반하는 기사)의 저작권자는 법으로부터 부여받은 상업적 권리를 행사하지 못하기 때문이다.

이런 소송들이 항상 외설스러운 성격을 띠는 건 아니다. 1990년대에 그레이스 켈리와 모나코 공(公) 레니에의 딸이 스키를 타고 쇼핑을 하고 식당에서 나오고 공공장소를 걸어다니는 모습이 사진기자들에게 찍혔다. 그 이미지들이 독일 여러 잡지에 실리자 공녀는 프라이버시권 침해로 잡지사들을 고소했다. 독일 연방헌법재판소는 그 사진들이 프라이버시 침해라는 공녀의 주장을 받아들이면서도, 그녀의 자녀들이 함께 나온 사진만 공개를 금지했다. 다른 이미지에 대해서는, 카롤린 공녀가 동시대의 '공인'인 만큼 공공장소에서의 일상적인 모습이 사진으로 공개되는 것을 감내해야 한다는 판결이 나왔다. 카롤린은 스트라스부르에 있는 유럽인권재판소에 상고했고, 재판소는 독일 법원이 상충하는 이해관계 사이에서 공정한 균형을 유지하지 못했다는 결론을 내렸다. 일반 대중은 공인의 사생활을 포함하여 정보를 얻을 권리가 있지만, 카롤린 폰 하노버의 사생활을 아는 데 정당한 이익은 없다는 것이었다. 그녀가 사적으로 어디를 다니고 어떻게 행동하는지 보여주는 사진은 공익을 위한 논의에 기여하는 바가 전혀 없기 때문이다.[169]

2004년의 이 판결을 계기로 독일의 사생활 보호 수준은 프랑스만큼 높아졌다. 프랑스에서는 실존 인물(임무 수행 중인 정치인과 공무원은 제외)의 사진을 공개하려면 무조건 피사체의 허락을 받아야 한다. 이제 유럽의 유명인은 파파라치에게 쫓겨 다니지 않을 권리를 얻었지만, 유럽연합의 일반 시민은 허락 없이는 누구의 사진도 사용할(즉 게시하거나 유포하거나 공유할) 수 없는 신세가 되었다. 모즐리의 사례에서처럼, 이 판결로 인해 카롤린(또는 우리의 이웃)은 자신의 이미지를 공개하거나 배포하고 싶어 하는 사람에게 사용료를 청구할 법적 근거를 얻었다. 그 이미지 자체의 저작권이 누구에게 있든 상관없이 말이다.

그래서 이제 우리가 하는 거의 모든 일에 냉철한 지식 재산 전문 변호사의 도움이 필요해졌다. 우리 벽에 붙어 있는 영화 포스터 속 스타들의 초상권을 누군가가 갖고 있다. 우리가 쓰는 행주와 커피잔 중에는 초상권을 위배한 것도 있다. 사람 얼굴로 장식된 물건이라면 우리가 그것을 구매한다고 해서 초상권이 소멸되지 않는다. 우리 집에 있는 물건 중 상당수는 오롯이 우리 것이라 할 수 없다.

빅토르 위고가 1850년대와 1860년대에 오트빌 하우스에서 살았을 때, 그곳 상인들은 텁수룩한 흰 수염 때문에 산타클로스 같은 인상을 풍기는 노작가의 이미지를 넣어 접시며 정찬용 식기며 머그잔을 만들었다. 위고는 격주 화요일마다 가난한 아이들을 찾아가 맛있는 점심을 먹여주었는데, 사진작가를 시켜 그가 아이들 앞에 서 있는 모습을 사진으로 찍었고, 그 사진들은 세인트피터 항구의 매점들에서 팔렸다. 열성적인 사진가였던 위고의 아들은 자선 활동으로 이득을 보는 건 부도덕한 일이라며 아버지를 비난했다. 그러나 위고가 자기 홍보로 얻은 건 명성뿐이었다. 그는 빅토르 위고 머그잔을 만든 사람이나 사진작가에게 라이선스 요금을 청구할 생각은 전혀 하지 않았다.

어쩌면 건지섬은 생각을 바꾸어, 그곳 해안선을 밟았던 가장 유명한 인물의 뜻에 따르는 것이 좋을지도 모른다. 하지만 그럴 것 같지 않다.

29장

인격권의 위력

초상권과 프라이버시권은 개인의 인격권에 속한다. 프랑스에서도, 나폴레옹 전쟁 때 프랑스로부터 법 체계를 수입한 국가들에서도, 이제 대부분의 유럽연합 회원국에서도 저작권은 개인의 권리에 기초하고 있다. 저작권을 독일에서는 '창작자의 권리(Urheberrecht)'라 부르고, 프랑스에서는 '저작자의 권리(droit d'auteur)'라 부르는 것만 봐도 알 수 있다. 이런 접근법의 철학적 근거는 디드로나 칸트 같은 18세기 철학자들에 의해 개략적으로 마련되었다. 그들에 따르면, 개인의 가장 기본적인 재산은 그 자신의 인격이며, 예술적·문학적 창작물은 인격의 가장 직접적인 표현이었다. 1886년의 베른 협약은 파리를 본거지로 한 로비 단체인 국제 문학예술 협회(ALAI)가 이룬 성과나 마찬가지였으므로, 베른 협약 가맹국들은 창작자의 인격권에 항상 더 촉각을 곤두세울 수밖에 없었고, 수십 년 동안 여러 번의 개정을 통해 네 가지 인격권을 국제법 보호 대상에 포함시켰다. 그러나 인격권은 개인의 권리이기 때문에 양도할 수 없다. 자기 자신을 (이를테면 노예로) 팔 수 없듯이, 개인으로서 향유하는 권리 또한 팔 수 없다. 따라서 인격권은 영미의 저작권 같은 상업적 재산이 아니며, 존속 기한도 따로 없다. 원칙상 영구적으로 직계 또는 방계 후손에게 상속할 수 있다.

프랑스의 인격권은 구체적 법률이 아닌 일련의 사법 판결을 통해 확립되었다. 그 가운데 창작자가 공표된 저작물에 자신의 이름을 저작자명으로 명시할 수 있는(이교도들이 신원을 밝히고 인가를 받을 수 있도록 허가한 예전의 특권 제도를 계승) 성명 표시권(droit de paternité)과, 창작자가 창작물의 훼손·파괴·변경을 막을 수 있는 동일성 유지권(droit au respect de l'intégrité de l'œuvre)은 베른 협약에 성문화되었다. 프랑스에는 다른 인격권이 몇 가지 더 있다. 저작자가 저작물을 대중에게 공개할 수 있는 공표권(droit de divulgation, 고대 그리스에 뿌리를 둔 권리 또는 관습), 출판업자나 라이선스 실시권자(licensee)에 대한 재정적 보상을 조건으로 권리자가 저작물의 추가 공표 및 배포를 막을 수 있는 원작 철회권(droit de retrait et de repentir), 창작자가 자신의 명예와 명성을 보호할 권리 그리고 시각 예술가들이 저작물의 재판매에 관여하고 판매액의 일정 몫을 받을 수 있는 추급권(droit de suite) 등이 있다.

미국은 이런 개념들을 들여오지 않으려 저항했는데, 100년 동안 베른 협약에 동참하지 않은 이유 중 하나이기도 하다. 예술적·문화적 창작을 위한 새로운 매체가 수없이 생겨난 1886년부터 1989년까지, 유럽과 미국의 저작권에는 큰 차이가 있었고, 양쪽은 서로의 시스템이 이상하고 원시적이며 우스꽝스럽다고 여겼다. 특히 두 사건에서는 감정의 날을 날카롭게 세웠다.

오스카 해머스타인의 브로드웨이 뮤지컬 〈카르멘 존스(Carmen Jones)〉는 비제의 오페라 명작 〈카르멘〉을 개작한 작품으로, 스페인을 미국 남부로, 집시와 바스크인을 아프리카계 미국인으로 바꾸었다. 제1차 세계대전이 끝난 후 오토 프레밍거가 감독을, 해리 벨라폰테가 주연을 맡아 뮤지컬을 영화로 만들었다. 영화 속 음악은 허셜 버크 길버트가 편곡한 비제의 곡들로 채워졌고, 스토리는 기마 투우사가 권투선수로, 담배 공장이 군수 공장으로 바뀌었을 뿐 오페라와 똑같았다. 이 영화는 아카데미상의 여러 부문에 후보로 올랐고, 1955년에는 칸 영화제에서 큰 호평을 받았다. 〈카르멘 존스〉는 미국뿐만 아니라 베를린과 런던에서도 몇 달이나 계속 상영되었지만 프랑스의 일반 영화관에서는 볼 수 없었다.

조르주 비제는 1875년에 사망했기 때문에 어떻게 계산을 하든 1950년대에 그의 작품은 저작권이 소멸한 상태였다. 오페라 대본의 공동 작가 중 한 명인 루도빅 알레비는 1908년에 사망했으므로, 베른 협약 가맹국들이 시행하던 사후 50년 보호라는 일반적인 원칙에 따라 그의 권리는 1958년까지 유지되었다. 거기다 프랑스는 두 번의 세계대전으로 잃어버린 시간을 벌충하기 위해 사후 보호 기간을 늘렸다. 그 결과 프랑스에서 오페라 〈카르멘〉의 소유권은 1972년에야 공유 재산으로 넘어가게 되었다. 그러나 저작권 보호 기간 때문에 영화 상영이 금지된 것은 아니었다.

비제의 인격권은 복잡한 가계도에 따라 유명한 화가 마들렌 레알 델 사르트에 이어 그녀의 아들인 막심에게 상속되었다. 그는 잔 다르크를 주된 모티브로 삼은 조각가이자, 1930년대에 시가전으로 파리 거리를 아수라장으로 만든 왕당파 테러 조직 카믈로뒤 루아(Camelots du Roi)를 창립하고 이끈 정치 활동가였다. 독일이 프랑스를 점령했을 때 노골적으로 반유대주의를 지지하며 독일에 협력하여 비시 정권으로부터 훈장을 받기도 했다.

프랑스에서 〈카르멘〉 대본의 저작권을 소유하고 있던 작가의 후손들은 미국이 브로드웨이 뮤지컬을 영화화하는 것에 반대하지 않았다. 그러나 비제의 음악에 대한 '동일성 유지권'을 갖고 있던 권리자들은 몇몇 아리아의 편곡에 강한 불만을 토로하며 반대하고 나섰다. 그 뒤에 숨은 진짜 이유는 지면을 통해 밝혀진 적은 없지만 누구나 알 수 있었다. 델 사르트 가문은 스크린의 흑인 배우들을 보기 싫었던 것이다. 그들은 인종적 편견을 강요하기 위해 법적 조치를 취할 필요도 없었다. 영화 상영에 동의하지 않음으로써 프랑스 국민이 그 영화를 볼 수 없게 만들면 그만이었다.

배우들의 아름다움과 재능에는 물론 아무런 문제도 없다.
(…) 그러나 우리는 조르주 비제의 가장 가까운 친척으로

서… 걸작을 악용과 조롱으로부터 지키는 것이 우리의 도의
적인 권리이자 의무이므로, 그 서툰 모방작을 둘러싼 중상적
인 선전에 반기를 들 수밖에 없다.[170]

이 문제가 1981년까지 발목을 잡는 바람에 〈카르멘 존스〉는
원작이 탄생한 나라에서 사반세기 동안 상영되지 못했다.

휠씬 더 오래된 작품에 대해 '저작물의 동일성'을 보호하겠다
고 나서는 사례도 있었다. 2001년, 프랑스 출판사 플롱은 프랑
수아 세레자의 대중 소설 두 권을 간행했는데 1862년에 첫 출간
된 빅토르 위고의 『레 미제라블』에 등장하는 주요 인물 두 명의
뒷 이야기를 탐구하는 내용이었다. 위고의 4대손인 피에르 위고
는 소설들의 회수 및 파기를 위한 중지 명령을 신청하면서, 원작
의 '동일성'과 작가의 의도를 해쳤다는 이유를 댔다. 그의 고조
부가 마리우스와 코제트의 모험담에 대한 속편을 원했다면 분
명 본인이 직접 집필했을 거라고 피에르는 말했다.

빅토르 위고를 위시한 문인들이 1840년에 결성한 로비 단체
문인회의 지지를 등에 업은 피에르 위고가 제1심에서 승소했다.
출판사는 판결에 불복해 상고했고, 오래 지체되던 소송은 결국
2008년에 최고 재판소로 넘어갔다. 출판사가 항소의 근거로 내
세운 사실은, 위고가 1878년에 열린 ALAI의 첫 회의에서 연설
하며 분명히 밝혔듯, 후손들이 그의 문학 유산에 대해 결정권을
가져야 한다고 생각하지 않았다는 것이다. 결국 세레자의 소설
이 출판되는 것을 막으려는 시도는 최고 사법 재판소인 파기원

의 판결로 무산되었지만, 위대한 고전 문학에 담긴 '공익성'의 승리라고 하기는 어려웠다. 판결에서는 작가의 '인격권', 즉 사후 150년이 지나서도 자신의 작품에 대한 견해를 존중받을 권리를 인정했다. 위고는 자신의 문학 유산을 국가에 기증했지만『레 미제라블』은 여전히 프랑스의 완전한 공유 재산이 아니다.[171]

피에르 위고는 로라 칼파키안의 『코제트(Cosette)』(1995년)나 수전 플레처가 에포닌 이야기의 속편으로 쓴 『약간의 사랑(A Little in Love)』에 대해서는 아무런 조치도 취하지 않았다. 두 소설이 출판된 미국에서는 이런 유의 인격권이 법원에서 인정받지 못했기 때문이다. 그러나 미국의 저작권법은 프랑스어로 쓰인 어느 책에 철퇴를 가했다.

한 프랑스 출판사가 유명 작가에게 접근하여 『바람과 함께 사라지다』를 독일 점령기의 프랑스에 대한 소설로 개작해달라고 요청했다. 레진 데포르주의 『파란 자전거(La Bicyclette Bleue)』는 1,200페이지가 넘는 3부작 소설로 완성되어 800만 부 이상 팔리고 텔레비전 드라마로도 제작되었다. 『바람과 함께 사라지다』의 저작권자인 미국 신탁은행(American Trust Bank Company)은 캘리포니아 법원에 저작권 침해 소송을 제기했다가 패소하자, 첫 70페이지에 대해서만 프랑스 법원에 소송을 제기하여 200만 프랑스 프랑의 배상금을 받았다.[172] 미국 신탁은행이 영화 역사를 전문으로 다루는 프랑스의 영세 출판사를 상대로 거액의 소송을 건 데는, 그 출판사의 주주들 중 한 명이 고몽이라는 대형 영화사와 연관되어 있다는 은밀한 이유가 숨어 있었다. 하지만 부자 주주는 발을 슬쩍 뺐고, 출판사 에디시옹 랑세는 파산하고 말았다. 레진 데포르주는 폐업 정리에 들어간 출판사를 1프랑에 샀다. 이 소송으로 훌륭한 편집자 여럿이 경력에 타격을 입었다.

인격권을 엄격하게 보호하는 프랑스 같은 나라의 작가들은 동일성 유지권을 내세워 자기 작품의 번역을 감독하고 제목 선택에까지 참견할 권한을 얻게 되었다. 밀란 쿤데라는 자기 작품의 영어 번역 작업에 지나치게 간섭하여 악명을 날렸다. 심지어 구두법을 체코식으로 수정하기까지 했다.[173] 그러나 동일 유지권이 대대로 상속되다 보면 문학과는 거리가 먼 사람이 선조의 작품을 자기 멋대로 내둘러 전 세계 새로운 독자들과의 만남을 방해할 수도 있다.

동일성 유지권의 상속 가능성 때문에, 저작권이 만료된 유럽 고전은 두 부류로 나뉜다. 작가의 혈통이 끊긴 작품과 작가의 손주와 증손, 그 후대까지 살아 있는 작품. 우리는 발자크의 소설을 마음껏 이용할 수 있지만 『레 미제라블』은 아직 건드릴 수 없다. 유럽에서는 우연적인 유전자 추첨 결과에 따라 공유 재산이냐 아니냐의 여부가 결정된다.

30장

소리 이야기

    소리 자체는 소유권의 객체로 간주된 적이 한 번도 없다. 허공으로 사라져버리기 때문이다. 인간의 발화를 구성하는 소리 역시 저작권 범위 밖에 있다. 디너파티에서 나의 재치 있는 발언을 다른 손님이 자기 생각인 양 토씨 하나 틀리지 않고 그대로 옮겨도, 심지어 다음 주 《뉴요커》의 한 기사에 슬쩍 집어넣어도 괜찮다는 뜻이다. 준비된 원고를 읽는 연설은 전혀 별개의 문제이고, 즉흥 연설 녹음본은 1972년부터 저작권 보호를 받았지만 연설 자체는 여전히 공짜다. 사람으로 가득 찬 극장에서 "불이야!" 하고 외치거나 어떤 집단이나 개인에게 모욕적인 발언을 하지 못하도록 금지하는 법은 지식 재산권과 상관없다.

    따라서 언론의 자유를 'free speech'라고 부르는 것은 조금 부적절하다. 그 자유는 거의 인쇄물과 고정된 매체에만 적용되기 때문이다. 프랑스처럼 '출판의 자유(la liberté de la presse)'라는 좀 더 정확한 명칭을 사용하면, 글이나 기타 재사용 가능한 장치에 고정된 표현을 넘어 광범위한 저작권 영역까지 포함하게 된다. 꽤 일찍부터 저작 재산권은 책, 지도, 도표, 작곡에서 구술로 전달되는 강의와 설교로까지 범위가 확장되었지만, 예나 지금이나 소리를 둘러싼 분쟁의 주된 대상은 기계와 음성을 사용해 고의로 만든 음악적인 소리—노래, 교향곡, 오페라, 광고 음악—다.

모차르트는 자신의 곡에 대한 저작권이 전혀 없었고, 유럽 음악가들은 모차르트의 관현악과 오페라를 자유롭게 연주했다. 19세기에 대중적인 오페라와 보드빌을 작업한 덜 유명한 작곡가들은 창작자의 허락 없이 다른 곡의 선율을 갖다 썼다. 이런 재활용이 판치다 보니 인기 있는 선율의 원래 출처를 제대로 아는 사람이 없었다. 1886년, 베른 협약은 악보에 무단 실연을 금한다는 표기가 있는 경우를 제외하고는 저작권 보호에서 연주권을 명백히 배제했고, 뮤직 박스에 의한 기계적 음악 재현에도 저작권을 적용하지 않았다. 그런데 그때 에디슨과 그의 축음기가 등장했다.

처음에 축음기는 노래가 아닌 연설을 녹음하는 수단으로 구상되었다(뤼미에르 형제가 영사기를 발명했을 때 가상의 세계가 아닌 현실을 기록하는 매체로 상상했듯이). 영국 음반사 H.M.V.의 오래된 로고*에서 니퍼라는 이름의 개가 듣고 있는 것은 경쾌한

---

* 프랜시스 바로드의 그림 〈주인의 목소리(His Master's Voice)〉(1898년)를 바탕으로 만들어졌다.

선율이 아니라 자기 주인의 목소리다. 에디슨이 발명한 왁스 실린더나 셸락 디스크의 홈에 고정된다 해도 그 목소리에는 저작권이 없었다.

악보 구매자는 그 악보로 연주하거나 노래할 권리도 갖는 것으로 가정되었다. 저작권이 통제하는 것은 악보의 용도가 아니라 악보의 인쇄 및 배포였다. 이는 인쇄된 텍스트에 적용되는 규칙과 비슷하다. 우리가 구매한 책을 되팔든, 쓰레기로 내놓든, 소리 내어 읽든, 제스처 게임에서 책 속의 내용을 연기하든 창작자의 권리 침해가 아니다.[174] 그런데 성가대 단원들이 공동 사용을 위해 악보를 손으로 베껴 쓰는 건 괜찮을까? 모든 단원이 각자 악보를 사야 할까? 1909년의 미국 저작권 개정법은 그런 식으로 악보 시장이 커지는 것을 허용하지 않았다. 한동안 작곡가와 악보 출판사는 악보를 복제할 권리만 갖고 있었다.

그런데 피아놀라, 즉 자동 피아노의 발명으로 새로운 난제가 생겨났다. 그것이 연주하는 악곡은 '매체에 고정되어' 있었지만, 그 매체(천공 테이프)를 인간의 눈으로 읽을 수 없었다. 천공 테이프는 기계의 일부일까, 아니면 저작권 보호를 받을 수도 있는 저작물의 재현일까? 이 질문에 대한 답은, 식당 주인이 손님들을 즐겁게 해주기 위해 자동 피아노를 켤 때마다 음악 출판사에 사용료를 지불해야 하는가 하는 골치 아픈 문제를 해결해줄 것이다. 1908년, 한 건의 법정 소송으로 인해 이 문제가 일단락되었는데, 음악 출판사들로서는 대단히 불만족스러운 결말이었다. 피아노 롤은 저작권 보호를 받지 않으며, 따라서 식당 주인

은 자유롭게 자동 피아노를 켤 수 있다는 판결이 나온 것이다.[175]

그다음 해의 저작권 개정법은 크게 한 발 물러나, 강제 실시권이라는 혁신적인 정책을 음악 출판사들에게 마련해주었다. 그때부터 작곡에 대한 저작권에는 기계 연주 권리도 포함되었다. 하지만 그 전까지의 종속적 권리들과는 전혀 달랐다. 음반 회사와 음악 출판사가 소리를 독점하여 사유화하는 사태를 막기 위해, 어느 사업체든 곡을 기계로 녹음해서 음반을 낼 수 있도록 법적으로 허용되었다. 음반이 1장 팔릴 때마다 2센트의 라이선스 요금을 내면 그만이었다. 갖가지 절차와 제약이 있었지만, 이 시스템으로 인해 1970년대까지도 미국에서 음반은 사실상 공유 재산이었다.

2센트라는 비용(구식 피아놀라뿐만 아니라 급성장하고 있던 셸락 디스크와 베이클라이트 디스크에도 적용되었다)은 물가 상승 파동에도 그대로 유지되었고, 저작권이 걸린 곡의 주인에게서 제일 처음 라이선스를 취득한 회사로 그 돈이 흘러들어 갔다. 법망을 피할 방법은 많았다. 무단 복제 음반이 극성을 부렸고, 저작권법 대신 경쟁과 기만과 공정한 거래라는 일반 원칙에 따라 두더지 잡기게임 식으로 단속이 이루어졌다.

동전 투입식 자동 피아노의 권리자가 이미 수입을 올렸을 거라는 가정하에, 새로운 법은 이 장치로 한 곡을 연주할 때마다 2센트를 추가로 지불해야 하는 의무를 없앴다.[176] 그래서 수십 년후 발명된 주크박스는 저작권을 회피하기 위한—그리고 대중음악을 전파하는—주된 수단이 되었다.

자동 피아노 롤—사실상 천공 테이프—을 저작권 보호 대상에 추가로 포함한 조치는 입법자들도 상상치 못한 결과를 초래했다.

1920년대에 공영 라디오가 등장하면서 음반 시장이 성장했고, 제2차 세계대전 후 트랜지스터라디오의 발명에 이어 녹음테이프가 매매되자 음반은 돈을 쓸어 담는 대규모 산업이 되었다. 이 기나긴 기간 동안 실제 음악 '창작자들'의 재산은 그리 늘지 않았다. 실연자들 역시 그들의 노동은 업무로 취급되었고, 그래서 그들의 권리(있기나 하다면)는 음반 회사에 속해 있었다.

모든 음악 출판사와 음반 회사들이 라이선스 확보를 위해 작품을 등록하지는 않았다. 책과 마찬가지로 노래도 하루살이로 끝나는 경우가 태반인데, 길어 봐야 겨우 몇 주 동안 한 장당 단돈 2센트를 벌겠다고 행정 비용까지 들일 가치가 없었던 것이다.

1909년 저작권법은 '서커스 포스터' 소송 건(155~157쪽 참고)에서 생겨난 법인 저작권도 성문화했기 때문에, 음악 라이선스 조항은 작곡가와 실연자를 '창작 파트너'보다는 '사업 경비'로 취급할 수 있는 강력한 대형 음반 회사의 출현에 기여했다. 작곡·작사가와 가수에게 더 많은 돈을 쓰느니 라디오 방송국에 히트곡을 틀어달라고(그러면 디스크 판매량이 올라가니까) 뇌물을 먹이는 편이 더 이득이었다.[177] '인센티브 효과'의 무용성을 보여주는 또 다른 사례가 아닌가!

소리를 영구적 형태로 고정하는 기술이 개발된 후 첫 100년 동안, 대중음악과 클래식은 18세기 스코틀랜드와 19세기 미국에서 책이 그랬던 것처럼 일상적으로 복제되었다. 기술이 빠르게 변화하고(왁스에서 셸락으로, 베이클라이트로, 릴 테이프로, 카세트로) 가정이나 직장, 기차, 자동차에서 음악을 훨씬 더 많이 듣게 된 것이 비교적 개방적인 이 시스템 덕분이었을까? 그러면서 다량의 음악에 대한 권리를 보유한 대기업들이 등장했다. 그러나 새로운 음반사가 속속 생겨나고 있으니 그들도 긴장의 끈을 놓을 수는 없다.

영국의 1911년 저작권법은 1909년 미국의 저작권 개정과 1908년 베른 협약의 개정을 본따, 저작권자에게 두 가지의 명백한 권리를 추가해주었다. 축음기나 구멍 뚫린 피아노 롤 같은 기계 장치로 자신의 저작물을 복제할 권리 그리고 그런 행위를 허가할 권리. 첫 번째 권리는 기계 저작권 보호 협회(Mechanical-Copyright Protection Society)의 창설로, 두 번째 권리는 미국의 ASCAP에 해당하는 공연권 협회(Performing Rights Society)의 설립으로 이어졌다. 훨씬 더 오래된 프랑스의 SACEM(작사가·작곡자·편곡자 협회)과 SACD(극작가·작곡가 협회)처럼 이 두 단체는 녹음 및 공연에 대한 인세나 라이선스 요금을 징수하여 회원들에게 비례 배분한다. 1934년, 범례가 된 한 소송에서 영국 법원은 녹음물 소유자에게 방송 및 공연에 대한 저작권료를 지불해야 한다는 판결을 내렸다. 그러니 이번에는 방송 및 공연 인세를 징수하여 녹음물 소유자에게 배분해주는 또 다른 징수 단체 PPL(Phonographic Performance Limited)이 만들어질 수밖에 없었다. 하지만 녹음물 자체에 대한 저작권은 여전히 없었다.[178]

베른 협약은 문학·예술 저작물의 국제적 유통을 규제했으므로, 국가 간 음반 불법 복제를 단속하는 데 주력했다. 1961년의 로마 회의에서, 50개국 이상의 전체 가맹국은 음악 저작물이 외국에서 복제되거나 악용되는 것을 막기 위해 "실연자, 음반 제작자, 방송 사업자"를 보호하는 협약을 맺었다. 그리고 마침내 1971년, 베른 협약의 뜻을 계승한 세계 지식 재산권 기구(WIPO)는 "음반의 무단 복제로부터 음반 제작자들을 보호"하기 위한 제네바 선언을 채택했다. 이로써 음반 회사들은 60년 묵은 염원을 이루게 되었다. 그들은 작곡가가 곡에 대해 갖는 재산권과 연주가가 녹음 실연에 대해 갖는 권리(두 권리 모두 이미 음반 회사에 귀속되어 있는 경우가 대부분이었다)와 더불어 실제 녹음물에 대한 재산권까지 노리고 있었다. 영국은 곧장 서명했다. 그래서 비틀스의 〈러브 미 두(Love Me Do)〉(1962년)는 음반 회사의 것이 아니었지만 롤링 스톤스의 〈메모리 모텔(Memory Motel)〉(1976년) 녹음본은 음반 회사의 것이 되었다. 그렇지 않았다. 몇 주 후 미국도 덩달아 1971년 녹음 저작권법을 제정했다. 물론 이런 노력으로도 중국, 인도, 이란 등지에서 호황을 누리던 음악 불법 복제 산업을 막거나 방해할 수는 없었다. 아시아에서는 시장마다 서양 음악 테이프를 팔았다. 관광객들과 상인들은 이제 노래를 마음대로 복제할 수 없는 나라로 불법 테이프를 역수입해 갔다. 스타들은 전 세계 팬덤과 거대한 명성을 얻은 반면, 음반 회사는 잠재적 수입을 강탈당했다. 하지만 양측의 이득과 손해 중 어느 쪽이 더 큰지는 가늠하기 어렵다. 18세기의 『파멜라』

열풍이 새뮤얼 리처드슨에게 결국 이득이었는지 손해였는지 알기 어려운 것처럼 말이다. 1970년대와 1980년대 태국·인도네시아·일본의 음악 애호가 대다수는 미국이나 영국의 합법적인 음반을 구입할 여유가 없었으니, 설령 불법 복제를 근절했더라도 서양의 권리 보유자들이 큰돈을 벌었을 것 같지는 않다.

하지만 제네바 선언은 콘텐츠를 소유하고 창작자들을 거의 멋대로 주무르며 막대한 수익을 올리는 법인들의 성장에 꼭 필요한 토대를 마련해주었다. 그들은 약 70개국—베른 협약 및 미국 주도의 세계 저작권 협약에 서명한 회원국들—의 수많은 청중에게 콘텐츠를 배분할 수단 역시 완벽하게 통제했다. 1973년에 소련이 세계 저작권 협약에 합류하면서 잠재적 음반 구매자는 2억 5,000만 명이나 늘어났다. 전 세계 음악 소비자들의 절반가량이 이제 E.M.I.와 컬럼비아 레코드를 비롯한 몇몇 음반 회사의 손아귀에 들어가고 말았다.

그로부터 머지않아 새로운 기술들이 음반 제국을 뒤엎어버리게 된다. 하지만 그사이 미국을 넘어 전 세계의 저작권을 완전히 바꾸어놓을 새로운 법이 등장했다.

31장
1976년 미국 저작권법

.

이 책의 제사(epigraph)로 쓰인 영국의 옛 시는 인클로저 법
(Acts of Enclosure)을 통해 잉글랜드의 공유 목초지가 사유화되
어 백성들이 큰 고초를 겪었던 시절에 지어졌다. 우리 정신의 공
유지도 그와 똑같은 방식으로 강탈당했다.

18세기, 19세기, 20세기의 저작권 제도하에서는 법적으로 금
지되지만 않는다면 창작물을 무슨 용도로든 사용할 수 있었다.
지금은 법의 허락이 떨어진 몇몇을 제외하고는 거의 모든 사용
이 금지되어 있다. 1976년에 형세가 급변한 탓이다.

1974년, 석유 수출국 기구(OPEC)는 배럴당 원유가를 4배 인
상하여 비산유국들을 쇼크 상태에 빠뜨렸다. 1975년, 미국은 베
트남과의 오랜 전쟁에서 치욕스럽게 물러났다. 1976년, 미국 의
회는 예전엔 업신여겼지만 이제 보니 폭탄보다 더 오래가고 효
율적인 제국, 즉 지식 재산 제국을 강화하기 위해 법을 개정했다.

이런 연대기를 고려하면 저작권의 역사는 한층 더 극적이고 고의성이 짙어 보인다. 매체와 콘텐츠 산업의 변화가 수십 년에 걸쳐 진행되어왔고, 다른 국가들은 창작물에 관련된 법과 협약을 거의 매년 검토하고 있었다. 미국 의회는 1930년대에 미국 저작권법 개정 작업에 착수한 뒤 1940년대에 일시 보류했다가, 1950년대에 새로운 해결책을 들고 나왔고, 1960년대에는 교착 상태에 빠졌다. 1976년의 저작권법 통과는 갑작스러운 자각의 결과가 아니라, 관련된 원로 상원들의 기억만큼이나 오래된 투쟁의 결과였다. 그렇지만 1976년의 무언가가 기나긴 침체 상황을 깨뜨린 것이 틀림없다.

저작권청에 등록된 저작물의 보호 기간을 최대 48년에서 사후 50년으로 바꾼 새 법을 통해 미국은 다른 국가들과 보조를 맞추게 되었다. 무명 또는 이명 저작물 및 '업무상 저작물'의 "저작권은 공표된 때부터 70년간 또는 창작된 때부터 50년간 중 먼저 만료되는 기간 동안 존속한다."(제302조 c항) 다시 말해 고용인이나 계약자(음악인, 저널리스트, 삼류 작가, 일러스트레이터 등등)의 저작물에 대해 법인이 최대 한 세기 동안 저작권을 행사할 수 있다는 뜻이다. 광범위한 저작물로부터 얻을 수 있는 수입이 확 늘어난 것이다. 이 조항이 없었다면 그리고 그로부터 얼마 전 음반이 저작권 보호 대상에 포함되지 않았다면, 2021년에 소니 뮤직이 브루스 스프링스틴의 음악에 5억 5,000만 달러나 지불하지는 않았을 것이다.

1976년 저작권법은 그전까지 잡다한 법령 및 판례법으로 정해졌던 저작권 보호 대상을 깔끔하게 정리했다. 저작권은 이제 어문 저작물, 가사를 포함한 음악 저작물, 음악이 수반되는 작품(오페라, 브로드웨이 뮤지컬 등)을 포함한 극 저작물, 팬터마임 및 안무 저작물, 회화·그래픽·조각 저작물(사진 포함), 영화 및 기타 시청각 저작물 그리고 녹음물로까지 확장되었다.

그런데 현재 우리 삶에 아주 중요한 영향을 미치고 있는 특별한 무언가가 여기에 추가되었다. 제101조는 다음과 같이 명시했다.

> '어문 저작물'은 낱말, 숫자 또는 기타 언어적·수적 기호나 표시로 표현된, 시청각 저작물 이외의 저작물이다. 책, 정기 간행물, 원고, 음반, 필름, 테이프, 디스크 혹은 카드 등 저작물이 체화된 물체의 성질에 구애받지 아니한다.

테이프, 디스크, 카드에 숫자 및 숫자 기호로 표현된 저작물이란 무슨 의미일까? 무엇보다 이 조항은 천공 테이프를 보호 대상에 포함하여 저작권이 걸린 곡을 기계 피아노로 연주하는 것을 허락했던 이전의 조치를 확정했다. 그러나 음악 산업에 대한 양보를 새롭게 표현한 이 조항 때문에, 규모가 점점 더 커지고 있던 다른 산업도 덩달아 저작권 영역에 들어오게 되었다. 천공 테이프, 천공 카드, 자기 카드로 입력된 컴퓨터 소프트웨어.

"프로그램 컴파일의 조합·선별·배열·편집·어문적 표현이 독창성을 충족한다"[179]는 조건하에, 공표 및 등록을 마친 프로그램이 저작권청으로부터 저작권을 인정받은 몇 건의 선례가 이런 변화를 예고했다. 하지만 우리 삶을 여러모로 지배하고 있는 거대한 독점적 소프트웨어 산업의 성장에 진정한 전환점이 된 것은 1976년 저작권법이었다. '어문 저작물'이라는 짧은 단어 하나가 컴퓨터 프로그램에 마법을 부린 셈이다. 21세기 정보 기술 기업의 주된 기초 자산이 최대 20년까지 지속되는 특허가 아니라 최대 100년까지 존속하는 저작권의 보호를 받는 이유가 여기에 있다.

1976년 저작권법으로 인해 미국 저작권의 본질과 기능이 바뀌었지만, 베른 협약과 다른 여러 특색은 유지되었다. 미국이나 국제 협약 동맹국(즉 베른 협약에만 가입한 국가들이 아니라 UCC 회원국들)에서 처음 공표된 저작물은 여전히 저작권 보호를 받았다. 저작권 등록 제도 역시 그대로 유지되었다. 이는 1989년에 선택 사항이 되었지만, 지금도 미국에서는 저작권 침해 소송에서 법정 손해 배상금과 법무 관련 수수료를 제대로 챙기려면 저작물을 저작권청에 등록해두어야 한다.

새로운 법은 저작권 보호의 '범위'도 완전히 재정립했다. 예상 가능하거나 이미 존재했던 창작자의 재산권(책의 복제, 음반 판매, 희곡 및 음악 실연, 미술품 전시)이 열거되었지만, 제106조 2항에는 "저작권의 보호를 받는 저작물에 근거하여 2차적 저작물을 작성할" 권리도 추가되었다. 이 포괄적인 문구에 따르면, 저작물의 축약이나 번역 또는 연극 및 영화를 위한 각색뿐만 아니라 모든 2차적 사용이 저작권 침해에 해당한다. 이후로는 원칙상 그리고 아마 실제로도, 카자흐스탄의 페트로파블롭스크에 있는 문화 궁전에서 영화 〈바람과 함께 사라지다〉의 무도회 장면을 공연하면 마거릿 미첼 유산 관리자인 미국 신탁은행의 권리를 침해하게 될 터였다.

그러나 1976년 저작권법은 인간 정신의 창작물이 또다시 사유화되는 과정의 시작일 뿐이다. 그 후 4반세기 동안 지식 재산과 관련한 새로운 법이 어느 때보다 많이 만들어졌다. 단시간에 지식 재산을 둘러싼 높은 벽이 세워졌고, 그사이 창작자나 소비자에게 무슨 일이 벌어졌는지 눈치챈 사람은 거의 없었다.

지난 50년간 제정된 미국 저작권법이 특히 부각되는 이유가 있다. 1976년부터 미국은 판을 뒤집고 세계를 여습하기 시작했다. 200년 동안 저작권 보호를 미루며 국가 간 규제에 침여하기를 꺼리던 미국이 50년 전 소프트 파워와 거기에서 발생하는 수익에 눈을 뜨더니, 임대료 창출이라는 새로운 책략을 다른 국가들에 성공적으로 전파했다.

1989년 마침내 베른 협약에 가입한 미국은 세계의 동향에 발맞추기 위한 수권법을 통과시켜 등록 제도를 폐지하고 베른 협약 가맹국에서 공표한 저작물도 보호 대상에 포함했다. 거의 모든 UCC 조인국들 역시 미국을 따랐고, 이로써 베른 동맹은 문학예술 작품의 세계 유통에 관한 중추적 규칙을 세운다는 원래 목표를 드디어 이루게 되었다[다만 미국에서 '문학 작품(literary work)'이란 이미 컴퓨터 소프트웨어를 의미했고, 오래전부터 '저작자'는 창작자에게 임금이나 수수료를 지불하는 고용주 혹은 법인이었다]. 그 후로는 미국에서도 대부분의 다른 나라처럼 등록 같은 형식적 절차 없이 창작과 동시에 저작권이 발생한다. 우리가 쓰는 모든 글, 우리가 찍는 모든 사진, 우리가 불러서 녹음하는 모든 노래에는 이제 자동으로 우리 명의의 저작권이 적용된다. 그래서 1989년에 수억 명의 시민들이 저작권자가 되었고(이 사실을 알아챈 사람은 거의 없었지만), 그 후로 매일 수백만 건의 새로운 저작권이 생겨나고 있다. 시끌벅적한 디너파티에서 피카소의 〈비둘기〉에 대해 테이블 냅킨에 휘갈겨 쓴 배꼽 빠지는 우스갯소리도 똑같이 보호해주는 것이 공평할지도 모른다. 하지만 온갖 잡다한 것을 다차원적으로 엄격히 보호하며 재사용을 막는 건 상당히 불합리하기도 하다. 연이은 새로운 법들—1976년 법, 베른 협약 가입, 1989년의 수권법—은 18세기에 콩도르세가 예견했던 디스토피아를 현실로 만들었다. '천박한' 것이 재산으로 인정받고, 새로운 진리를 발견한 진지한 작업은 인정받지 못하는 세상.

10년 후 미국은 1998년 저작권 기간 연장 법, 일명 소니 보노 법(Sonny Bono Act)을 제정하여, 대부분의 베른 협약 가맹국처럼 사후 보호 기간을 50년에서 70년으로 늘렸다. 이 법의 특이성은 소급 효과에 있다. 앞선 20년 동안 저작권 영역 밖으로 빠져 나갔던 창작물들—1923~1924년에 사망한 창작자의 작품—이 다시 저작권 보호를 받게 되었다. 스콧 피츠제럴드가 남긴 문학 유산의 장기적 가치를 높이려는 목적은 아니었지만, 이 법은 그런 예기치 못한 역효과를 낳았다. 강력한 저작권이 창작을 고취한다는 장황한 변론을 입법자들 스스로도 전혀 믿지 않는다는 사실을 보여주는 확실한 증거이기도 했다. 소니 보노 법의 목적은 다른 데 있었다.

　저작권 기간의 이런 소급적 연장을 뒤엎으려는 시끌벅적한 시도가 있었다. 쟁점은, 1997년에 저작권이 소멸한 작품이 새로운 법으로 인해 다시 저작권이 생겼으니 1999년에 인터넷 사이트에 그것을 게시하면 저작권 침해인가 하는 문제였다. 신체장애를 가진 교육자인 피고 에릭 엘드리드는 헌법을 전문으로 하는 법학 교수 로런스 레시그(Lawrence Lssig)의 도움을 받았고, 그들은 현대 미국의 수많은 문학 작품과 영화를 다시 사유화하는 건 언론의 자유에 위배된다는 요지의 주장을 펼쳤다. 2003년에 대법원은 원고측 손을 들어주었다.[180] 이 판결에는 헌법 제8조―의회는 '일정한 기간' 저작자 및 발명자에게 저작물과 발명에 관한 재산권를 보장함으로써 과학과 유용한 기술의 발전을 도모하는 법을 제정할 자유를 가진다―가 이제 존재하지 않는다는 암시가 숨어 있는 듯하다. 저작권 영역은 계속해서 조금씩 넓어지고 있고, 이를 방해할 장애물은 남아 있지 않다.

　미키 마우스라는 캐릭터가 처음 등장하는 애니메이션 〈증기선 윌리(Steamboat Willie)〉가 1928년에 개봉되었고, 그 저작권은 월트 디즈니가 이제 막 설립한 회사에 있었다. 당시의 법(1909년 저작권 법과 그 수정 조항들)에 따르면, 1956년에 재등록할 경우 그로부터 28년 후인 1984년에 저작권이 만료될 예정이었다. 하지만 그 전에 제정된 1976년 저작권 개정법은 인간이 아닌 법인이 소유한 권리, 따라서 사후 기간이 적용될 수 없는 권리에 대한 특별 조항을 만들었다. 제301조 (a)는 난해한 법률 용어로 범벅되어 있지만, 계산기만 있으면 그리 어렵지 않게 해독할 수 있다.

> (개인 저작자의 권리 양수인이나 권리 사용권자가 아닌) 법인체 혹은 업무상 저작물을 기획한 고용주가 저작권을 갖고 있는 저작물의 경우, 저작권자는 저작권청에 갱신 및 연장을 신청하면 저작권을 47년 더 갱신 및 연장할 수 있다.

다시 말해서 때마침 나온 1976년 법 때문에 미키 마우스는 2003년까지 사유 재산으로 남게 되었다(28+47=〈증기선 윌리〉 개봉 후 76년). 제301조 (a)는 무성 영화의 막바지에 큰 사랑을 받은 만화 캐릭터를 통제함으로써 할리우드의 고전 시대에 대한 자유로운 접근을 21세기까지 가로막았다.

이와 비슷하게 소니 보노 법은 미키 마우스가 디즈니사의 손아귀에서 벗어나지 못하도록 막았다. 소급 효과에 따라 소니 보노 법(차라리 미키 마우스 법이라 부르는 편이 낫지 않을까 싶다)은 법인의 저작권을 첫 공표 후 90년 또는 창작 후 12년 중 더 짧은 기간으로 연장함으로써 구피, 도널드 덕 등등—아직도 매년 수백만 달러의 수익을 올리고 있다—에 대한 모든 권리를 2024년 1월 1일까지 유보했다.

1976년 저작권법은 창작 예술과 성장 중인 산업적 기반을 관리하던 기존의 잡다한 법과 판결을 정리했고, 이로써 미국은 다른 국가들의 관행에 더 가까워졌다. 또한 음반 산업이 갓 거둔 승리를 성문화한 법이기도 했다. 그러나 2차적 사용에 관한 조항은, 금지될 때를 제외하고는 무엇이든 자유롭게 할 수 있다는 수백 년의 규범을 뒤엎었다. 확실하게 명시된 자유만 향유할 수 있다는 21세기식 규범이었다. 정작 독자, 작가, 작곡가, 시각 예술가는 자신들에게 그 권리가 있는지 없는지를 영원히 확신할 수 없게 되어버렸지만 말이다.

32장

공정 이용

　1976년의 미국 저작권법은 저작물의 2차적 사용을 보호했지만, 지식 재산권을 둘러싼 높은 벽에 약간의 틈을 남겨두었다. 제107조는 '공정 이용(fair use)' 부문에 속하는 2차적 사용에 대해 저작권 책임을 면제해주었다.

　제107조의 주된 문제는, '공정하다'라는 단어의 의미가 모호하다는 것이다. '올바르다', '정당하다', '온당하다', '용인된다' 등 못지않게 모호한 개념들과 겹친다. 그래서 크리켓 심판은 페어플레이라고 판단했지만 선수들에게는 전혀 그렇게 느껴지지 않을 수도 있다. 이런 이유로 1976년 저작권법은 '공정'의 정확한 의미를 밝히지 않는다. 법률 문서는 대개 첫머리에 용어를 정의하는데, 공정 이용 조항은 모든 법적 용어를 설명하면서도 단 한 단어 '공정'만 쏙 빼놓았다. 대신 학교에서 학생에게 단어의 의미를 설명하는 데 사용하는 방식을 차용한다. 즉 개괄적인 용어의

의미를 추론할 수 있도록 용례를 쭉 열거하는 것이다. 그러나 실제 교실에서 사용하기엔 바람직하지 않은 방향을 취한다.

비평, 논평, 뉴스 보도, 교수(수업용으로 다수 복제하는 경우를 포함), 학문, 연구 등과 같은 목적으로 저작권 있는 저작물을 복제물이나 음반으로 재현하는 경우를 포함한 공정 이용은 저작권 침해가 아니다.

"저작권 있는 저작물(의)… 공정 이용은 저작권 침해가 아니다"라고 말하는 건 동어어 반복이다. 그리고 저작권 침해에서 제외될 수 있는 이용 사례들(비평, 논평, 뉴스 보도, 교수, 학문, 연구)을 제시하는데, 이 특정 분야들의 저작권 보호물이라면 무조건 재사용할 수 있는 것이 아니라 공정한 이용만 가능하다고 말한다. 그러면서도 '공정 이용'의 정확한 의미를 알려주지는 않는다. 어떤 이용이 공정한가 아닌가를 두고 법정마다 다른 판결이 나오고, 학회나 개인이 저작권 자료를 인용할 때 지나치게 조심하는 주된 이유가 바로 여기에 있다.

교수와 학문, 책 서평과 뉴스 보도의 경우 논의 대상인 저작물을 짧게 끌어다 쓰는 것이 일반적으로 용인되는 분위기지만, 일률적으로 면제되는 것은 결코 아니다. 저작권자가 권리 침해를 주장할 때 '공정성'을 평가하는 방법에 대해 1976년 저작권법은 다음과 같은 지침을 내린다.

특정한 경우에 저작물의 사용이 공정 이용이냐의 여부를 결정하는 데 다음의 요인들을 참작하여야 한다.

(1) 상업용인지 비영리 교육용인지를 포함한, 그 사용의 목적 및 성격
(2) 저작권 보호를 받는 저작물의 성격
(3) 해당 저작물 전체에서 사용된 부분의 분량 및 중요성
(4) 이러한 사용이 해당 저작물의 잠재 시장이나 가치에 미치는 영향

이 단락은 일부러 혼란과 의문을 불러일으키려고 집어넣은 것처럼 보일 지경이다. 우선 네 요인의 우선순위가 정해져 있지 않다. 넷 모두 충족해야 하는지, 아니면 하나만 충족해도 되는지 분명치 않다. 이중 가장 우선되는 요인이 있을까? 한 요인이 다른 요인을 무효화할 수 있을까? 사정이 이러하니 법원에 상당한 재량권이 주어질 수밖에 없고, 막연한 '공정 이용'의 가능한 사례를 일일이 열거하느니 그 편이 더 합리적이긴 하다. 하지만 다른 한편으로 우리는 법적 절차의 예측 불가능한 결과에 그저 승복할 수밖에 없다.

네 가지 요인 자체는 법률 조항답지 않게 애매하다. '저작물의 성격'이라는 표현은 여러 해석이 가능하다. 시시하거나 유익하다, 길거나 짧다, 세련되거나 투박하다 등등, 소설이나 로그표의 '성격'을 특징지을 수 있는 조건은 무엇이든 될 수 있다. 마찬가지로 '사용된 부분의 분량'도 그것을 정하는 기준이 명시되지 않

아 많고 적음을 가늠하기 어렵다. 네 번째 항목은 훨씬 더 애매하다. 앞서 설명했듯, 책 인쇄가 시작된 후로 출판업자들과 작가들은 특정 작품의 '잠재 시장'을 어느 정도 추측할 수 있다는 사실을 잘 알았다. 그러나 신작 소설이 큰 인기를 누릴지, 어떤 노래가 히트곡이 될지는 누구도 알 수 없다. 따라서 저작물의 2차적 사용이 "잠재 시장에 미치는 영향"을 추정하는 건 어림짐작에 더 가깝다. 희망 사항에 불과한 그런 추정치를 너도나도 주장하고 나선다. 저작권 침해 소송에서 피해 배상금을 계산할 때 그런 추정치를 근거로 삼는 것이 판례가 되어버렸다. 그러니까 실체 없는 허풍에 거액이 걸린 셈이다.

이는 곧 창작물의 가치가 얼마이며, 창작물의 일부가 다른 저작물에 '불공정' 이용되었을 때 얼마의 손해가 발생하느냐를 판단하는 위험한 임무가 판사에게 맡겨졌다는 뜻이다.

이런 이유로 변덕스러운 바람에 휙 열렸다 닫히는 문처럼 공정 이용과 관련된 판결에는 대중이 없다. 저작권 침해 소송에서 유력한 저작권자에 맞서 감히 '공정 이용'을 들먹일 수 있는 사람은 배짱 좋고 주머니 두둑한 도박꾼들뿐이다. 판례가 워낙 들쭉날쭉하다 보니 미국 법원이 공정 이용 변론을 허용할지 거부할지 확신할 수가 없다.

영국과 유럽연합의 경우, 저작권 침해에 해당하지 않는 사례를 구체적으로 명시하여 틈을 거의 남겨두지 않았다.* 그러나

---

* 저작권, 디자인 및 특허 법(1988년) 제28조~제31조는 '공정 거래' 항목을 다음과 같이

이런 제도들의 주 요점은 크게 다르지 않다. 학문·비평·뉴스 보도 목적으로 인용할 권리, 수업용으로 복제물을 만들 권리, 패러디할 권리는 어디서든 인정된다. 하지만 그외의 모든 것은 확신할 수 없다.

2001년, 앨리스 랜들은『바람과 함께 사라지다』를 패러디하여 노예의 시점에서 쓴『사라진 바람(The Wind Done Gone)』을 발표했다. 마거릿 미첼 유산 관리단의 새 이름인 선 트러스트 은행(Sun Trust Bank)은 곧장 출판사를 저작권 침해로 고소했다. 지방법원은 남북전쟁 전의 미국 남부를 그린 고전의 플롯, 배경, 등장인물을 노골적으로 재사용한 것은 저작권 침해라며『사라진 바람』의 출판을 금지했다. 소송에 참여한 한 변호사가 전하기를, 판사는『바람과 함께 사라지다』라는 벽으로 둘러싸인 사유지를 패러디 소설이 '불도저'처럼 침범했다고 보았다.[181] 하지만 미국 역사와 정치의 민감한 부분을 건드린 이 패러디 소설이, 노예제가 시행되던 남부를 낭만적으로 묘사한 소설의 저작권을 침범했다는 판결은 검열이나 마찬가지였다. 다행히도 항소 법원은『사라진 바람』이 원작의 '공정 이용'이라며 1심 판결을 뒤집었다. 영리를 목적으로 한 출판이었지만 패러디의 '상당한 변형성'이 더

열거한다. 임시 복제물(예를 들면 컴퓨터 캐시 메모리에), 사적 사용을 위한 개인용 복제물(참고용 사진 복사 등), 조사 및 개인적 연구, (대학 등에서의) 비영리적 연구를 위한 텍스트 및 데이터 분석의 복제물, 비평·재검토·인용·뉴스 보도, 캐리커처·패러디·혼성모방, '저작권 소재의 우연한 포함'. 제31조~제76조는 기타 허용 항목을 명시한다. 책들을 점자로 옮긴 것, 교육 목적, 도서관이 관내용으로 제작한 복제물, 컴퓨터 디스크의 예비 복사본, 저작권 있는 활자체 사용 등의 아주 구체적인 (그리고 명백하기 그지없는) '2차적 사용'.

중요하다는 것이었다.[182] 이렇듯 공정 이용 정책은 언론의 자유 탄압에 저작권법이 사용되는 것을 막아주기도 한다. 그러나 누구나 아는 옛날이야기를 개작해 노예제를 비판하는 일에, 거액을 들인 재판과 항소로 그 적법성을 증명해야 한다는 사실이 놀라울 따름이다. 또한 이 소송은, 베른 협약에서 처음 도입되어 결국 미국 법에 안착한 2차적 저작물 통제권이 오히려 표현을 제약하고 있다는 불편한 진실을 드러내주기도 한다.

하지만 런던이나 파리에서 소송이 제기되었다면 마지막 결말은 달라질 수도 있었다. 저작물 동일성 유지권과 "폄하 행위에 이의를 제기할 권리"[183]기 인정되는 사법권에서라면 『바람과 함께 사라지다』의 인격권 보유자들(선 트러스트 은행이 아닌 작가의 상속인 및 후손)은 『사라진 바람』이 원작을 왜곡해 마거릿 미첼과 그녀의 작품을 폄하했다고 주장할 수 있었을 것이다. 조너선 그리피스에 따르면, 『사라진 바람』 같은 작품들은 영국에서 출간되기 어려울지도 모른다.[184] 흑인 배우들이 출연하는 영화의 배급을 막는 데 인격권이 사용된 전적이 있는 프랑스에서도 같은 사태가 발생할 수 있다.

랜들의 소설은 문학 및 예술에의 대중 참여라는 훨씬 더 광대한 현상에서 눈에 띄는 한 사례에 불과하다. 대중 소설을 읽거나 영화와 텔레비전 프로그램을 보는 사람들은 다른 배경, 플롯, 결말을 상상하거나 이야기를 확장하기를 좋아해서, 『레 미제라블』에서부터 『트와일라잇』까지 다양한 문화 자원을 탐구하는 클럽, 협회, 잡지, 웹사이트를 만들기도 한다. 명실공히 최초의

'팬 잡지'라 할 수 있는 《스팍카날리아(Spockanalia)》는 영화 〈스타트렉〉 1편의 성공으로 1960년대에 탄생했고, 처음에는 열성적인 팬들에게 책자로 배포되었다. 그 후로 인터넷을 통해 무수한 팬들이 서로 소통하며 자체의 하위 장르와 규범을 갖춘 완전히 새로운 문학을 창작했다. 그런데 팬 픽션은 합법일까?

『60년 후: 호밀밭을 지나가며(Sixty Years Later: Coming through the Rye)』는 J. D. 샐린저의 고전 『호밀밭의 파수꾼』의 주인공인 홀든 코필드의 16살에서 76살까지의 인생을 그린다. 18세기에 리처드슨의 소설 『파멜라』의 속편들이, 좀 더 최근에는 마리우스와 코제트의 『레 미제라블』 이후 삶을 묘사한 세레자의 소설들이 그랬듯, 스웨덴 작가 프레드릭 콜팅이 집필한 이 속편은 널리 사랑받는 고전과의 창작적 교류일 뿐만 아니라, 원작에 대한 비평과 경의를 동시에 담은 작품이었다. 그러나 원작은 저작권의 보호를 받고 있었고, 저작권에는 2차적 저작물을 허락할 권리도 포함되어 있었다. J. D. 샐린저는 2009년에 저작권 침해 소송을 제기해 지방법원에서 승소했다. 다음 해의 항소 재판에서 금지 명령이 해제되었지만, 미국에서는 여전히 콜팅의 소설을 구할 수 없다.

그러나 웹에 팬 픽션이 올라올 만큼 '팬덤'을 형성한 인기 작품의 작가는 대부분 저작권 침해 소송을 제기하지 않았고, 일부는 전 세계 독자의 창작 활동을 격려하기도 한다. 하지만 이들 작품의 법적 상태가 워낙 애매하고 불확실하다 보니, 신중한 팬 픽션 작가들은 기부금으로 운영되는 변호 팀, 변형 저작물을 위한 단체(Organization for Transformative Works)를 설립했다. 이 단체는 팬 픽션은 물론이거니와 이제 학문적 관심사가 된 작품에 관한 학술지도 관리한다. 팩 픽션은 저작권 자료의 '공정 이용'으로서 그 합법성을 주장할 수 있다. 대개는 비영리 목적으로 창작되는데다 원작 판매에 오히려 도움이 될 가능성이 높기 때문에, 만약 재판이 열리면 이런 변론이 잘 먹힐 것이다. 팬 픽션 옹호자들은 표현의 자유라는 헌법상 권리를 방패막이로 삼기도 한다. 이 두 가지 법적 수단을 이용할 수 있는 미국은 대규모 팬 픽션 사이트들의 본거지가 되었고, 여기에는 비영어권 작품의 팬덤도 포함되어 있다.

'공정 이용'은 거대 기업체들이 거의 '모든 것'을 거머쥐지 못하도록 막을 수 있는 유일한 방패처럼 보인다. 일부 낙관적인 법학자들은 문화 산업 분야별 관례 규약과 교육을 통해 공정 이용을 지키고 활성화할 수 있을 거라고 생각한다.[185] 법학 교수 로런스 레시그처럼 완전히 저작권을 벗어난 새로운 방법을 모색하는 학자들도 있다. 그런데 신기하게도, 세계 최대의 콘텐츠 소유주들은 저작권을 옆으로 제쳐둠으로써 전보다 더 큰 돈을 벌 방법을 찾아냈다.

33장

저작권 공황

음악 저작권의 최근 역사는 소리뿐만 아니라 텍스트와 그림도 기록하고 전송하는 기술의 초고속 업데이트와 불가분의 관계에 있다. 등장하기가 무섭게 구식이 되어 사라져버리는 이들 기기는 이해 관계자들을 공황 상태에 빠뜨렸다. 변화에 대한 그들의 저항이 일부 성공하면서 상황은 복잡하게 꼬여버렸고, 그 덕에 브루스 스프링스틴의 음악은 고가에 팔릴 수 있었다.

기술 경보가 처음 크게 울린 것은, 비디오카세트리코더가 세상에 나왔을 때였다. 이제 사람들은 라이선스 요금을 내지 않고도 텔레비전 방송을 녹화할 수 있게 되었다. 영화업계는 VCR 제조업자들을 표적으로 삼아 '저작권 침해 방조'라는 새롭고 특이한 불법 행위를 들먹이며 '무단 복제'를 근절하려 했다. 소송을 맡은 대법원은 소니의 베타맥스 리코더가 '무단 복제' 외의 용도로도 쓰일 수 있으므로 적법한 장치라고 판결했다.[186] 리코더 판매를 막는 데 실패하자 영화업계는 전략을 바꾸었다. 스튜디오들이 비디오카세트를 자체 제작하여 유료 대출 도서관(19세기 잉글랜드의 회원제 대출 도서관과 아주 비슷하다) 회원에게, 나중에는 우편 대여 서비스 가입자에게 빌려주었다. 이 책을 지금까지 읽었다면 익숙한 상황이겠지만, 저작권 보호 자료를 엄격하게 규제하기보다는 널리 배포하는 것이 돈벌이에 더 좋았다.

그러나 비디오카세트를 대여한 일반인이 더블데크 VCR과 빈 테이프를 이용해 내용을 복제할 수도 있었다. 미국 영화 협회는 라이선스 계약이 맺어진 카세트의 복제 또는 방송을 녹회한 카세트의 복제를 형사 범죄로 만들기 위해 맹렬하고도 시끌벅적한 운동을 벌였다. 이 운동의 결실로, 카세트나 DVD 형식으로 구매하거나 대여하는 영화의 첫 장면에 FBI 경고문이 떴다(그 매체들이 사라질 때까지).

그러나 20세기 후반의 문화 산업 투자자들이 가장 큰 위협을 감지한 것은 팀 버너스 리(Tim Berners-Lee)가 인터넷을 발명했을 때였다. 원래는 과학자들끼리 연구 내용을 공유하는 도구로 고안됐던 인터넷은 완벽한 텍스트 복제본을, 그다음엔 소리 및 이미지 파일을 아주 적은 비용으로(복제자는 한 푼도 쓰지 않았다. 물론 지구는 대가를 치러야 했지만) 배포하는 수단이 되었다.

출판사들은 업계 전체의 파멸을 걱정했고, 음반 회사들은 훨씬 더 심각한 공황 상태에 빠졌다. 음악을 완벽하게 복제해 널리 공유할 수 있는, 그래서 CD를 폐물로 만들어버리는 P2P(peer-to-peer) 기술이 개발된 것이다. 음반업계는, 이런 서비스를 제공하거나 서비스가 가능하도록 인터넷 연결을 제공한 업체를 추적하려 애썼다. 인터넷 서비스 공급업체(ISP)는 법적 책임을 피하기 위해 의회를 상대로 로비를 벌였고, 결국 1998년에 제정된 디지털 밀레니엄 저작권법(Digital Millennium Copyright Act, DMCA) 아래 '면책 조항'이 만들어졌다. '면책 조항'으로 ISP를 보호하는 전략은 전혀 새로운 것은 아니었다. 완전히 다른 분야인 포르노그래피에서 이 전략이 처음으로 등장했다. 인터넷 덕분에 포르노 공급업자는 외설물을 우편으로 발송하는 데 따르는 제약을 회피할 수 있었고, 머지않아 인터넷은 용납할 수 없을 정도로 노골적인 음란물이 흘러다니는 국제 하수구가 되어버렸다. 프랑스에는 인터넷에 상응하는 미니텔(Minitel)이 있었는데, 텍스트 기반의 이 정보 단말기 역시 매춘 알선 서비스와 선정적인 통화 서비스에 이용되면서 '미니텔 로즈(le minitel rose)'라는 완전히 새로운 산업을 조성했다. 섹스는 뉴스를 만들고, 뉴스는 정치를 만든다. 그래서 '인터넷 위협'에 대한 첫 대응은 그 내용물을 건전하게 정화하는 것이었다.

상원의원 제임스 엑슨이 발의한 1996년의 통신 품위 법 (Communications Decency Act, CDA)은 도덕성 검열과 비슷한 다양한 규제를 통해 인터넷의 '오물'을 제거하려 했다. 그러나 또 다른 상원의원 론 와이든은 이제 막 시작된 완전히 새로운 모험적 시도가 엑슨의 엄격한 법안 때문에 꽃피우지 못할 거라고 생각했다. 와이든은 인터넷 이용자가 웹에 게시하는 내용에 대해 인터넷 서비스 공급업체의 법적 책임을 면제해주는 특별 조항을 추가하는 데 성공했다. 제230조에 다음과 같은 문장이 삽입되었다. "쌍방향 컴퓨터 서비스의 제공자나 이용자는 다른 정보 콘텐츠 제공자에 의해 제공된 정보의 공표자 또는 발화자로 간주되지 아니한다." 이 조항은 이제 소셜 미디어를 포함한 온갖 온라인 사이트에 적용되고 있는 디지털 밀레니엄 저작권법의 '면책 조항'으로 이어지는 길을 터주었다.

통신 품위 법은 언론의 자유에 상충한다는 이유로 대부분 기각되었지만 음란물뿐만 아니라 오보, 모의, 선동이 판을 치도록 허용한 조항만은 그대로 유지되었다. 출판 허가법이 효력을 상실한 1695년의 잉글랜드와 비슷한 상황이 만들어졌다.

책이 인쇄되기 시작한 초기부터 통신 품위 법이 통과될 때까지, 어문 저작물이나 시각 저작물을 공표하는 자가 저작물에 대해 책임을 져왔다. 인쇄업자에 이어 출판업자, 앤 여왕 법 이후엔 저자 역시 무형 재산의 합법적 소유자로 간주되었고, 그 사실로 인해(ipso facto) 저작물을 법에 합치시킬 책임이 있었다. 책에서부터 신문, 텔레비전 방송에 이르기까지 모든 형태의 공표물에 이 원칙이 여전히 적용되고 있지만, CDA의 제230조에 뒤이어 1998년 DMCA의 제512조 (c)는 인터넷을 통해 자료를 배포하는 플랫폼 소유자에 대해 특별한 예외를 둔다.

우리 모두 알고 있듯, 광대하게 연결된 전자 통신의 세계를 속속들이 파고들어 새롭거나 오래된 자료의 유포를 단속하는 것은 어렵기도 하거니와 비용도 많이 든다. 그러나 이 세계는 창작자의 권리나 일반 대중의 이익과는 아무 관계도 없는 방식으로 관리되어왔다. 통신 품위 법은 컴퓨터를 통한 자료 배포를, 지난 5세기 동안 '소유'와 '책임'이라는 쌍둥이 개념의 균형을 유지시켜준 제약 밖에서 이루어지는 활동으로 간주한다.

성공한 소셜 미디어 플랫폼의 대다수는 법적 주소지가 미국으로 되어 있는데, 가장 큰 이유는 '면책 조항' 덕분에 인터넷 기업이 거의 무제한으로 자유롭게 활동할 수 있기 때문이다.

그러나 CDA는 출판사들과 엔터테인먼트 기업들 사이에 존재하는 '인터넷 공포'를 직접 해결해주지는 않았다. 오히려 온라인에서 대대적으로 벌어지는 무단 복제를 막기가 훨씬 더 어려워졌다. CDA 덕분에 채널 소유자―인터넷 서비스 공급업체―가 게시물에 대한 전반적인 책임을 면제받았기 때문이다. 그들의 수익에 최대한 피해가 가지 않도록 도와줄 새로운 법, 즉 디지털 밀레니엄 저작권법이 그들의 끈질긴 요청으로 신속히 입안되고 통과되었다.

DMCA는 엔터테인먼트 업계의 한 가지 바람을 이루어주었다. 바로 CD 불법 복제 단속을 회피하려는 시도를 범죄로 취급하는 것이었다. 그리고 1996년 통신 품위 법에 처음 도입된 인터넷 서비스 공급업체를 위한 '면책 조항'을 확장하고 개선하여 '통지 후 삭제(Notice and Take-Down)'라는 새로운 장치를 마련했다. 이로써 콘텐츠 소유자는 자신이 권리를 가진 자료를 웹에서 삭제할 수 있게 되었다. 여전히 시행 중인 이 조항에 따르면, 플랫폼은 저작권 침해 자료가 그들의 사이트에 올라와 있다는 사실을 콘텐츠 소유자로부터 통지받을 경우 그 자료를 삭제해야 한다. 물론 소유자는 자신이 문제의 영화, 클립, 노래, 예술 작품 혹은 텍스트에 대한 권리를 갖고 있음을 증명해야 한다. 그리고 거의 하루 종일 광대한 인터넷을 감시하고 있다가 때를 잘 잡아 웹사이트에 알리고 삭제를 요청해야 한다. 그러니 자사 소유의 콘텐츠를 식별하도록 교육받고 인터넷망을 샅샅이 뒤지는 팀원이나 필요한 정보를 자동으로 수집해주는 웹 크롤링(web-crawling) 장치를 갖춘 대형 법인이 아닌, 기댈 곳 없는 개인 창작자에게는 그리 쉬운 일이 아니다. 그래도 웹 서비스 이용자들이 권리 보유자의 허락 없이 무엇이든 게시하지 못하도록 막을 수 있는 수단은 이것밖에 없다.

대형 사업체들(엔터테인먼트 기업과 인터넷 서비스 공급업체)의 이익에 영합한 이 조처들은 일반 대중의 이익을 도외시하고 있다. 200년 전 런던 인쇄업자들의 요구보다 공익을 우선시한 판결로 도널드슨이 영국 상원에서 승리를 거둔 바 있지만, DMCA는 그 옛날 서적출판업자 조합이 문화재를 통제하던 방식을 부활시킨 듯하다.

대형 엔터테인먼트 기업들은 '통지 후 삭제' 장치를 이용해 인기 곡의 재배포를 수월하게 막을 수 있다. 인기 곡의 대부분을 소유하고 있는데다 그 소유권을 주장해줄 법무팀을 갖추고 있기 때문이다. 몇몇 대형 기업이 꽉 쥐고 있는 음악 저작권 때문에, 수많은 젊은 컴퓨터 이용자들은 좋아하는 히트곡을 커뮤니티 웹사이트에 올려 친구들과 공유하기가 어려워졌다. 오래지 않아 영리한 프로그래머들은 플랫폼에 자료가 저장되지 않는 P2P 파일 공유 시스템을 고안함으로써 장애물을 피해 갈 방법을 찾아냈다. 콘텐츠 기업들은 재빨리 뭉쳐, 최초의 파일 공유 사이트인 냅스터에 이어 카자, 그록스터, 매드스터 같은 동종 사이트들을 고소했고, 2001년부터 2005년까지 이어진 소송들에서 이겼다. 이 사이트들은 '저작권 침해 방조'에 가담한 혐의로 금지되었고 사라졌다. 그로부터 20년 전 VCR 리코더가 발명되어 난리가 났을 때처럼, 콘텐츠 업계는 신기술이 등장하자마자, 1790년 법의 취지를 살린답시고 그들의 수익을 위협하는 새로운 수법을 짓밟아버렸다.

DMCA는 또한 콤팩트디스크(CD)에 대한 엔터테인먼트 업계의 통제를 위협하는 행위를 범죄로 규정하는 전례 없는 조항도 만들었다. CD는 영화와 음악을 담을 수 있을 뿐만 아니라 카세트나 테이프보다 휴대성이 좋고 제작비도 훨씬 저렴했다. 그 전에 이미 CD 제조업체들은 복제 시도를 막는 특수 제어 코드를 삽입하고, CD를 재생할 수 있는 지역도 제한했다. 그런데 한 천재적인 10대가 복제를 막는 장치를 무력화하는 방법을 알아내 텔레비전으로 외국 영화를 시청했다. 그러자 DMCA는 그런 교묘한 회피 수법을 짓밟았다. DeCSS라는 우회 프로그램의 공동 발명자인 욘 레크 요한센(Jon Lech Johansen)은 여러 차례 열린 노르웨이 재판에서 무죄 판결을 받았지만, 미국은 그의 프로그램에 금지 명령을 내렸다.[187] 저작권법이 권리 침해가 아닌 침해 방법을 금지하는 방향으로 개정된 것은 이때가 처음이었다.

이용자들이 저작권 보호를 받는 저작물의 클립뿐만 아니라 자신의 영상 창작물도 게시할 수 있는 좀 더 정교한 파일 공유 서비스가 등장하자, 아니나 다를까 이를 짓뭉개려는 시도가 이루어졌다. 2007년, 코미디 센트럴, MTV, 니켈로디언, 파라마운트를 소유한 바이어컴(Viacom)은 유튜브와 그 소유주인 구글을 저작권 침해 동조로 고소하며, 자그마치 10억 달러의 손해 배상금을 요구했다. 냅스터 등의 파일 공유 사이트들이 말살된 2005년의 기준이 적용되었다면 유튜브도 최후를 맞았을 것이다. 하지만 그런 일은 벌어지지 않았다. 법원은 유튜브가 디지털 밀레니엄 저작권법의 '통지 후 삭제' 규정을 준수했으므로 법을 어기지 않았다고 판결했다. 바이어컴은 항소했고, 항소 법원은 징식 재판을 열어 유튜브의 책임 유무에 대한 결정을 배심원에게 맡기기로 했다. 재판이 시작되기 직전, 두 거대 기업은 비공개 협상을 벌여 합의점에 이르렀다. 이렇게 해서 유튜브라는 플랫폼의 합법성에 관한 사법적 판단은 이루어지지 않았고 그 후로도 마찬가지였다. 현재 수백만 명이 날마다 사용하는 서비스가 합법인지 불법인지 여전히 불확실한 상태로 남아 있다는 사실이 놀라울 따름이다. 대부분의 사람들이 자신이 저작권을 침해하고 있는지 아닌지 모르는 것도 당연하다.

바이어컴과 구글 간 합의 내용은 공개되지 않았지만 "금전 거래는 없었다"고 공표되었다. 그러나 이후 유튜브의 행보를 보면 어떤 거래가 오갔는지 투명하게 보인다. 이제 구글은 유튜브에 업로드되는 저작권 자료의 소유자들에게, 클립 전이나 중간에 나오는 광고의 수익 일부를 떼어주고 있다. 물론 그 몫을 받으려면 저작권 소유 사실을 유튜브에 알리고 수고스러운 등록 절차를 거쳐야 한다. 인력과 알고리듬을 써서 게시물을 24시간 감시할 수 있는 대형 '콘텐츠 소유자들'은 불만이 없을 것이다. 그리고 구글도 잠깐의 시간을 광고에 내주고 돈을 벌 수 있으니 이득이다. 따라서 우리가 유튜브 영상을 공짜로 시청하는 것 같지만 실상은 그렇지 않다. 영상을 즐기는 대가로, 생명보험이나 향수나 잔디 깎는 기계의 광고로 정신의 일부를 채워야 하는 것이다.

베네치아는 '천재적이고 영리한 사람들'의 명예를 보호했다. 오늘날의 천재적이고 영리한 사람들은 저작권을 묵살할 방법을 찾았다. 웹상의 가장 인기 많고 수익성 높은 애플리케이션에서 저작권은 정리해고당하고 말았다.

이런 대대적인 규모의 저작권 회피는 법의 의미를 무색케 한다. 기업들은 저작권을 조롱하다시피 하다가도 수익을 높일 기회만 생기면 열심히 저작권법을 써먹는다.

34장

허위 정보로
저작권을 홍보하다

영화 및 음악 제작자들은 인터넷 덕분에 가능해진 활동을 아주 가혹한 방식으로 억압했다. 괴벨스가 새빨간 거짓말도 자꾸 반복하면 결국엔 대중이 믿게 된다고 했다는데, 미국 영화 협회(MPAA)와 미국 음반산업 협회(RIAA)가 오랫동안 구사해온 작전을 보면 그의 말이 옳은 것 같다.

1982년에 잭 밸런티가 MPAA의 대표자로 미국 국회의원들 앞에서 진술한 거짓말은 헤아릴 수 없이 많은 다른 거짓말을 양산했다.

> 아무리 장황한 논쟁이 이어진다 해도… 아무리 소란이 일어나고 고성이 오간다 해도, 이성적인 사람들은 근본 쟁점으로 돌아갈 것입니다. (…) 창작 재산 소유자는 미국의 다른 모든 재산 소유자와 똑같은 권리 및 보호를 누려야 합니다.[188]

오해의 소지가 다분한 발언이다. 영국 의회, 미국 의회, 프랑스 국민의회, 독일 연방 의회의 '이성적인 사람들'은 지난 300년간 한 번도 '창작 재산 소유자'의 창작물을 돈이나 집, 땅, 개인 전용기 같은 재산으로 인정해준 적이 없다. 이 책에서 쭉 이야기 했듯, 지식 재산을 유형 재산과는 다른 방식으로 소유하기 위한 타협이 이루어져왔다.

하지만 밸런티는 아랑곳없이 중요한 지점으로 곧장 향했다. 바로 젊은이들의 마음이다.

우리는 1년가량 펜실베이니아 주립대학, 로체스터 대학, 예일 대학, 스탠퍼드 대학의 대표들과 노스캐롤라이나 대학 총장을 만났습니다. 윤리 규범을 확립하기 위해 그들과 협력했고, 그래서 지금은 많은 대학이 학생들에게 교정에서 저작권을 준수할 것을 당부하고 있습니다. 그 규범에 따르면, 처음 발각된 학생은 주의를 받을 것이고, 두 번 발각된 학생은 컴퓨터 사용을 금지당할 것이며, 세 번 발각된 학생은 엄한 처벌을 받을 수도 있습니다. 점점 더 많은 대학이 동참하여 그 규범을 전파하고 있습니다.[189]

MPAA와 RIAA의 자금 지원으로 진행된 이 캠페인의 목표는 여기서 그치지 않았다. 국회의원들을 설득하여 미국 정부 백서에 "우리 학교 및 도서관에서 지식 재산권법"을 가르치자는 제안을 끼워 넣었다.

교육을 통하여 국민들이 자신과 타인의 지식 재산권에 대한
인식을 높이고 그 권리를 더욱 존중할 수 있도록 한다.[190]

이는 (라이선스 계약을) "그냥 승낙하세요!"라는 슬로건을 이
용한 다소 품격 낮은 광고 캠페인 제안으로 이어졌다.[191]

"아이를 일곱 살까지 나에게 맡기면 진짜 사람으로 만들어주
겠다"고 성 이냐시오 데 로욜라는 말했고, 영화·음반 산업은 이
예수회 격언을 그들 선전 운동의 지침으로 삼았다. 그들은 캘리
포니아주 의회에 로비를 벌여, "불법적인 P2P 네트워크 파일 공
유의 결과를 가르치는… 교육 기술 계획"을 학교들에 요구하는
법(2006년에 통과된 AB 307, 일명 차베스 법안)을 통과시켰다. 그
다음엔 미국판 소련 소년단이라 할 수 있는 보이 스카우트에 저
작권 교육 인쇄물을 제공하면서 '저작권 존중하기' 배지를 만들
도록 압박했다.[192]

『사이버비와 함께하는 저작권(Copyright with Cyberbee)』,『캡
틴 저작권(Captain Copyright)』,『ⓒ 팀에 합류하라(Join the ⓒ
Team)』,『러키와 플로, 영화 해적의 냄새를 맡다(Lucky and Flo
Sniff Out Movie Pirates)』같은 제목의 만화나 학습 자료가 학교
로 곧장 우송되었다. 2006년에 미국 저작권 협회는 학교들의
'저작권 알림 주간(Copyright Awareness Week)'을 후원하기도 했
는데,「해리 포터는 어떻게 탄생했나」라는 자료에는 다음과 같
이 쓰여 있었다.

저작권 침해라고 하면 멋있는 말처럼 들릴지 모르지만, 돈을
내고 사야 하는 것을 공짜로 가져가 버리는 사기이자 도둑질
일 뿐입니다.

저작권 협회는 저작권법에 '사기'라는 단어가 전혀 등장하지
않는다는 사실을 몰랐나 보다. 이 책에서 누누이 지적했지만 (학
교 과제물, 연애 소설, 우주 모험 이야기, 노래 가사 등등의) 표절은
저작권 침해가 아니며, 아이디어-표현 이분법에 의해 저작권 영
역에서 배제된다. 지방 신문에 실린 노교수의 사설을 그대로 따
오는 건 부도덕한 행위일지는 몰라도 저작권 침해와는 거리가
멀다.

저작권 침해를 절도에 비유하는 것 역시 부정확하다. 절도는
범죄인데, 저작권 침해가 범죄가 되는 경우는 극히 드물다. 저작
권자의 허락을 받지 않고 번역·개작·인용·실연 등을 통해 저작
권 보호 자료를 2차적으로 사용한다고 해서 감옥에 가지는 않는
다.* 이렇듯 '저작권 알림 주간'은 아이들을 교육하기보다는 오
도하고 협박하려 했다.

영화계 로비 단체인 MPAA는 「뭐가 다를까요?(What's the
Diff?)」라는 수업 자료까지 제작하여, 교사가 학생들에게 다음과
같은 질문을 던지게 했다.

---

* 미국에서 무허가 전재(구식 불법 복제)는 1897년부터 경범죄였고, 1990년대에는 그 목
   적이 돈벌이이고 관련 액수가 클 경우 중죄로 취급되었다. 저작권 침해로 인한 형사 고
   발은 소수에 불과했고, 재판까지 가는 경우는 더더욱 없었다.

친구가 여러분의 숙제를 베끼거나 여러분의 생각을 훔친 적이 있나요? 그때 기분이 어땠나요?[193]

진실과는 한참 동떨어진 멍청한 서술을 중심으로 구성된 수업안도 있었다.

1. 비용을 지불하지 않았다면 훔친 것입니다.
2. 지식 재산은 물리적 재산과 전혀 다르지 않습니다.
3. 저작권자의 허락 없이 남의 창작물을 절대 복제하지 마세요.
4. 남의 지적인 작품을 엄격히 존중하여 표절을 피하도록 배운 학생은 저작권법을 이해하기 위한 기반을 탄탄히 다진 셈입니다.[194]

이 거짓 정보들 중 1번은 햇빛, 생일 선물, 자전거 대여에는 해당하지 않는다. 2번은 1710년부터 제정된 모든 지식 재산 관련 법의 근본, 즉 무형 재산과 유형 재산은 같지 않다는 원칙에 모순된다. 3번은 공정 이용과 공정 거래를 무시하고 있다. 4번은 표절과 저작권 침해를 동일시하는 오류를 저질렀다. 수업안으로서는 개탄스러운 수준이지만 선전용으로는 최고다.

초등학생들이 이런 학습 자료를 보고 무슨 생각을 했든 간에, 이 캠페인은 일반 대중이 무엇이든 공짜로 복제하는 것을 경계하게 만드는 데 성공했다. 예를 들어 프린스턴 대학의 교수진과 학생들은 그들 자신의 저작물이 아니거나 저작권 소멸 여부를 확실히 알 수 없는 경우 다음의 조치를 취하도록 권고받고 있다.

1. 대체 가능한 다른 자료를 찾는다.
2. 공정 이용 여부를 확인한다.
3. 허가를 받는다.
4. 저작권 상태에 관한 자문을 구한다.

2번은 값비싼 법적 자문이나 조치 없이는 불가능하고, 3번은 몹시 힘든 데다 결과가 불확실하며, 4번을 택하면 결국 1번 혹은 3번으로 되돌아갈 수밖에 없다. 따라서 이들 규칙은 1번을 선택하도록 고안된 것이다. 포기해!

이런 공포 전략을 구사한 것은 미국의 영화·음악 업계만이 아니었다. 1980년대에 프랑스 출판사들은 작당이라도 한 듯 책의 뒤표지에 복사기 사용을 경고하는 문구를 찍어 넣었다. "위험! 복사 약탈질이 책을 죽입니다!(Danger! Le photocopillage tue le livre!)" 'photocopillage'는 'photocopy(복사)'와 'pillage(약탈)'를 합친 혼성어였다. 이 캠페인으로 인해 프랑스에서 탄생한 복사 라이선스 제도는 대부분의 유럽연합 회원국을 비롯한 여러 나라로 전파되었다. 그러나 저작권 없는 책이든, 고아 저작물이든, 저자나 합법적 유산 관리자가 저작권을 갖고 있는 책이든 무차별적으로 경고문이 찍혔고, 교육 및 학문 목적으로는 이용 가능하다는 언급이 빠져 있었다. 따라서 오해의 소지가 있었거니와 명백한 허위 정보 기재였다.

어쨌거나 이런 캠페인은 광범위한 영향을 미침으로써 소기의 목적을 달성했다. 책, 영화, 스냅사진, 대중가요 등 온갖 저작권 자료를 아무 걱정 없이 이용하는 사람은 이제 거의 없다. 남의 창작물을 이용할 때마다 허가가 필요한 것도 아니건만, 출판사며 대학이며 미술관이며 복사기 사용자며 마치 그런 것처럼 행동하고 있다.

* * * *

미국의 1976년 저작권법은 지식 재산 주변에 높은 벽을 세웠지만 몇 군데 틈도 남겨두었다. 정부 간행물과 판례집을 저작권 대상에서 제외하고 이름, 제목, 짧은 구절은 보호받지 않는다는 규칙을 공식적으로 영구화했다. 그래서 누구든 에이미나 이저벨이라는 이름의 캐릭터를 만들고, 『채식주의자』, 『인생 사용법』, 『누가 후계자를 죽였는가』라는 제목의 새 소설을 쓰고, '운명의 변덕스러운 손가락(the fickle finger of fate)' 같은 짧은 문구를 용도에 맞춰 고쳐 쓸 수 있다. 이 작은 틈을 막기 위해, 잘 팔리는 유명한 작품, 특히 다른 매체를 통해 상품화된 작품(가령 영화화된 소설)의 소유자들은 책이나 영화 제목과 캐릭터 이름을 상표로 등록했다. 그러니 추리소설에 『해리 포터와 도서관의 시체』라는 제목을 붙이거나, 페이크 다큐멘터리에 〈빌보 배긴스와의 인터뷰〉 같은 제목을 붙이는 건 웬만하면 피하는 것이 좋다.

'짧은 문구'는 마음껏 사용할 수 있다는 예외 규정은 훨씬 더

빡빡하다. 항상 경계의 눈으로 감시하는 기업이 저작권을 소유하고 있는 노래의 주요 가사라면 마음대로 갖다 쓰기가 어렵다. 나중에 나온 노래가 앞서 발표된 노래의 저작권을 침해했느냐를 결정할 때 '실질적 유사성'을 검사하기 때문이다. 가사, 멜로디, 전반적인 분위기나 느낌에서 두 곡이 얼마나 닮았는지 종합적으로 판단하는 것이다. 어느 정도 일치해야 '실질적 유사성'이 인정되는지 명확한 기준이 없어서 사안별로 정해진다. 한 예로, 2001년에 발표된 노래 〈플레이야스 곤 플레이(Playas Gon Play)〉의 작사가들은 테일러 스위프트가 〈셰이크 잇 오프(Shake It Off)〉라는 곡에서 그들의 가사를 재사용했다며 소송을 제기했다. 처음에는 저작권 보호를 받을 만큼 충분히 독창적인 가사가 아니라는 이유로 소송이 기각되었지만, 항소 법원은 원심 판결을 뒤집고 독창성 문제는 배심원에게 결정을 맡겨야 한다고 공표했다.[195] 하지만 재판이 열리기 전인 2022년 12월, 소송 당사자 간에 합의가 이루어졌다. 조건은 공개되지 않았고, '짧은 문구 허용'의 경계는 여전히 불확실한 상태로 남아 있다. 그러나 소송에 따른 비용과 결과를 예측할 수 없다는 점은 대중음악 이외의 다른 영역에도 의혹의 그림자를 드리운다. 문화업계의 어떤 창작자도 '짧은 문구' 허용 규정이 저작권 침해 소송에서 그들을 지켜주리라고 확신할 수 없다.

가령 어느 작가가 『레 미제라블』의 마지막에 장 발장이 남긴 유언을 압축적으로 표현한 다섯 단어를 책의 장(章) 제목으로 쓰려고 한다고 가정해보자. 그런데 공교롭게도 50년 전 영국을 팝 음악의 본고장으로 만든 전설적인 록밴드가 유명한 곡의 제목으로 그 단순한 문구를 사용한 바 있다. 출판사는 작가에게 그 표현을 사용해도 좋다는 허가를 받아야 한다고 말할 것이다. '짧은 표현'은 저작권 보호 대상이 아니지만, 그 다섯 단어가 노래 전체에 반복되어 가사의 큰 부분을 차지하기 때문이다. 누가 봐도 기독교적인 이 문구를 책의 장 제목으로 사용하는 것은, 그 단어들이 담긴 노래를 발표하고 공연하고 녹음하는 것과는 완전히 다르다고 작가는 항의할 것이다. 그러나 출판사는 허가를 받지 않으면 책임보험이 무효화될지도 모른다고 말할 것이다. 물론 그 노래에 대한 권리의 소유주는 작가보다, 아마도 출판사보다, 심지어는 출판사가 속한 기업보다 훨씬 더 부유하기 때문에, 그들에게 고소당하기라도 하면 감당하기가 힘들어진다. 가사의 한 구절이 완전히 다른 맥락과 장르에서 재사용됐을 때 저작권 관리 회사가 저작권 침해 소송을 걸 가능성은 낮고 소송을 건다 한들 아마 패소하겠지만, 그래도 출판사는 안 된다고 할 것이다. 그렇다면 해결책은 뭘까? 포기하고 다른 제목을 선택하면 된다. 자신과 타인의 감정이 이어져야만 영원한 행복을 누릴 수 있다고 주장하는 겨우 다섯 단어짜리 문장은, 살아 있는 두 밴드 멤버의 사후 70년이 지날 때까지, 아마도 22세기까지 문학 작품에서 (원칙상으로는 아니지만 실제로는) 볼 수 없을 것이다. 그런다고 세상이 멸망하지는 않겠지만, 부조리한 일이다.

35장
고아 저작물

　미국에서는 1998년부터, 다른 나라들에서는 훨씬 오래전부터, 작가와 예술가는 사후 70년까지 자신의 저작물에 대한 권리를 갖는다. 저작물의 무단 사용은 엄격히 제한되기 때문에 인용 같은 2차적 사용에 대해서는 허락을 구하는 편이 현명하다. 문제는 지난 세기에 발표된 책·영화·희곡·노래의 90퍼센트가 절판되었거나 더 이상 구할 수 없다는 것이다. 출판사가 폐업했거나, 작가에게 재산을 물려받은 배우자가 재혼해서 아이들이 뿔뿔이 흩어졌거나, 작가가 유언이나 자식 없이 사망했을 경우 그렇다. 사후 보호 기간, 대다수의 창작물이 공표 후 몇 년 안에 상업적 가치가 사라지는 현실, 상속법, 복잡한 가계도, 인간의 유동성 등 온갖 일상적 요인 때문에 대부분의 현대 문학은 전재·인용·선집 수록·축약·개작을 허락받기가 어렵고, 음악과 미술, 상당량의 영화도 사정이 다르지 않다. 이런 회색 지대에서 출판사, 작가, 화가, 가수, 영화 제작자는 몸을 사릴 수밖에 없다. 저작권 침해로 무거운 처벌을 받을 수도 있으니 말이다. 찾을 수 없는 저작권자가 나타날 확률은 희박하지만, 그들은 엄연히 존재한다. 게다가 모든 가능한 권한을 승인받기란 여간 부담스러운 일이 아니고 그 결과도 확신할 수 없다. 작가나 화가는 20세기의 무형 저작물을 섣불리 다른 용도로 사용하거나 재활용하거나 길게 인용하지 못한다. 그래서 현대 문화의 대부분이 고아원에 갇혀 있고, 매해 1월 1일마다 아주 조금씩 그곳에서 탈출할 것이다. 대부분의 나라에서 1920년대부터 문화 상품 제작에 가속도가 붙기 시작한 사실을 감안하면, 해가 갈수록 저작권의 감옥에서 탈출하는 저작물보다 갇히는 저작물이 더 많아질 것이다.

이는 20세기의 마지막 25년 동안 가해진 규제들의 예기치 않은 결과다. 200년 전의 고아들은 구빈원의 높은 벽 뒤에 갇혔지만, 오늘날의 '고아 저작물'은 디킨슨의 올리버 트위스트보다 확실히 더 격리되어 있다.

20세기 말에 수많은 제약으로 세상을 짓밟은 저작권이 비고아 저작물에 미치는 영향은 훨씬 더 참담하다. 한 패션 사진작가는 파리에 있는 친구의 화려한 아파트를 촬영 장소로 이용하면서, 허가를 얻는 데 드는 비용(주요 비용은 복제권을 가진 디자이너를 찾는 데 걸리는 시간일 것이다)을 절약하기 위해 아주 멋진 가구 한 점을 치워버렸다.* 동영상 강의를 찍는 교수는 벽에 걸린 앤디 워홀의 복제화를 떼어낼 것이다. 학생들이 대학 밖의 사람과도 영상을 공유할 텐데, 혹시라도 고소당할 수 있기 때문이다. 어느 운전자와의 인터뷰를 촬영한 다큐멘터리 영화 제작자는 영상을 편집할 때 라디오에서 흐르는 최신 히트곡을 삭제하고 민요를 삽입할 것이다. 요즘 들리는 노래의 대부분을 소유하고 있는 거대 기업과 얽히지 않으려면 그러는 편이 좋다. 창작물에서 '행방불명'된 낱말, 소리, 이미지를 하나도 빠짐없이 열거하는 건 물론이고 추정하는 것조차 불가능하다. 하지만 가장 큰 문제는 도난당한 공유 재산의 원상 복귀를 합법적으로 추진할 단체나 기관이 전혀 없다는 것이다. 현대의 저작권법이 만들어낸 합법적 미궁 속에서 대중은 아무런 목소리도 낼 수 없다.

---

* 뉴욕의 아파트였다면 이런 일은 벌어지지 않았을 것이다. 대부분의 유럽 국가와 달리 미국에서는 가구 디자인이 저작권 보호를 받지 않기 때문이다.

36장
보호 구역의 경계

　미국의 1976년 저작권법은 저작권 영역을 크게 확장하면서도, 몇 가지는 지식 재산의 울타리 안에 들여놓지 않았다. 제102조 (b)는 "그 어떤 아이디어, 절차, 과정, 시스템, 작동 방식, 개념, 원칙 또는 발견"도 저작권의 보호를 받을 수 없다고 명시한다. 이에 따르면, 요리법과 패션 디자인 같은 '실용품'이나 '기능적 장치'는 저작권이 적용될 수 없는 것으로 간주된다. 이는 유럽의 저작권과는 다른 미국 법만의 고유한 특성이다.

　부기 방식을 저작권 보호 대상으로 인정하지 않은 베이커 대 셀든 재판 판결과 엇비슷하게, 1976년 저작권법 제101조는 '실용품'을 "단순히 그 물품의 외관을 표현하거나 정보를 전달함에 그치지 않고 실용적인 기능을 내재한 물품"으로 정의한다. 저작권 보호를 취득하려면 실용품의 디자인은 "물품의 실용적 측면과… 별개로 식별될 수 있는 회화, 그래픽, 조각물의 특성을 포함해야" 한다. '분리 가능성 원칙(separability doctrine)'이라 불리게 된 이 미세한 구별은 악몽 같은 상황을 초래했다.

이를테면 어떻게 드레스나 구두의 미학적 디자인을 의류나 신발의 실용성과 분리할 수 있을까? 이 논쟁은 수년 동안 제자리를 맴돌았고, 그래서 실용품에도 제약 없이 저작권이 적용되는 유럽연합과 달리 미국의 패션업계는 제대로 보호받지 못했다.

천재적인 변호사들이 이런저런 우회로를 뚫어보려 애썼다. 한 의류업체는 의류에 사용될 거라는 언급 없이 '부드러운 조각'이라고 주장하며 디자인에 대한 저작권 등록에 성공했다. 그러나 효과는 없었다. 그들의 디자인을 베낀 경쟁사를 저작권 침해로 고소했지만, 법원은 의상을 '조각'으로 볼 수 있다는 주장을 받아들이지 않았다.[196]

상표법을 이용하여 '실용품' 예외 조항을 회피하려 시도한 변호사도 있었다. 예를 들어 명품 구두 브랜드 루부탱(Louboutin)은 특징적인 빨간 밑창 구두를 상표로 등록했다. 뒤이어 경쟁사인 입생 로랑이 빨간 구두를 판매하기 시작하자 루부탱은 상표권 침해 소송을 제기했다. 지방법원은 루부탱의 상표권 주장을 기각했지만 항소법원은 인정해주었다. 그러나 결국 패소했다. 법원은 루부탱의 구두는 밑창만 빨간 반면 입생로랑의 구두는 전체가 빨갛다는 사실을 지적했다. 빨간 구두는 여전히 누구나 만들고 신을 수 있다.[197]

이 소송 때문이기도 하겠지만 색깔의 사유화는 어느 정도 저지되었다. 당분간은 그렇다. 미국 법원은 색깔 자체는 저작권 보호 대상이 아니라고 판결했지만,[198] 해당 색깔이 제품이나 서비스의 출처를 식별해준다면 상표로서 보호받을 수 있다. 가령 티파니는 주얼리 박스에 쓰이는 파란색을, 운송업체 UPS는 배달 트럭에 쓰이는 갈색을 상표로 등록했다. 그러나 상표권의 위력은 저작권보다 훨씬 약하다. 등록된 상표를 특정 사업이나 활동에만 사용할 수 있기 때문이다. UPS의 갈색을 다른 운송업체는 사용할 수 없지만 도시락 가방이나 정원 담장에는 얼마든지 쓸 수 있다.

화가 애니시 카푸어(Anish Kapoor)는 이런 장애물을 피해가는 데 거의 성공할 뻔했다. 특정 색조의 검정 물감에 대한 배타적 라이선스를 제조업체로부터 취득함으로써, 세상에서 가장 검은 검정의 실질적 '소유자'가 된 것이다. 하지만 카푸어도 제조업체도 색깔에 대한 저작권을 가질 수 없으며, 제조업체는 물감의 성분이나 제조법과 관련한 영업 비밀 또는 특허에 대해서만 라이선스를 발부할 수 있을 뿐이다. 그렇지만 이 색소(색깔이라고밖에 볼 수 없다)는 거의 군사용으로 사유화되기 직전에 있다.

미국 패션업계는 저작권 취득을 위한 싸움을 포기하지 않고 법 개정 시도를 여러 차례 지원했다. 패션 디자인을 3년 동안 저작권으로 보호해주자는 법안이 2006년과 2012년에 발의되었지만 통과하지 못했고, 디자인 보호 및 불법 복제 방지 법 또한 무위로 돌아갔다. 법안 제안자의 주장은, 저작권이 부재한 탓에 대형 소매업체가 창의적인 영세업자의 디자인을 마구 베껴 대량 판매하고 있다는 것이었다. 한 예로, 사마라 브라더스(Samara

Brothers)라는 소기업은 상표권 침해로 월마트를 고소하여 100만 달러의 배상금을 얻어냈다. 그러나 월마트는 항소했고 대법원은 원심을 깨고 월마트의 손을 들어주었다.[199]

저작권이 패션업계로까지 확장되면 과연 누가 이득을 볼까? 개인 디자이너? 아니면 패션업계 대기업? 저작권의 역사와 업무상 저작물 원칙을 감안하건대, 아마도 후자일 것이다. 그래서 어떤 이들은 "패션업계의 성장과 창의성은 복제에 의존한다"며, 업계가 이토록 성공할 수 있었던 것은 저작권의 부재 덕분이라고 주장했다.[200] 이와 똑같은 '불법 복제의 역설'이 18세기 스코틀랜드의 출판업계와 19세기 미국 경제의 성장 단계에도 발생한 바 있다. 저작권은 대기업에 지나치게 몰리는 경향이 있고, 대기업은 그 저작권을 이용해 혁신을 장려하기보다는 방해한다.

실용품 예외 조항을 회피하는 데는 분리 가능성 원칙을 이용하는 전략이 더 잘 먹혔다.* 2017년, V자와 Z자 무늬로 장식된 치어리더 유니폼을 제조하는 업체가 그 디자인을 베낀 경쟁사를 고소했다. 피고측은 유니폼이 '실용품'이므로 저작권이 적용되지 않는다고 주장했지만, 대법원은 디자인적 특징은 예술 작품으로서 독립성을 띠고 시각적 매체를 통한 독창적 표현이라는 저작권법의 요건에도 부응하므로 저작권 보호를 받을 수 있

---

* 예를 들어 메이저 대 스타인(Mazer v. Stein, 1954년) 재판에서 대법원은 상업적으로 제조된 전기 램프의 밑단을 장식하는 인물상이 저작권 보호를 받을 수 있다고 판결했다. 램프 자체는 대량 생산된 실용품이지만 조각물이 램프에서 분리될 수 있다는 이유 때문이었다.

다고 판결했다. 이 판결로 인해 미국 저작권법의 '실용품' 예외 규정이 사라지진 않았지만, 의류 및 가구 디자인에 대한 저작권 보호의 범위는 넓어졌다. 그 후로 법원은 바나나 의상에까지 저 작권을 인정해주었다.[201] 이렇듯 1976년 미국 저작권법의 제약 에 아랑곳없이 지식 재산권은 처음의 숭고함을 잃고 우스꽝스 러운 꼴로 기나긴 여정을 계속 이어가고 있다.

37장
중국의 저작권

1976년에 자국의 콘텐츠 산업을 보호하는 벽을 재정비하고 1989년에 베른 협약에 가입한 미국은 지식 재산권을 국제 제도로 보편화하기 위해 세계 지식 재산권 기구(WIPO)*가 중재한 협상에 참여했다. 이 회담은 유엔 회원국 대부분이 참석한 마라케시 회의로 마무리되었다. '지식 재산권의 무역 관련 측면'을 논의한 이 회의에서, 앞으로는 베른 협약 체결국에게만 (성격이 전혀 다른 조직인) 세계 무역 기구의 회원 자격을 주기로 결정이 내려졌다. 이는 곧 저작권이 적용되는 저작물과 그 사용을 저작자 사후 일정 기간 동안 보호해주지 않는 국가는 세계 경제에서 소외된다는 뜻이다. 국가 간의 저작권법에는 상당한 그리고 짜

---

* 제네바에 본부를 둔 WIPO는 1886년에 결성된 베른 동맹의 현대판으로, 1967년부터 유엔 산하 기구였다.

증스러울 정도로 복잡한 차이가 존재하지만, TRIPS(무역 관련 지식 재산권에 관한 협정)라고 불리는 이 조약은 실로 광범위한 영향을 미치고 있다. 이제 세계 인구의 99퍼센트가 온갖 지식 재산을 사용할 때 대체로 비슷한 제약을 받게 된 것이다. 10여 개 국만이 저작권의 손아귀에서 벗어나 있다(181쪽 참고).

중국이 미국의 저작권법을 흉내낸 법을 마지못해 채택한 것은 TRIPS 때문만은 아니다. 1990년대부터 두 나라는 지식 재산권 보호를 위한 규칙을 거의 대등하게 만들어왔다. 그런데 왜 미국은 중국에게 미국의 지식 재산권 규정을 따르도록 공공연히 압박했을까? 주된 이유는, 중국의 지식 재산권 법이 잘 실행되지 않아 서양에서 불법 행위로 간주될 만한 형태의 복제가 사실상 여전히 허용되고 있다는 전반적인 인식 때문이다. 중국에서 명백한 불법 복제가 끈질기게 계속되는 이유는 그 문학 문화의 전통과 기술에서 찾을 수도 있지만, 그보다는 20세기에 겪은 격동의 역사가 더 큰 영향을 미쳤을 것이다.

중국에서는 20세기 초반까지도 목판 인쇄술이 사용되었다. 그 전의 1,300년 동안 판목의 주인이 곧 인쇄물의 주인이었다. 책이 얼마나 팔리든 작가에게 떨어지는 몫은 전혀 없었다. 인쇄업자에게 원고료를 받는 작가도 있었지만, 고대 로마에서 그랬듯, 정신적 창작물로 돈을 버는 것은 대개 명예롭지 않은 일로 여겨졌다. 불법 복제는 심각한 수준까지는 아니더라도 분명 존재했을 것이다. 몇몇 책에 다른 인쇄업자의 복제를 금지하는 경고문이 실려 있는 걸 보면 말이다. (물론 복제를 하려면 판목을 새로 만들어야 했을 테니 사실상 원판과 똑같은 비용이 들었을 것이다.)
불법 복제를 금지한 주된 이유는 수익성 때문이 아니라, 원작의
잘못된 수정으로 작가의 지위와 명성에 피해가 가는 일을 막기
위해서였던 것 같다.

  19세기의 마지막 수십 년 동안 중국은 유럽의 지식을 받아들
이기 시작했다. 우선 영국, 러시아, 프랑스, 독일의 책을 일본어
번역본으로 읽었고, 그 모든 지식을 통틀어 '신학문'이라 불렀
다. 책과 더불어 일본에서 갓 생겨난 관례도 수입되었다. 책에
대한 소유권인 판권(版權) — 직역하자면 '판목에 대한 권리' —
을 마지막 페이지에 고지하고 인쇄업자의 인장을 찍어 인증하
는 것이다. 판권(간체자인 '版权'으로 표기가 바뀌었다)이 곧 '중국
식 저작권'으로 간주되기도 한다. 그러나 그것은 무형의 작품이
아니라 그것을 찍는 데 사용한 유형의 판목에 적용되었다.

  1899년, 상하이에서 진보적 잡지를 간행하던 한 출판업자는
얼마 전 번역되어 나온 알렉상드르 뒤마의 『춘희』가 큰 성공을
거두었다는 소식을 듣자마자 대표 번역자인 린수(林紓)에게 편
지를 보내 재인쇄를 허가해달라고 요청했다. 그리고 지금 우리
가 보기에는 이상한 답장을 받았다. 린수는 친구와 함께 재미삼
아 번역했으니 대가를 바라지 않는다며 출판인쇄업자인 웨이한
에게 연락해보라고 했다. 웨이한이 제의를 수락하면서 판매한
것은 작품이 아니라 그가 사용했던 판목이었다. 서양의 활판 인
쇄기가 이미 일상적으로 사용되던 상하이에서 판목은 아무 쓸
모가 없었지만, 복제권 매각의 형식을 제대로 갖추기 위해 푸젠

성에서 정식으로 수송되었다.[202]

베른 협약과 프랑스 법을 흉내낸 저작권법들이 메이지 시대의 일본(1868~1912년)과 청나라(역시 1912년에 멸망했다)에서 통과되었다. 국제 규범을 따르기 위해서가 아니라, 일본과 중국에서 자행되던 '신학문' 저작 불법 복제를 막기 위해서였다. 1912년에 청 제국이 무너진 뒤 중화민국은 자체적인 저작권법을 새로 제정했지만, 그 후 수십 년간 이어진 혼란스러운 정국 때문에 제대로 시행하지 못했다. 그 결과 점점 성장하고 있던 대규모 출판 산업의 중심지인 상하이에서 조합이 결성되었다. 런던의 서적출판업자 조합과 다소 비슷한 상하이 출판업 길드(영어로는 Shanghai Book Guild, SBG)는 조합원의 활동을 단속하고 불법 복제를 최대한 추적했다. 그들은 상하이 시장을 규제했지만, 다른 도시에서는 그다지 힘을 쓰지 못했다. 이 모두는 출판사의 이익을 보호하기 위해서였다. 작가가 집필 활동으로 생계를 꾸릴 수 있다는 발상은 아주 서서히 부상했는데, 법이나 조합을 통해서가 아니었다. 그래도 인기 작가나 린수 같은 다작 번역가는 풍족한 생활을 누렸다.

1949년에 중국 공산당이 정권을 장악했을 때에도 상황이 금방 달라지지는 않았다. 그런데 아이러니하게도 공산당은 선전물과 교육 자료의 대량 불법 복제 때문에 골치를 앓았고, 그래서 오용을 막기 위해 출판업계를 통제하기 시작했다. 초기에는 스타 작가의 수입을 줄이려 애쓰지 않고 오히려 '정신적 창작자'를 독려했다. 1950년대에 소련의 법을 본뜬 새로운 저작권법을 도입하자, 소련에서 그랬듯 중국에도 고수입을 올리는 지식인이 생겨났다. 그러나 1960년대에 마오쩌둥은 좀 더 급진적인 노선을 취하면서 혁명적인 중국의 '부르주아화'에 반발하기 시작했다. 이제 작가들은 거의 공장처럼 생산 할당량이 정해진 노동자로 취급당했고, 그들의 '생산물'은 그들의 재산이 아니라 국가의 재산으로 간주되었다. 판권이라는 옛 개념과 책의 마지막 페이지에 찍혔던 저작권 표기는 시들해지다가 결국 사라져버렸다. 새로운 세대의 중국 독자들은 작가의 권리는 고사하고 인쇄 및 출판과 관련된 권리도 전혀 모른다. 그 권리들은 중국에 제대로 뿌리를 내리지 못했다. 문화혁명 동안 불법 복제 역시 사라졌다. 복제 기술은 죄다 정부 관료나 홍위병의 손에 들어갔기 때문이다.

1970년대에 외부 세계로 복귀하기 시작한 중국은 책의 전재와 복제 같은 모방 행위에 대해 법적 윤리적 자각이 없었다. 저작권 준수를 꺼려온 중국의 역사를 설명할 때 "책을 훔치는 것은 우아한 범죄"라는 공자의 말을 종종 인용하지만, 전통 문화도 현대의 저작권 침해 규제도 말살해버린 공산 정권의 방침이 더 직접적인 요인인 듯하다.

중국은 1980년대에 특허법과 상표법을 도입했고, 1990년에는 그 후로 여러 번 개정될 새로운 저작권법을 통과시켰다. 현재 중국은 어문 저작물, 음악, 순수미술, 사진, 시청각 저작물, 그래픽, 컴퓨터 소프트웨어 등의 일반적인 장르와 더불어 두 가지 색다른 범주도 보호하고 있다. 바로 '구술 저작물'과 '저작물의 특성에 부합하는 기타 지적 성과'다. 미국처럼, '자연인'과 '법인

(기업체)'이 저작권을 보유할 수 있다. (베른 가맹국과 마찬가지로) 저작권 등록은 필요없지만 보호 기간이 더 짧다. 저작권자가 개인일 경우 저작자 사후 50년, 법인일 경우 공표 후 50년 동안 저작권이 존속한다. 서양과 달리 고용주보다는 창작자에게 더 유리한 법적 구조여서, 업무상 저작에 관한 명백한 합의가 없다면 의뢰자가 아닌 의뢰받은 예술가가 저작권을 갖는다. 유럽 법 및 관습과 비슷하게, 양도 불가능한 인격권—공표권, 성명표시권, 수정권, 동일성 유지권—과 양도 가능한 재산권을 구분한다. 또한 중국 법은 개인적 연구·조사·감상, 논평 및 비평에의 인용, 뉴스 보도, 교육 목적을 위한 '공정 이용'을 허용한다.[203] 하지만 이 법들은 제대로 시행되지 않은 듯하고, 해적판 책과 CD의 최대 제작사가 군대 및 교도소 행정당국을 비롯한 국유 기업이라는 보도까지 있다. 30년 만에 기대와 규범과 습관을 완전히 바꾸기란 쉬운 일이 아닐 것이다. 미국은 악명 높은 국제적 불법 복제를 멈추는 데 1790년부터 1909년까지 100년 넘게 걸렸고, 중국보다 겨우 3년 앞선 1989년에야 베른 협약에 가입했다.

그렇지만 지금 중국은 지식 재산을 수출하는 양보다 수입하는 양이 훨씬 더 많다. 또 경제대국으로 부상하는 나라가 대개 그렇듯, 과거에 강요받은 불평등해 보이는 조약에 고분고분 따르려 하지 않는다. 번역 라이선스 계약의 경우, 중국어로 번역되는 해외 서적의 수가, 다른 언어로 번역되는 중국 서적의 10배가 넘는다.[204]

중국이 TRIPS와 베른 협약의 방침에 의거한 법들을 채택함에 따라, 저작권의 전 세계 장악은 이제 거의 완성되었다. 그러나 저작권은 공유지에 세운 담장을 견고히 다지고 세력을 키워 나가면서 골치 아픈 말썽을 일으키고 있다.

4부

갈림길에 서다

38장

도를 넘은 저작권

최근 노벨상을 수상한 작가의 소설 한 편이 내 책장에 꽂혀 있
다. 지난 10~20년간 출판된 책이 대개 그렇듯, 속표지의 왼쪽
페이지에는 아주 작은 활자로 이렇게 적혀 있다.

출판사와 저자의 서면 동의 없이는 이 책의 어떤 부분도 복제
할 수 없습니다.

이 책을 읽고 있는 여러분은 지금쯤이면 이런 공지가 거짓임
을 알 것이다. 미국, 영국, 유럽연합에서는 어떤 책이든 그 일부
를 비평과 학술 저작물에 인용하여 인쇄하거나 인터넷 웹사이
트를 통해 배포할 수 있고, 수업용으로 복사할 수 있으며, 학생
들이나 도서관 전용 웹사이트에 이미지를 올려 보관할 수도 있
다. 혼성 모방작이나 패러디에 소설 일부를 그대로 옮길 수도 있

고, 아이들이나 친구에게 읽어주거나, 옥상에서 큰 소리로 외쳐 소설 내용을 복제할 수도 있다. 저작권이 있는 작품을 공짜로 사용할 수 있는 방법은 이외에도 많다.

1970년대, 1980년대, 1990년대에도 오랫동안 영국, 미국, 프랑스, 독일에서 출판된 책에는 대부분 권리 주체자 이름 뒤에 © 기호가 붙어 있었다. 그러나 20세기 후반에 새로운 법과 조약—특히 1998년의 DMCA—이 시행되면서 출판사는 훨씬 더 광범위한 '출입 금지' 경고문을 삽입했다. 시시콜콜한 금지령은 순종이 아닌 저항을 불러일으킨다는 사실을 깨달은 누군가가 더 솔깃한 문장으로 고쳐 쓴 것이 틀림없다. 그 속에는 훨씬 더 미심쩍은 주장이 담겨 있다.

저작권은 창의성을 고취하고, 다양한 목소리를 격려하며, 언론의 자유를 북돋아줍니다. 이 책의 공식판을 구매해주시고, 일부 내용을 어떤 형태로든 무단 복제·스캔·배포하지 않음으로써 저작권법을 준수해주셔서 감사합니다. 여러분은 작가를 지원하고, 모든 독자를 위해 (우리가) 계속 책을 출판할 수 있도록 돕고 있습니다.

이렇듯 도를 넘은 소유권 주장은 예전에도 있었다. 조지 파커 (1860~1936년)는 브루클린 브리지에 '판매 중'이라는 간판을 세워놓고, 어리숙한 몇 사람에게 위조 권리증을 팔았다. 파커는 교도소에서 생을 마감했지만, 필요하지도 않은 허가증을 사라며 공지문을 집어넣은 저작권 사기꾼은 그럴 위험이 전혀 없다. 미국의 1976년 저작권법 제506조 (c)는 과도한 저작권 주장에 관해 고작 이렇게 경고한다.

허위임을 알면서도 부정한 의도로 저작권 공지 또는 그런 취지의 말을 기재하거나, 혹은 허위임을 알면서도 그런 공지나 말이 담긴 저작물을 부정한 의도로 배포하거나 공개 배포를 위해 수입하는 자에게는 2,500달러 미만의 벌금을 부과한다.

저작권 허위 주장은 형사범이므로 정부만이 그 죄를 추궁할수 있다. 반면 저작권 침해는 대개 민사범으로, 개인이나 법인이 민사 법원에 고소할 수 있다.* 따라서 우리는 과장된 저작권 공지로 독자를 오도하는 출판사에게 죄를 물을 수 없지만, 출판사는 우리가 어떤 책을 인용하고 발췌하면서 공정 이용이나 공정 거래의 모호한 선을 벗어나기만 하면 우리에게 법적 책임을 물을 수 있다. 어쨌든 미국 정부는 손가락 하나 까딱하지 않는다. 1994년부터 2021년까지 미국에서 저작권 허위 주장에 대해 취해진 법적 조치는 열네 건밖에 되지 않는다.[205]

처벌 수위는 아주 낮고 소송에 거의 걸리지도 않으니, 『오셀로』와 미합중국 헌법처럼 저작권이 적용되지 않는 저작물에도

---

*   미국에서 저작권 침해가 형사범이 되는 경우도 있지만(303쪽 각주 참고), 대다수는 민사 범죄다.

'판매 중' 간판을 세워두라고 법이 출판사들을 떠밀고 있는 셈이다.[206] 심지어 저작권 관련 저서에 상당히 과장된 공지가 붙어 있는 경우도 있다.

> 이 출판물의 어떤 부분도 (출판사의) 사전 허가 없이 복제하거나, 검색 시스템에 저장하거나, 전자·기계·복사·녹음 기타 등등의 수단이나 형태로 전송할 수 없습니다.[207]

'기타 등등'을 그대로 받아들인다면, 보이 스카우트 대원끼리 책의 첫 문장을 봉화로 전달하는 것도 금지된다.

똑똑하고 대체로 선의를 가진 출판사 경영진이 왜 이렇게 얼토당토않은 소리를 지껄이는 걸까? 조지 파커처럼 호구 몇 명만 잡아도 출판사 사장에게는 이득이다. 저작권 없는 자료를 인용하려고 돈을 지불하는 몇몇 독자가 있으면, 변호사들은 그런 요금이 저작권의 가치에 일조한다고 주장할 수 있게 된다. 어떤 2차적 사용이 1976년 저작권법 제107조가 인정하는 '공정 이용'에 해당하는가를 결정할 때, 판사는 "그 사용이 저작권 있는 저작물의 가치나 잠재 시장에 미치는 영향"을 따질 것이다. 빙고! 어떤 경우에도 반드시 사용 허가를 받아야 한다고 독자를 오도하고 그중 일부를 억지로 복종시킴으로써 출판사는 2차적 사용에 대한 요금이 저작물의 가치에 속한다는 법적 사실을 만들어낸다. 그러면 이후의 모든 2차적 사용은 공정하지 않은 것으로 간주될 수 있다.

출판사는 대개 서로의 영역을 침범하지 않으려 무척 조심한다. 자사가 통제하는 저작물에 대한 2차적 사용에 요금을 청구하고, 자사의 책에 다른 저작물을 발췌하거나 인용해서 실을 땐 허가를 요청한다. 지나치게 세심한 상호 존중은 묘한 결과를 초래하기도 한다. 예를 들어 최근 발표된 한 소설에 등장하는 인물은 "시의 한 구절을 멍하니 떠올린다. '그래, 이제 그건 끝났어, 끝나서 기분 좋아.'" 어떤 시의 일부인지 기억하지도 못하고 말하지도 않는다. 그렇지만 출판사는 굳이 저작권 페이지에 밝힌다. "『황무지』에서 발췌… T. S. 엘리엇 유산 관리단에 저작권이 있습니다. 페이버 앤드 페이버의 승인하에 전재합니다." 100년 전 명시의 딱 한 줄을 출처 없이 사용하는 데는 딱히 허가가 필요 없지만, 이 경우에 딱딱한 격식이 유난히 우습게 느껴지는 이유가 있다. 엘리엇의 유산을 관리하는 곳이 바로 해당 소설을 간행한 출판사인 것이다. 권리 관리자가 자기 자신과 짧고도 흡족한 통화를 하는 모습을 상상해보라.

짤막한 농담에서부터 선집에 실린 에세이 한 편에 이르기까지 다양한 자료를 재사용하면서 출판사들이 서로에게 지불하는 요금은 별로 많지 않다. 대개 이 돈은 원작자의 계좌로 입금되는데, 2차적 저작물의 저작자가 직접 혹은 인세에서 차감하여 지불하는 경우가 가장 흔하다. 물론 작가가 새로운 작품에 재사용한 모든 저작권 자료를 출판사에 알릴 수도 있지만, 이제는 작가가 알아서 허가를 받아내는 것이 관례가 되었다. 그 과정은 종종 길고도 복잡하다. 우선 저작권자를 확인하고 찾아내야 한다.* 연락이 닿으면, 저작권자가 사용료를 원하지 않을 수도 있지만, 작가가 감당할 수 있는 금액이나 출판사가 준비한 선인세보다 더 큰 액수를 요구할 수도 있다. 인용을 허락하지 않는 저작권자도 있고, 편지에 답하지 않아 작가와 책을 교착 상태에 빠뜨리는 저작권자도 있다. 베른 협약 가맹국의 모든 작가가 이 절차에 상당한 시간을 쏟아부어야 하지만, 이로부터 큰 이득을 얻는 작가는 거의 없다. 출판사는 사업적 위험에 대비하기 위해 책임보험에 가입한다. 보험 회사는 출판사가 간행하는 책이 저작권 침해 논란에 휩싸이는 사태가 벌어지지 않도록 모든 합당한 조치를 취할 것을 요구한다. 그래서 출판사는 작가에게, 아무리 짧더라도 모든 인용문에 대해 사용료를 깔끔하게 지불하지 않으면 보험금을 받지 못하는 참사가 벌어질 거라고 설명할 수 있다. "서면 허락을 받지 않고 요금을 내지 않고 사용한 것이 하나라도 들어가 있으면 책이 출판되지 못할 수도 있습니다."

대체로 허가제는 선물 돌리기 게임을 닮았다. 작품을 인용하는 출판사와 인용당하는 출판사가 같은 기업 그룹에 속해 있을 가능성이 크기 때문이다. 지금 출판되는 책 대다수는 베를린, 슈투트가르트, 스톡홀름, 파리, 밀라노, 마드리드에 본사를 둔 여섯 개 글로벌 미디어 기업 중 한 곳의 임프린트(출판사의 하위 브

---

* 레딩 대학과 텍사스주 오스틴에 있는 해리 랜섬 센터(Harry Ransom Center)는 20세기 영미 작가들의 저작권 관리자를 확인할 수 있는 유용한 검색 서비스를 제공하고 있다 (https://norman.hrc.utexas.edu/watch/).

랜드)에 속해 있다.[208] 새로운 미디어와 달리, 오래되고도 여전히 기본적인 출판 매체가 미국 기업에 장악되지 않았다는 사실은 주목할 만하다.

사용료는 출판 비용의 극히 작은 부분을 차지할지 몰라도(영화와 텔레비전의 경우엔 액수가 더 크다), 저작권이 본질적으로 불평등을 초래할 수밖에 없음을 여실히 보여준다. 사람들이 인용하기를 원하거나 인용해야 하는 유명 작품(이를테면 엘리엇의 시들)의 몇몇 저자에게만 인용 사용자들의 돈이 재분배되고 있다. 18세기에 작가의 지위와 권리를 향상하겠다는 취지로 만들어진 저작권법은 지난 50년간 점점 더 엄격해지더니 이제는 대부분의 작가가 벗어 던지고 싶어 하는 죄수복이 되어버렸다.

번거로운 절차, '공정 이용'의 애매한 기준, '만약의 경우'에 대비하여 라이선스 취득을 강요하는 보험 회사와 출판사, 라이선스를 취득하고 그 비용을 치러야 하는 작가의 부담 등등의 문제로 인용문을 집어넣기보다는 그냥 빼버리는 편이 더 안전하다. 이 때문에 20세기 후반과 21세기의 책에 담기지 못한 내용은 얼마나 많을까? 물론 없는 것을 셀 수는 없지만, 저자의 자발적인 누락이 늘어나고 있는 건 분명한 사실이다. 저자가 허락을 받지 못했거나 혹은 비용을 치를 수 없거나 치를 용의가 없다는 이유로, 논픽션이든 픽션이든 온갖 종류의 작품에서 인용문과 자료가 누락되고 있다.*

---

* 예를 들어 『번역의 일: 번역이 없으면 세계도 없다(Is That a Fish in Your Ear? The

공정하게 말하자면, 출판업계는 이 난장판을 벌이거나 부추긴 원흉은 아니다. 하지만 1970년대부터 음악·영화 업계의 로비스트들이 맹렬하게 조장해온 망상에 빠져버렸고 지금은 아주 성실히 그 망상을 공유하고 있다.

　망상의 포로가 됐다는 한 가지 증거로, 크고 작은 미술관들이 저작권 없는 소장품을 엽서나 더 큰 복제화로 제작하고 ⓒ 뒤에 미술관 이름을 붙여 판매하고 있다. 이 글을 쓰는 지금, 내 앞에 두 장의 (아주 오래된) 그림 엽서가 놓여 있는데, 각각의 엽서에서 대영박물관이 디너의 〈베네치아의 침실〉에 대한 저작권을, 암스테르담 국립 미술관이 페르메이르의 〈우유 따르는 하녀〉에 대한 저작권을 주장하고 있다. 화가들이 각각 1871년과 1675년에 사망했으니, 이들 저작권 주장은 터무니없을뿐더러 이미 오래전에 내려진 판결에 위배된다. 1999년, 예술 작품 이미지를 인터넷으로 제공하는 런던 소재의 대형 업체인 브리지맨 아트 라이브러리(Bridgeman Art Library)는 한 시디롬 제작사가 그들 소유의 유럽 걸작들을 디지털화한 이미지를 사용했다며 소송을 제기했다. 당연히 브리지맨은 라파엘로와 티치아노의 그림을 소유한 주인이 아니었지만, 그 그림을 찍은 사진들에 대해 저작권을 갖고 있다고 주장했다. 판사는 "그림을 그대로 복제한

Amazing Adventure of Translation)』의 미국판 46쪽(영국판 43쪽)에는 아드리아노 첼렌타노의 1960년대 히트곡인 〈Prisencolinensinainciusol〉의 가사가 빠져 있다. 인용을 거절당했기 때문이다. 유튜브 영상을 보면 누구나 쉽게 베껴 쓸 수 있는 가사인데 말이다.

사진은… 독창성이 없고 따라서 미국 저작권법에 따라 저작권이 인정되지 않는다"[209]라는 이유로 그 주장을 받아들이지 않았다. 소장품을 사진 복제하여 라이선스 계약으로 돈을 버는 영국과 미국의 미술관들은 큰 근심에 휩싸였다. 영국 법원은 저작권법에서 말하는 독창성이란 저작자의 '지적 창작'을 의미하므로, 브리지맨이 옛 작품을 디지털화하여 제작한 이미지는 적격하지 않다고 판결했다. 일단의 영국 미술사가들은 영국의 국립 미술관들이 역사적 회화와 판화의 복제물을 유료로 판매하는 것을 중단해야 한다고 주장하기까지 했다. 네덜란드의 암스테르담 국립 미술관처럼, 저작권이 소멸되어 공공 재산이 된 예술 작품의 이미지를 자유롭게 이용할 수 있도록 문을 열어주어야 한다는 것이다.[210] 이 모든 사실을 따져봤을 때, 영국이나 미국에서 제작된 엽서 복제화에 대해 저작권을 주장하는 것은 법적 사실의 와전이다.

하지만 저작권은 모든 곳에서 동시에 같은 방향으로 움직이지는 않는다. 브리지맨 판결이 내려진 곳은 뉴욕의 지방법원이었기 때문에, 다른 관할권에서는 예술 작품 이미지를 온라인 카탈로그에 수록하는 업체들이 여전히 주인 행세를 하고 있다. 현재 브리지맨의 〈모나리자〉 복제화를 개인용으로 다운로드하려면 30달러를 내야 하고, 레오나르도 다 빈치에 관한 책에 복제화를 실으려면 80달러를 내야 한다. 게티 이미지스(Getty Images)는 '저작권료 없는' 이미지의 다운로드에 훨씬 더 큰 금액을 부과하고 있다. 아트 리소스(Art Resource)는 저작권 없는 예술 작품의 사진 복제물에 대한 저작권을 주장하고 라이선스 계약을 통한 사용을 허가하면서, 사진이 지금과는 완전히 달랐던 1869년과 1921년에 내려진 법적 판결을 근거로 대고 있다.[211] 적어도 스위스에서는 상황이 명확히 정리되었다. "사진적 표현 및 사진과 비슷한 과정에 의한 3차원 사물의 표현은… 개성이 없더라도"[212] 저작권 보호를 받을 수 있다.

중세 말기, 가톨릭교회는 과거의 죄를 면해주는 면죄부를 팔았다. 외판원들은 "돈궤에 동전이 쨍그랑거리는 순간 연옥에 있던 영혼이 일어난다"고 주장하며 공격적인 마케팅을 펼쳤다. 이런 터무니없는 관행을 보다 못한 마르틴 루터는 1517년 비텐베르크의 교회 문에 95개조 반박문을 붙여, 기독교를 둘로 쪼개어 놓은 거대한 개혁 운동을 촉발했다.

저작권 침해에 대한 공포를 조장하는 오늘날의 문화도 이와 크게 다르지 않으며, 저작권 침해라는 죄를 저지를까 봐 사용료를 지불하는 행위는 루터의 양떼가 보인 행동과 아주 닮았다. 제임스 보일, 제시카 리트먼(Jessica Litman), 제이슨 마조니(Jason Mazzone), 루이스 하이드(Lewis Hyde), 로런스 레시그 등 수많은 법률 전문가들과 법학자들이 과도한 저작권 주장을 강력히 비판하며 그 오류를 밝혔건만, 저작권 개혁은 여전히 요원해 보인다.

39장
저작권 왜곡

WYSIWYG는 문서를 작성 중인 이용자에게 최종 결과물에 가까운 것을 보여주는 20세기 워드 프로세서의 약칭이다. '현재 화면에서 보고 있는 내용과 똑같은 출력 결과를 얻을 수 있다 (what you see is what you get)'는 의미다. 19세기 말부터 영화는 우리가 보고 있는 것이 실제로 거기 있다고 믿게 만드는 범상한 설득력을 발휘했다. 그러나 21세기에 우리가 영화 스크린이나 텔레비전 화면으로 보고 있는 내용의 대부분은 실제로 거기에 '없다'. 그리고 거기에 있는 것 대부분은 우리에게 보이지 않는다.

저작권은 허구든 아니든 시청각 매체로 표현되는 세상을 왜곡하는 데 큰 역할을 하고 있다. 그 원리는 다음과 같다.

막대한 제작비 부담을 조금이라도 덜기 위해 영화 제작사는 기업들과 계약을 맺고 해당 기업의 자동차, 음료, 의류, 보석류 등을 많이 노출해주는 대가로 금전적이거나 실무적인 지원을 받는다. 예를 들어 자크 타티가 감독한 1967년 걸작 〈플레이타임〉의 주차장 장면에는 '크라이슬러 유럽' 덕분에 심카(Simca) 자동차들이 쫙 깔려 있다. 현대의 고예산 블록버스터에 자주 등장하는 물건은 그런 식으로 은밀하게 광고된다.

저작권 범위가 책에서 판화로, 조각·사진·음악·음반·건축·소프트웨어로 꾸준히 늘어나고 초상권까지 생기다 보니, 거의 모든 매체에서 혹은 영화의 야외 촬영 장면에서 권리 문제가 다반사로 발생한다. 영화 제작사는 그림, 포스터, 사람, 건물, 텔레비전 화면에 언뜻 비치는 다른 영화 장면들, 배경에 흐르는 음악, 배우가 라디오를 켜거나 실제 혹은 가짜 가게에 들어갈 때 흐르는 음악 등에 걸린 저작권이나 초상권을 말끔히 해결해야 한다. 조각물이 등장하는 장면(설령 공공장소라 하더라도), 미술관이나 아파트나 도시 거리 등지에서 촬영한 로케이션 장면도 마찬가지다. 권리 침해 가능성을 열거하자면 끝도 없다.

전 세계를 돌아다니다 최근에 사망한 어느 모험가의 전기 영화를 만든다고 가정해보자. 30년 전에 파리를 방문한 그가 루브르 박물관의 유리 피라미드 앞에서 환하게 미소 지으며 전 아내를 한 팔로 안고 있는 스냅 사진 한 장이 발견된다. 배경에서는 금발의 멋진 여성이 광장을 거닐고 있다. 저작권 침해 소송에 걸릴 위험 없이 이 사진을 영화에 삽입하려면, 피라미드에 대한 복제권을 가진 건축가 I. M. 페이(Pei) 유산 관리단,* 고인이 된 전 아내의 인격권 소유자(직접 찾아내야 한다), 사진을 찍은 길거리 사진가(찾을 수 있다면) 그리고 오스트레일리아의 테니스 스타 혹은 덴마크의 수상이 되어 있을지도 모를 뒷배경의 정체 모를 여인의 허락을 받아야 한다. 이 여정을 방해하는 건 돈이 아니다. 겨우 2초 내보낼 이미지에 걸려 있을지도 모를 모든 권리에 대해 서면 허락을 받아내는 건 여간 번거로운 일이 아닐뿐더러 성공 가능성도 그리 크지 않다. 결국 이 스냅 사진은 영화 스틸이나 책 삽화로 쓰기 어렵다. 지난 50년간 폴라로이드, 코닥, 라이카, 아이폰으로 찍힌 수십억 장의 이미지 가운데 대다수가 그렇다. 소설가 게리 슈테인가르트는 중앙아시아에 있는 가상의 석유 부호국에 '압수르디스탄(Absurdistan, 부조리가 지배하는 나라)'이라는 이름을 붙였다. 이젠 어디에나 그 이름이 통할 듯하다.

영화를 제작하고 상영하려면 수많은 팀의 참여가 필요한데, 그중 법무 팀 규모가 가장 클지도 모른다. 대규모 예산이 투입되는 영화라면 PPL(간접 광고)을 물어와 권리 사용료를 충당할 수 있겠지만, 스타가 출연하지 않는 저예산 영화는 제작비의 일부를 쓸 수밖에 없다. 광고주의 요청도 없었던 실제 상품을 장면에 삽입하고도 본전치기를 할 수 있는 방법은? 무난한 답은, 그것들을 보여주지 않는 것이다. "의심이 들면 잘라버려라"가 영화 업계의 모토가 되었다.[213]

교육용이 아닌 오락용으로 제작되는 극 영화들은 이를 대수롭지 않게 여길지도 모른다. 그러나 재현(representation)이 우리 정신을 쥐락펴락하는 힘을 과소평가해서는 안 된다. 재현은, 다

---

*　미국 법은 건물에 대한 저작권법상 책임 면제를 허용하지만 프랑스 법은 그렇지 않다.

른 매체를 거치지 않고 현실 세계를 바라보는 우리 시각에도 영향을 미치기 때문이다. 저작권 문제와 간접 광고로 스크린 위에 재현되는 현실 왜곡을, 상투성 짙은 오락물의 사소한 별스러움으로 치부해서는 곤란하다. 판타지와 SF를 일상의 묘사와 구별하기란 그리 어렵지 않다. 하지만 제작비와 저작권법 때문에 극영화가 현실을 무분별하게 가감하여 묘사한다면, 관객들은 자신이 무엇을 보고 있는지 제대로 파악할 수 없다.

저작권 제도로 인해 극 영화가 왜곡된다면 논픽션 영화는 시도 자체가 좌절된다. 손 엘스가 감독하고 제작한 〈싱 패스터 (Sing Faster: The Stagehand's Ring Cycle)〉는 샌프란시스코 오페라 소속 무대 담당자들의 시점에서 바그너의 〈니벨룽겐의 반지〉 공연을 보여주는 다큐멘터리 영화다. 그들 중 일부는 라운지에서 휴식을 취하기도 하는데, 한 시퀀스에서 체커를 두고 있는 그들 뒤로 라운지 구석에 있는 텔레비전에서 존 엘스 자신이 감독한 옛 다큐멘터리 〈더 데이 애프터 트리니티(The Day After Trinity)〉의 한 장면이 재생된다. 설마 무대 담당자들이 휴식 시간에 J. 로버트 오펜하이머를 다룬 영화를 볼까? 설마 케이블 방송국이 저예산 다큐멘터리를 내보낼까? 이런 의심이 들 만하다. 사실 무대 담당자들이 체커를 두는 동안 보고 있었던 건 〈심슨 가족〉이라는 코미디 애니메이션이었다. 엘스는 이 유명한 애니메이션을 4초짜리 시퀀스의 배경으로 쓰려고 저작권자에게 사용 허가를 요청했다. 애니메이션 제작사는 1만 달러를 요구했다. 그래서 엘스는 텔레비전 화면을 디지털 방식으로 변경해 자

신이 소유한 이미지를 내보냈다. 영화의 성격이 아니라 예산에 맞추기 위해.[214]

다큐멘터리 영화에서 이런 자체 검열이 얼마나 빈번히 벌어지고 있는지는 확실히 알 수 없다. '없는 것은 셀 수 없다'의 또 다른 사례인 것이다. 그러나 미디어 문제를 전문으로 다루는 변호사들과 학자들의 보고에 따르면, 다큐멘터리 제작자들은 어떤 장면을 촬영하기 전에 반드시 사람들에게 벽에 걸린 물건을 떼어내고 라디오나 텔레비전을 끄고 옷을 갈아입도록 요청한다. 그리고 촬영 후 편집에서 이미지와 소리를 걸어내고, 사용 허가를 받은 다른 것으로 대체한다. 피터 자시(Peter Jaszi)의 표현을 옮기자면, "현실을 기록해야 하는 사람들이 현실을 촬영하기 위해 현실을 체계적으로 바꾸고 있다."[215]

저작권은 권리와 권력을 '채널' 소유자에서 '콘텐츠 제공자'에게로—18세기 용어로 하자면 서적출판업자 조합에서 작가에게로—이전함으로써 논란과 혼동 속에 시작되었다. 19세기에 작가들과 예술가들은 자유롭고 독립적인 부르주아 계급의 일원으로 인정받는 데 성공했다. 20세기는 실재하는 것을 공유 가능한 형태로 고정하는 기적적인 신기술의 개발과 함께 시작되었다. 새로운 형태의 창작 및 분배에 대응하기 위해 저작권법이 변경되고 확장되면서 서서히 판도가 바뀌더니, 지난 50년간 주객이 완전히 전도되어버렸다.

40장
변형적 이용의
흥망성쇠

　20세기의 끝 무렵, 저작권법은 더욱 강해지고, 더욱 넓어지고, 더욱 엄격해졌다. 그러자 여러 매체의 예술가들은 창작물의 소유권을 아예 무시해버리는 사상과 관행을 택했다. 1960년대의 상황주의 운동이 주창한 '비승인 수정 인용'은 1970년대의 수많은 전위적 창작물에서 구현되었고, 그 후의 작품 중에는 조르주 페렉이 다양한 저작권 자료를 상당량 끌어다 쓴 『인생 사용법 (Life A User's Manual)』이 가장 유명한 사례일 것이다.[216] 미국의 시인이자 비평가인 케니스 골드스미스(Kenneth Goldsmith)는 이전 자료의 직접적인 재현을 표현 매체로 삼았다.

　우리 시대의 글쓰기에는 비서의 전문성과 해적의 자세가 필요하다. 모사, 체계적 정리, 복제, 자료 보관, 전재. 이와 더불어 밀매, 약탈, 비축, 파일 공유를 습관처럼 즐기는 은밀한 성

향까지.[217]

학자들도 창작된 표현의 인용·개작·교체를 통한 '텍스트들 간의 상호성(intertext)'에 주목하기 시작했다.[218] 창작이라는 개념 자체―저작권 보호의 근거, 혹은 영리적 목적을 숨기는 가리개―가 비난의 표적이 되었다. "창의적 글쓰기의 문제는 무엇인가?" 골드스미스는 이런 질문을 던진 후, 2013년 맨부커상 후보에 오른 여섯 편의 소설에 대한 지적으로 답을 이어간다. 그중 네 편은 타지 생활의 고난을 헤쳐 나가는 이민자 이야기로 홍보되고, 네 편은 예기치 않게(이중 두 편은 뜻밖에 도착한 편지를 통해서) 드러난 과거의 비밀을 폭로하고, 네 편은 신뢰할 수 없는 화자를 내세우는 전략을 썼으며, 다섯 편은 극적인 살인 사건에 의존했다. 즉 '창의적인 글'로 통하는 작품이 반드시 일반적 의미의 '독창성'을 갖춘 것은 아니다. 골드스미스는 그의 가설을 시험하기 위해, 이중 한 소설의 홍보 문구인 "순수와 경험, 희망과 가혹한 현실의 이야기"를 인터넷에 검색해보았다. 너새니얼 호손의 『젊은 굿맨 브라운』, 하퍼 리의 『앵무새 죽이기』, 윌리엄 셰익스피어의 『로미오와 줄리엣』, 에이미 탄의 『조이 럭 클럽』, 제임스 조이스의 「애러비」(『더블린 사람들』에 수록된 단편)도 똑같은 단어들로 소개되어 있었다.[219] 골드스미스 같은 비평가에게 독창성은 한물간 개념이었다. 이제 작가가 하는 일은 무엇인가, 디지털 시대에 무엇을 할 수 있는가에 관한 새로운 이해가 필요했다.

건축가들 역시 기존 양식과 전통의 장식적 요소를 재사용하기 시작했고, 시각 예술 분야에서는 앤디 워홀(과 이후의 많은 예술가들)이 유명인의 사진들과 수프 통조림 라벨을 화폭에 옮겨 실크스크린 기법으로 재창조했다. 새로운 기술들 덕분에 '옛' 작품을 혼합하고 수정하고 용도를 변경하여 새 작품으로 만들기가 훨씬 쉬워졌다. 전위파는 20세기 말의 큰 변화에 따른 새로운 법적 환경에 대응하기보다는 멸시로 답했던 것 같다. 예술과 저작권의 정면충돌이 임박해 보였다.

그러나 그런 일은 벌어지지 않았다. 미국은 저작권의 범위와 영역을 전반적으로 늘리는 와중에도, 특정 종류의 2차적 사용을 법적으로 허용하고 장려하기까지 했다. 이런 분위기가 조성된 것은 법률 제정이나 소송을 통해서가 아니라, 특정한 2차적 사용을 저작권 침해 소송에서 면제해주는 새로운 기준을 제안한 한 편의 학술 논문 덕분이었다. 리벌(P. N. Leval)은 「공정 이용의 기준에 대하여(Toward a Fair Use Standard)」[220]에서 2차적 창작물이 충분히 변형적(transformative)이고, 압도적이며, 1976년 저작권법 제107조에 명시된 '공정 이용'의 네 가지 요인(목적, 성격, 분량, 시장에 미치는 영향)에 부합한다면 창작자들의 모방·반복·개작을 허용해야 한다고 주장했다. 판사이기도 했던 리벌이 자신의 새로운 용어를 재판에 써먹을 기회가 생겼다. 한 과학 잡지 출판사가 자신들의 잡지를 직원 수대로 구독하지 않고 필요한 논문을 복사해서 사용한 석유 기업을 고소했다. 리벌은 "복사된 논문은 과학자들이 필요시 사용할 수 있도록 파일로 보관되었으므로 변형적 이용이 아니다"[221]라며 출판사의 손을 들어주었다. 항소 재판에서 리벌의 판결은 유지되었지만 근거는 달랐다. 그로부터 2년이 지난 후에야 '변형적 이용'은 공정 이용을 판단하는 실질적인 척도가 되었다. '변형적 이용'을 널리 알린 소송 사건이 발생했으니, 어느 불손한 랩 밴드가 로이 오비슨(Roy Orbison)의 〈프리티 우먼(Pretty Woman)〉을 패러디하여 공연했을 때였다. 밴드는 그 노래의 저작권자인 에이커프 로즈 뮤직에 허가를 요청했지만 거절당했다. 그래도 작업을 진행했다. 그 패러디곡을 수록한 앨범이 25만 장 팔린 후에야 에이커프 로즈는 저작권 침해 소송을 제기했다. 1심 판사는 패러디가 공정 이용이라고 판결했지만, 첫 항소에서 판결이 뒤집히자 랩 밴드는 소송 건을 대법원으로 가져갔다. 대법원은 패러디가 '변형적' 창작물로 공정 이용에 해당한다며, 항소심 판결을 뒤집고 사건을 반송했다. 이 판결 직후 소송 당사자들은 라이선스 계약을 맺기로 합의를 보았다.²²² 그 후로 법원은 어떤 2차적 저작물이 공정 이용에 해당하느냐 아니면 저작권을 침해했느냐를 결정할 때 빈번히 '변형적 이용'을 척도로 삼았다. 가령 한 오래된 B급 영화의 저작권자는 영화배우 피터 그레이브스의 전기 다큐멘터리에 영화의 짧은 클립을 사용한 대형 케이블 회사를 고소했다가 패소했다. 판사는 해당 클립이 "시청자에게 배우의 미미한 시작을 알려주는 변형적 용도로 사용되었다"²²³고 말했다.

그때부터 미국에서 도를 넘은 저작권 침해 소송이 제기되면 '변형'을 근거로 한 '공정 이용' 변론이 단골로 등장하게 되었다. 문제는, 변형과 도둑질은 한 끗 차이인지라 판사의 주관적인 판단이 들어갈 수밖에 없다는 것이다. 그래서 이런 유의 소송은 예측 불허의 결과가 나올 위험을 피하기 위해 법정 밖에서 해결되는 경우가 대부분이다. 그러나 당사자들이 거물이고 걸린 금액이 클 때는 재판까지 가기도 한다.

'퍼펙트 10'이라는 회사는 웹사이트를 통해 누드모델 사진을 유료로 제공한다. 구글의 검색 엔진을 이용하면 그들 상품의 이미지가 축소된 '섬네일'을 볼 수 있다는 사실을 알게 된 퍼펙트 10은 저작권 침해로 구글을 고소했다. 예술 사진 제공업체가, 그 상품을 보호하는 유료 서비스 페이지로 사용자를 이동시킬 뿐인 검색 엔진을 저격한 이유는 뭘까? 왜 계속 은행을 터느냐는 질문에 윌리 서턴이 내놨다고 하는 답변과 같은 이유일 것이다. "거기에 돈이 있으니까." '공정 이용' 변론의 결과가 그간 들쭉날쭉했으니, 퍼펙트 10은 잘하면 크게 한몫 잡을지도 모른다고 계산했을 것이다. 과연 1심 판사는 퍼펙트 10의 손을 들어주며 구글에게 섬네일 게시를 중단하라는 지시를 내렸다. 항소를 진행할 여유가 있는 구글은 그렇게 했고, 2007년에 제9연방순회항소법원의 이쿠타 판사는 구글의 섬네일이 변형적 이용이라고 판결했다. "한 이미지의 본래 창작 목적은 오락, 미학 또는 교육이었을지 몰라도, 검색 엔진은 그 이미지를 포인터로 변형해 사용자를 정보 출처로 안내한다." 여기서 끝이 아니다.

검색 엔진은 원저작물을 새로운 저작물, 즉 전자 참조 도구로 만듦으로써 사회적 편익을 제공한다. 검색 엔진은 원저작물

을 완전히 새롭게 사용하는 반면 패러디는 일반적으로 원저
작물과 똑같이 오락 목적을 지니기 때문에 검색 엔진이 패러
디보다 변형성이 더 크다.[224]

이 맥락에서 '원저작물'이란 에드워드 영이 주장했던 "문학계를
확장하고 그 영토를 늘려주는" 글이 아니라, 나체 여인들의 2차원
적 사진 이미지를 지칭한다. '새로운 저작물'이란 "과거와 현재
를 훌쩍 뛰어넘어 미래를 밝히는" 창작물이 아니라, 똑같은 누
드 사진을 축소한 저화질 복제물이다. 오래전 고안된 법의 테두
리를 벗어나지 않으면서도 그 법의 본래 취지와는 아무 관련도
없는 분쟁을 심판하려다 보니 이런 왜곡된 판결이 나온 것이다.
  2009년, 프랑스 사진작가 파트릭 카리우(Patrick Cariou) 역
시 완전히 다른 상황에서 비슷한 근거로 패소했다. '차용 예술
가'로 이미 이름을 날리고 있던 리처드 프린스(Richard Prince)는
자메이카의 라스타파리교도들을 찍은 카리우의 사진들을 가져
다가 에어브러시와 포토샵으로 수정해 〈운하 지대(Canal Zone)〉
라는 제목의 이미지들을 제작한 다음 2008년에 뉴욕의 한 미술
관에 판매용으로 전시했다. 카리우는 저작권 침해 소송을 걸어
지방법원에서 승소했고, 팔다 남은 〈운하 지대〉를 전부 "파기하
거나 팔거나 처분할" 권리를 얻게 되었다(저작권을 침해한 책은
재생지로 만들어야 한다는 300년 전 앤 여왕 법을 상기시킨다). 프린
스와 미술관은 항소했고, 제2연방순회항소법원은 원심 판결을
뒤집었다. 카리우의 작은 흑백 사진들은 라스타파리교도들과

주변 환경의 자연스러운 아름다움을 묘사한 반면, 프린스의 작품은 색채와 뒤틀린 인체를 통합하여 완전히 다른 미학을 창조한 콜라주라는 이유에서였다. 따라서 카리우의 사진을 변형한 공정 이용이라며 프린스의 혐의를 벗겨주었다.[225]

이 소송 결과는, 꽤 유명한 예술가라면 남의 작품을 고쳐서 새롭고 독립적인 창작물로 제시해도 괜찮다고 넌지시 알리는 듯하다. 그래서 많은 변호사들은 "저작권의 보호를 받는 저작물에 근거하여 2차적 저작물을 작성할" 저작자의 권리(미국 저작권법 제106조 2항)에 너무 큰 구멍을 내놓았다며 이 판결에 동의하지 않았다.

최근에 벌어진 한 소송은, 예술가들이 '변형적' 공정 이용이라는 개념 덕분에 받을 수 있는 보호의 범위를 줄여놓았다. 이 소송에도 프린스가 연루되었다. 화가가 아닌 가수 프린스 로저스 넬슨이다. 1984년에 앤디 워홀은 전문 사진작가 린 골드스미스가 얼마 전 찍은 프린스의 사진을 바탕으로 〈퍼플 페임(Purple Fame)〉이라는 이미지를 제작해 패션 잡지 《배너티 페어(Vanity Fair)》에 실었다. 잡지사는 정식 라이선스 계약을 통해 그 사진을 '참고 자료'로 사용할 수 있었고, 그래서 수년 동안 워홀이 그 사진을 재작업해서 발표해도 아무런 분쟁이 일어나지 않았다. 그런데 프린스가 2016년에 사망하자 《배너티 페어》가 소속된 콘데 나스트(Condé Nast) 출판사는 추모의 의미로 『프린스의 천재성(The Genius of Prince)』을 간행하면서, 골드스미스의 사진을 실크스크린 기법으로 개작한 워홀의 작품을 살짝 수정해서 앞표지에 실었다(라이선스 요금으로 앤디 워홀 재단에 1만 달러를 지불했다). 골드스미스가 자기 사진의 재사용에 반대하자 재단은 비침해 확인 판결을 위해 소송을 걸었다. (확인 판결이란, 고소당할 가능성이 있는 당사자가 법적 책임이 없다는 법적 공표를 요청하며 소송을 제기하는 절차다.) 1심에서 뉴욕 남부 지방법원은 워홀의 〈프린스〉 시리즈가 골드스미스의 사진들과는 다른 메시지를 전달하는 변형적 이용이며, 따라서 공정 이용 원칙에 따라 라이선스 요금을 지불하지 않아도 된다는 판결을 내렸다. 골드스미스는 항소했고, 2021년에 제2연방순회항소법원은 "법률상 〈프린스〉 시리즈가 골드스미스의 사진과 상당히 유사하며" 워홀의 작품은 원작을 충분히 변형하지 않았기에 공정 이용에 해당하지 않는다고 판결했다. 다섯 달도 채 지나지 않아 워홀 재단은 판결을 뒤집기 위해 같은 법원을 찾았다. 안드로이드 장치에 자바를 사용한 구글에 대해 오라클이 소송을 제기했을 때 대법원의 판결이 '공정 이용'의 한도를 재정립했다는 사실을 근거로 삼았다. 그러나 이 모험적인 시도는 무참한 실패로 돌아갔다. 컴퓨터 소프트웨어와 잡지 도판은 너무도 다르기에 판사는 구글 소송건과의 연관성을 일축했다. 결국 워홀 재단이 프린스의 사진을 상업적으로 이용하려면 린 골드스미스에게 '관습 가격(customary price)'을 지불해야 한다는 이전 판결은 번복되지 않았다.[226] 항소심에서 대법원은 제2연방순회항소법원의 판결을 확정하면서, 2016년에 체결된 워홀 작품의 라이선스 계약은 공정 이용이 아니라고 판시했다. 그러나 법원은 실크스크린 기법을 이용한 워홀의 창작과, 잡지사와의 라이선스 계약을 엄격히 구분 지어, 후자만을 저작권 침해로 보았다.[227]

제2연방순회항소법원의 결정은 유명 예술가들이 저작권 보호 저작물을 멋대로 도용하는 것을 허용하는 방향으로 흐르던 '변형적 이용' 변론에 살짝 제동을 거는 듯 보였지만, 대법원의 판결은 2016년에 워홀 재단이 '오렌지 프린스'의 라이선스를 콘데 나스트에 내준 것에만 한정되었기 때문에 변형적 이용 원칙의 적용에 큰 영향을 미치지는 않을 것이다. 그럼에도 대법원 의견—그들은 책을 연극용이나 영화용으로 각색한 2차적 저작물은 확실히 변형적 이용이 아니라고 굳이 못박는다—의 기저에는, 변형적 이용 원칙이 저작권자의 2차적 저작물 작성권을 약화시킬 가능성은 낮다는 암시가 깔려 있다. 그러나 미래 기술, 특히 인공지능 프로그램의 학습 활동에 변형적 이용 원칙을 어떻게 적용하느냐가 더 큰 문제다.

이 우여곡절의 더 큰 피해자는 바로 용어다. 1909년에 '저작자'가 '고용주'로, 1976년에 '어문 저작물'이 '컴퓨터 프로그램'으로 재정의되었듯, '변형적'이라는 단어 자체가 예술 용어로 변형되었다. 더 이상은 일상 대화에서와 같은 의미로 사용되지 않으며, 저작권료 지불에 관한 다툼에서 그 단어를 어떻게 적용할지를 두고 대법원 판사들 사이에서도 의견이 갈리고 있다.

41장

크리에이티브 커먼스

컴퓨터 소프트웨어에 대한 저작권은 1960년대에 시작되어 1976년 저작권법을 통해 미국에서 성문화되었다. 1978년에는 이를 좀 더 확실히 하고 정밀성을 높이기 위해, 저작물의 신기술적 사용에 관한 위원회(Commission on New Technological Uses of Copyrighted Works)라는 국회 산하의 위원회가 "저작자의 독창적 창작을 체현하는 한 컴퓨터 프로그램은 저작권 대상으로 적절하다"라는 의견을 제시했다. 이번에도 18세기 저작권법에 뿌리를 둔 '저작자'와 '창작'이라는 단어들이 기묘한 목적으로 사용되었다. 프로그래머를 저작자로, 프로그램을 어문 저작물로 변형한 것이다.

저작권 영역을 넓히려는 최근의 이 시도는 전 세계에 재빨리 퍼져 나가며 소프트웨어 독점 시대를 예고했지만, 아마도 역사상 처음으로 그 수혜자가 될 사람들이 저항하고 나섰다. 프로그래머들은 자신의 작업물을 공유하고 남의 작업물을 손보는 데 오래전부터 익숙해 있었다. 이런 공동 발명 문화가 방해받거나 중단되는 것을 원하는 프로그래머는 그리 많지 않았다. 소프트웨어의 무료 사용을 유지하기 위한 운동이 막연히 시작되다가 1983년 리처드 스톨먼(Richard Stallman)의 GNU 선언문(GNU Manifesto) 발표와 함께 표면화되더니, 곧이어 자유 소프트웨어 재단(Free Software Foundation)이 설립되고, 일반 공중 라이선스(General Public License)가 작성되고, 무료 운영 체제인 리눅스(Linux)가 줄시되었다. 전 세계의 해커, 발명자, 컴퓨터 과학자 사이에 모델과 접근법에 대한 격렬한 논쟁이 일었지만, 1999년에 넷스케이프 커뮤니케이션스사(Netscape Communications Corporation)가 커뮤니케이터 검색 엔진을 누구나 무료로 사용할 수 있는 '오픈 소스'로 출시하기로 결정하면서 자유 소프트웨어라는 아이디어가 큰 호응을 얻기 시작했다. 다른 회사들도 그 뒤를 따랐고, 현재 사용되고 있는 프로그래밍 언어의 대다수가 무료 소프트웨어 구현이 가능하며, 데스크톱 컴퓨터와 노트북에서 가장 널리 사용되는 검색 엔진 중 하나인 구글 크롬 역시 오픈 소스 소프트웨어에 기반하고 있다. 한 가지 중요한 예외가 있으니, 지금 오라클이 소유하고 있는 자바 프로그래밍 언어다.

창작자들의 태도가 이토록 확 달라지다니, 드디어 법에 대고 '이제 그만'이라고 말할 용기가 생겼구나 하고 반길 수도 있겠다. 혹은 이 때문에 소프트웨어 회사들이 좀 더 은밀하게 고객의 돈을 뽑아낼 방법을 개발하고 있구나 하고 생각할 수도 있다. 세

번째 중요한 반응은 경제학자들로부터 나왔다. 그들은 금전 보상 없이 일하는 자유 소프트웨어 프로그래머가, 프로그램을 독점한 프로그래머보다 높은 수준의 시스템을 생산하는 경우가 많다는 사실에 주목했다. 지식 재산 보호의 '인센티브 효과'에 대한 확실한 반증이다.

한 시사평론가의 주장에 따르면, 프로그래머들은 "잘 만들어진 작업물을 무료로 제공함으로써 그 작업물을 다운로드하는 이들로부터 인정받는다. 대부분의 사람에게 선물 경제*는 사이버 공간에서 함께 일하는 최선의 방식이다."[228] 자유 소프트웨어 운동을, 노동과 재미가 공산 경제로 합쳐지는 탈노동 사회 (post-work society)의 시작으로 보는 평론가도 있다.[229]

21세기에 다양한 수준과 종류의 자유-오픈 소스 소프트웨어가 널리 보급되고 이미 상당한 성과를 거두고 있으니, 소프트웨어 분야의 모든 혹은 일부 저작권이 바뀌거나 심지어는 폐지될 지도 모른다. 자유 소프트웨어의 규정과 라이선스 계약 방식은, 베네치아 의원들에게 처음 특권을 받았던 "영리하고 재간 많은 사람들"의 명예와 명성을 확실히 지켜준다. 그러나 그들의 생계를 책임져주지는 못한다. 따라서 자유 소프트웨어 운동은 생업, 대학 직위, 장학금, 보조금의 가면을 쓴 특권 및 후원 제도로 귀환하고 있는 현 시대 모든 창작 분야의 역사적 흐름을 역행하고 있는 셈이다.

---

* 재화가 금전적 이득이 아닌 공동체나 명망을 위해 소비되는 경제 체제.-옮긴이

미국 대법원이 저작권 존속 기간을 사후 70년으로 연장한 소니 보노 법의 소급 효과를 확정하며 창작자의 손주와 창작자의 고용주인 스튜디오에 20년 전의 책들과 영화를 되돌려주었을 때, 실망하고 낙담한 로런스 레시그는 자유 소프트웨어 운동이 창작 예술의 본보기 또는 길잡이가 되어주리라 기대했다. 레시그의 지휘 아래, "저작권 보호를 받는 창의적·학술적 저작물의 사용을 허가하는 자유롭고 단순하고 표준화된 방법을 세계의 모든 사람 및 기관에 제공하고, 저작자 명시를 보장하며, 다른 사람들이 그 저작물을 복제, 배포 및 이용할 수 있도록 허용하는"[230] 정교한 시스템이 고안되어 전 세계로 퍼져 나갔다.

거의 기부금으로 운영되는 크리에이티브 커먼스(Creative Commons)는 보호 수준이 각기 다른 라이선스들을 제공한다. CC-BY는, 저작물을 복제·재배포·수정·개작하는 이용자가 원작자를 밝히기만 하면 된다. CC-SA의 경우, 저작물을 개작하는 자는 추후 그 개작물을 이용하는 다른 사람에게도 원작자 표기를 요구해야 한다. CC-NC는 비영리적 목적의 재배포 및 재사용만 허용한다. CC-ND는 저작물의 개작이나 2차적 사용을 허용하지 않는다. 이들 범주를 다양하게 조합하는 것도 가능하며, 창작자가 저작권을 버리고 저작물을 세계 공유 재산으로 돌릴 수 있는 CC0(CC Zero)도 있다.[231]

크리에이티브 커먼스는 몇몇 분야에 큰 변화를 일으켰다. 위키피디아는 CC 라이선스 아래 운영되며, (엄청난 수의 사진을 포함하여) 약 20억 개의 저작물이 CC 라이선스를 취득했는데 거의 모두 웹을 통해 이용할 수 있다. 그러나 학술 분야 이외의 저작물은 크리에이티브 커먼스를 통해 공개되는 경우가 드물다. 영화, 클래식 또는 대중음악 앨범, 신작 소설이나 희곡이 마음껏 복제하고 수정할 수 있는 저작물로 풀릴 가능성은 별로 없다.

절망에서 탄생한 크리에이티브 커먼스는 개인적 통제와 공동 소유 사이의 타협안을 제시하고자 했으며, 웹상에서 다양한 창작 활동을 할 수 있도록 해방시키고 활성화했다. 이 단체는 저작권법 밖에서 운영되는 것 같지만 법 자체를 바꾸지는 못한다. 법의 영향권 아래 있는 사람들끼리 자발적으로 맺는 계약은 법보다 우선시될 수 없(고 마땅히 그래야 한)다. 예를 들어 크리에이티브 커먼스 라이선스에 따라 공개된 사진 속의 인물은 양도 불가능한 프라이버시권을 가지며, 소송을 걸어 승소한 사례는 아직 없지만 많은 관할권에서 여전히 그 권리를 행사할 수 있을 것이다. 원칙적으로 CC 라이선스에 따라 저작물을 발표한 창작자의 상속인이나 유산 수령자는 저작물의 동일성 유지권, 심지어는 수익 소유권까지 주장할 수 있다. CC 라이선스는 법적 구속력이 없기 때문이다.

아주 조직적이고 정교하며 자유 문화라는 대의에 충실하지만, 크리에이티브 커먼스가 이 이야기의 끝이 될 수는 없다.

수 세대 전부터 변호사들이 저작권의 목적이라고 주장해온, 작가와 예술가의 생계비 보장이라는 문제를 해결하려 들지 않기 때문이다.

42장
세계에서 가장 큰
현금 지급기

50년 전의 보도에 따르면, 한 해 동안 지식 재산의 국가 간 라이선스 계약에 오간 액수는 전 세계적으로 10억 달러가 되지 않았다. 그러던 것이 2021년에는 5,080억 달러로 늘어났다.* 그간 일어난 엄청난 기술 변화로 비디오 게임에서 과학 연구에 이르기까지 다양한 지식 기반 활동이 그 어느 때보다 많은 양과 위력과 인기와 접근성을 과시했다. 국가 간 지식 재산 거래의 지불액과 수령액이 늘어난 것은, 무형 재화에 대한 선호도가 점점 더 높아진데다 기술 발전 덕분에 그것을 손에 넣기가 더욱 쉬워졌기 때문이기도 하다. 그러나 자연스러운 형세 변화 또는 저작권

---

* 세계은행이 제공한 수치다. 이 액수는 보고된 지불액이며, 보고된 수령액은 조금 더 적다. 상거래 통계에서 이런 불일치는 흔한 일이니, 일부 저작권자가 화성에서 살고 있다는 의미로 받아들일 필요는 없다. https://www.stlouisfed.org/on-the-economy/2016/february/global-current-account-surplus-trade-other-planets. (정보 제공자: 해럴드 제임스)

보호를 받는 장치 및 저작물의 내재 가치 증가보다 더 큰 원인이 있다. 법이 보장하는 독점권으로 인해 창출되는 임대료를 누가 받을 것인지 결정하는 공공 정책—국내법과 국제 협정에서 드러나는, 입법 기관과 법원의 명백한 선택—때문이다.

지식 재산의 국가 간 라이선스 계약으로 창출되는 거금에는, 저작권뿐만 아니라 특허, 상표, 등록된 디자인에 지불하는 돈도 포함된다. 국내 관할권 소관인 특허는 20년 동안 유효하고, 상표 등록은 그 상표가 사용되고 있지 않을 경우 취소되거나 갱신이 불가능할 수도 있다. 그러나 저작권은 한 세기 이상 지속된다. 책, 기사, 블로그, 서커스 포스터, 컴퓨터 코드, 댄스 안무, 노래 한 구절, 텔레비전 프로그램, 브로드웨이 공연, 뉴스, 강아지 조각, 누드 사진 등 거의 무한대의 저작물에 적용된다. 특허나 상표는 등록이 필요한 반면, 저작권은 형식적 절차 없이 창작과 동시에 발생한다. 게다가 여러 종류의 2차적 저작물을 제어할 수 있는 복잡한 통제권도 포함되어 있다. 바로 이 부분에서 지식 재산은 가장 큰 가치를 창출하며 단숨에 전 세계를 손아귀에 넣는다. 오라클이 구글을 상대로 제기한 특허 침해 소송이 얼마 지나지 않아 저작권 침해 소송으로 바뀐 것도 이 때문이다.

발명가들은 잘 알겠지만 기술 자체는 큰 부를 창출하지 않는다. 그 기술의 소유자를 결정하는 법이, 돈을 쓸어 담으며 막대한 부를 축적하는 법인과 개인을 탄생시킨 것이다. 세계 최고 부유 기업들의 가장 큰 재산은 저작권과 특허이며, 세계 최고 부자 50인 가운데 16명은 저작권 산업으로부터 재산의 전부 혹은 일부를 얻고 있다.[232] 전 세계 사람들이 매일 매시간 상품이나 서비스를 구매할 때마다 이들의 거대한 지갑이 채워진다. 저작권법이 지금과 다르다면, 그 가격은 훨씬 더 저렴하거나 어떤 경우엔 공짜일 수도 있을 것이다. 지금의 지식 재산권은 19세기의 반대자들이 우려했던 점을, 그들이 상상도 못 했던 규모로 드러내고 있다. 그들은 독서에 세금이 붙는 상황을 걱정했지만 우리는 시청, 청취, 게임, 캐릭터 인형에 세금을 내고 있다.

일반인이 감당해야 하는 저작권 비용은 교과서, 음악 다운로드, 영화 티켓 가격에 추가로 붙는 금액뿐만이 아니다. 저작권의 과세 효과로, 텔레비전 시청과 라디오 청취 비용도 늘어난다. 방송사들이 라이선스 요금을 지불해야 하기 때문이다. 지금은 아주 많은 것들―자가 조립식 소파의 디자인이나 시리얼 포장지에 그려진 만화까지―이 저작권 보호를 받고 있기 때문에, 우리가 지출하는 비용 중 얼마가 소매상과 도매상을 거슬러 올라가 최종 소유자(특허법과 저작권법이 만들어낸 독점권으로 거의 영구적인 임대료를 받고 있는)에게로 흘러들고 있는지 계산하기란 불가능할 것이다. 어떤 식으로 계산하든 상당한 액수임에는 틀림없다. 계산을 시도한 몇 안 되는 경제학자 중 한 명은 2018년에 1인당 연간 6,000달러라는 수치를 내놓았다.[233]

현대 사회의 빈부 격차를 논할 때 저작권은 사람들이 입에 올리기를 주저하는 껄끄러운 주제가 된다. 그것은 21세기의 불평등을 부추기는 주된 동력이다.

전 세계 지식 재산 라이선스 계약금의 4분의 1 이상이, 세계

인구의 4.2퍼센트가 사는 미국으로 흘러들고 있다. 그중 10분의 1이 미국 밖으로 빠져 나가니, 미국이 다른 나라에서 거둬들이는 순익은 연간 800억 달러에 이른다. 이와 대조적으로 아프가니스탄은 2020년에 지식 재산으로 225달러를 벌었다.

요즘 이런 소득을 창출하는 콘텐츠는 대부분 포장비도 운송비도 들지 않고, 각 품목의 한계비용은 0에 가깝다. 인터넷이 요긴했겠지만, 한 가지는 확실하다. 1976년에서 1998년 사이에 수정되고 확대된 저작권법이 무형 재화의 배포를 세계 최대의 현금 지급기로 바꿔놓았다는 것이다.

그 결과, 이제는 미국 저작권 산업의 해외 매출이 그 어떤 경제 부문의 해외 매출보다 높다. 저작권 산업은 컴퓨터와 하이테크 제품, 농산물, 화학 제품보다 많은 돈을, 항공기나 로켓이나 위성보다 훨씬 더 많은 돈을 벌어들이고, 제약업계의 4배에 달하는 수입을 올리고 있다. 믿기 어려울 지경이다. 300년 전 영국의 출판업계 문제를 해결하려 고안된 아이디어가 지난 반세기 동안 다른 무언가로 변질되어버렸다. 미국의 노동자 20명 중 1명을 고용해 미국 전체 수입의 8~12퍼센트를 창출하고 있는 거대 사업체의 몸집 불리기에 행정적·재정적 버팀목이 일조하고 있는 것이다.[234]

작고 가난한 나라들이 책을 읽고 영화를 보고 비디오 게임을 하고 인터넷상의 과학 논문을 다운로드하기 위해 상당량의 자원을 세계 최고의 부국들에 바치고 있는 현 상황은 누가 봐도 불평등하다. 그러나 지금의 저작권은 국가들 사이의 불평등은 물론이고 국가 내의 불평등도 초래하고 있다.

1976년 미국 저작권법은 그 분량이 방대하다. 여기에 CTEA 와 DMCA 같은 후속 법들이 더해지면서, 미국연방규정집의 제 17편(저작권법의 개괄)은 제101조~제122조까지의 22개 조항을 350쪽에 걸쳐 담고 있으며, 100쪽의 주석과 부록도 추가되어 있 다. 제110조, 제111조, 제112조, 제114조, 제115조, 제116조, 제 119조는 시청각 기록 및 음반, 음반 회사와 방송사(케이블 TV, 위 성방송사, 주화 투입식 재생 장치) 간의 관계 조정, 그들 사이에 지 불되는 인세 요율뿐만 아니라 난해한 상황들(이를테면 "1차 송신 을 통제된 집단으로 2차 송신하는 경우", "실연에 드는 합리적 비용을 공제한 후의 실연 수익금을 금전적 이익이 아닌 자선의 목적으로만 사 용하는 경우, 비영리적 재향 군인회나 비영리적 친목 단체가 주최하고 홍보하는, 초청객을 제외한 일반 대중은 초대되지 않는 사교 모임 과 정 중에 이루어지는 비연극적 어문 저작물이나 음악 저작물의 실연" 등등)까지 배타적으로 다룬다.

제17편의 다른 곳에 '대중'이라는 단어는 거의 등장하지 않으 며, '공익'은 단 한 번도 나오지 않는다.

지금의 저작권법은 우리 시대 문화와 기술을 둘러싼 벽에 작 은 틈새를 몇 군데 남겨두고 있다. 제107조는, 저작권으로 보호 되는 저작물의 2차적 사용이 '공정 이용' 원칙에 따라 저작권 침 해로 간주되지 않는 경우들을 설명한다. 제108조는 도서관과 기 록보관소에 소장된 자료의 복제를 허용하지만, 제시된 몇몇 목 적에 부합할 경우 3부만 가능하다. 제110조는 교육 기관이 교실에서 저작권 보호 자료를 전시할 수 있도록 허용하면서 몇 가지 조건을 단다. 가령 수업에서 영화를 보여줄 경우 학생 수가 많아 여러 교실로 분산해야 한다면 스피커를 6개 이내로 사용할 수 있다. 그러나 훨씬 더 긴 단락을 할애하여 "학생, 교수진, 교직원에게 저작권 준수를 홍보하는 정보물을 제공하는 정책을 도입"하도록 대학에 요구하고 있다.

요약하자면 저작자와 창자자의 권리를 지키겠다는 저작권의 취지와는 거리가 먼 법이다. 음악 공연권료 징수 협회를 위한 행정 체계(제115조)와 반도체 칩 제품의 보호책(제901조~제904조)을 포함하여, 무형 창작물을 거래하는 대형 기업에게 극도로 상세한 규정을 제공해주는 규제 도구인 것이다. 어찌 보면 그리 놀라운 일도 아니다. 제시카 리트먼이 잘 설명했듯, 1976년 저작권법은 무형 창작물을 거래하는 대형 기업의 대변자인 로비스트들이 작성한 것이나 마찬가지였다.[235] 그들의 공작은 온전히 성공을 거두었다. 그 법이 통과된 후로 저작자의 수입은 계속 줄어들고, 저작권 산업은 점점 더 많은 돈을 쓸어 담았다. 평범한 소설가·가수·극작가·작곡작사가·그래픽 아티스트와, 작품을 수억 달러에 파는 소수의 스타 간 격차는 더욱 벌어졌다. 발자크의 『잃어버린 환상』에 등장하는 출판업자 도리아는 젊은 시인에게 "나는 미래에 찾아올 영광의 디딤돌 역할을 하기 위해 여기 있는 것이 아니오. 돈을 벌어서 유명인들에게 주려는 거지"라고 말한다. 도리아라면 오늘날의 저작권 산업에 아주 잘 적응할 것이다.

과거의 훨씬 더 영리한 사람들―워버튼, 콩디야크, 임마누엘 칸트, 매콜리, 로버트 맥피, 심지어는 빅토르 위고까지―이 무덤에서 우리에게 호통치는 소리가 들리는 것만 같다. '그러게 우리가 뭐랬어!'

43장

저작권의 현주소

19세기 잉글랜드에서, 저작권과 특허권의 적절한 범위를 두고 벌어진 기나긴 다툼은 흔히 '머리 좋은 자(men of brains)'와 '돈주머니를 찬 자(men of moneybags)' 간의 줄다리기로 묘사되었다.* 150년이 지난 지금, 후자가 우위를 차지하며 모든 갈등을 종식한 듯하다.

이제 우리는 창작자와, 그들의 창작물을 사용 가능하게 해주는 자본가의 권리를 두고 고심하지 않는다. 오늘날 지식 재산과 관련해 벌어지는 갈등은 전리품을 더 많이 가져가려는 대기업 간의 영역 다툼에 더 가깝다. 그러나 이 책 초반에 언급했던 더없이 무익한 법적 다툼에서 보았듯, 옛날의 저작권법 용어들이

---

* 존 스튜어트 밀의 『정치경제학 원리』(1848년)에서 유래한 듯한 이 용어들은 토머스 배빙턴 매콜리가 저작권 개혁에 관한 의회 연설 중에 사용하면서 유명해졌다.

여전히 사용되고 있다. 미국 대법원은 애플리케이션 프로그래밍 인터페이스가 "원저작물의 '심장'"인지, 몇백 줄짜리 코드가 "(저작물의) 창의적 표현을 담았는지" 판단해야 했다.[236]

저작권의 역사와 선사는 단어 의미의 잇따른 조정을 통해 진행되었다. 새롭게 제조된다는 이유로 책을 '새로운 제품'의 범주에 넣음으로써 런던 인쇄업자들은 1624년의 전매조례를 피해갈 수 있었다. 1753년에는 인쇄기로 찍어낸다는 점에서 판화도 책과 비슷하다는 이유로 호가스의 판화들이 얼마간 보호를 받게 되었다. 1903년에는 '독창적'이라는 단어가, 문학계의 새로운 지평이 아닌 이전에 공표되지 않은 것을 의미하게 되면서, 특정 지역에서 인쇄된 서커스 포스터가 『데이비드 카퍼필드』보다 더 높은 수준의 보호를 받게 되었다. 1909년에는 지도나 안내 책자처럼 일괄적으로 생산되는 저작물에 대해 고용주를 저작자로 인정해줌으로써, 영화 제작자와 음악 출판사도 고용인이나 계약 수주자의 저작물을 소유할 수 있게 되었다. 1976년에는 '어문 저작물'의 의미가 확장되어 "수적 기호나 표시로 표현(되고)… 테이프, 디스크 혹은 카드 등(으로) 체화된" 것들까지 포함되면서, 소프트웨어 회사들은 고용인이 만들어낸 프로그램의 저작권을 누릴 수 있게 되었다.

이렇듯 현대 저작권이라는 거대한 성은 일관성 있는 원칙이 아닌 언어적 궤변 위에 서 있다. 고개를 갸우뚱하게 만드는 비유와 말장난이 오래도록 이어진 끝에 지금 이 자리까지 온 것이다.

이제 저작권은 오래전부터 부유한 나라들, 주로 영국, 유럽연합, 미국에 둥지를 튼 거대 산업의 주된 규제 도구로 쓰이고 있다. 그러나 나라를 막론하고 창작자 대다수에게 저작권이란 무관하거나 아니면 그저 짜증스러운 존재일 뿐이다. 그들 중 소수가 얼마 안 되는 저작권료를 받고 있고, 남의 저작물을 자유롭고 기발하고 독특하게 이용하는 데에는 제약이 따른다.

1833년, 에밀 드 지라르댕(Émile de Girardin)은 프랑스 최초의 저렴한 일간지 《라 프레스(La Presse)》를 창간했다. 그는 한 명에게 100만 프랑을 받느니 100만 명에게 1인당 1프랑을 받는 것이 덜 위험하다고 호언장담했다. 저작권자들은 200년 가까이 지라르댕의 비결을 따른 끝에 이제 마무리 단계에 이르렀다. 전 세계 사람이 듣고 읽고 보는 거의 모든 것은 100년이나 저작권에 붙잡혀 있게 되었고, 그래서 저작권자들은 아주 오랫동안 엄청난 수의 사람들 각각으로부터 소액씩 뽑아먹고 있다. 가령 스포티파이(Spotify)는 월간 구독자들에게 음악 스트리밍 서비스를 제공해 2020년 한 해 동안 약 70억 유로의 수익을 올렸지만, 회사가 지불하는 곡당 '사용료'는 0.006~0.0084달러에 불과하며, 그중 20퍼센트 정도가 실제 음악 창작자에게 돌아간다.[237] 지라르댕의 호언장담은 제대로 들어맞았다.

최근 수십 년간 문화 공유지들이 교묘하게 사유화되었지만, 벽 밖에는 아직도 드넓은 벌판이 펼쳐져 있다. 우리가 자신과 남의 삶을 기록하는 데 사용하는 주된 장치인 사진은 특허가 허용되지 않았다. 우리의 주된 검색 도구인 인터넷은 아무런 대가도 받지 않는다. 우리의 주된 정보 공급원인 위키피디아는 크리에

이티브 커먼스 라이선스에 따라 이용할 수 있다. 유튜브 같은 플랫폼과 소셜 미디어는 저작권 제약을 피해가는 방법을 찾아냈다. 수학의 발전은 그 누구의 소유도 된 적이 없다. 그래서 이런 의문이 생긴다. 이 '자유 지대'는 계속 확장될까, 아니면 머지않아 고삐가 죄어질까?

지식 재산의 벽에 생긴 틈들 덕분에 세계의 문학이 계속 살아 숨쉬고 있다. 여섯 개의 국제 출판 그룹이 출판계를 꽉 쥐고 있지만, 수많은 소규모 임프린트가 수익을 기대하지 않고 원작이나 번역작을 출간하고 있다. 비영리 단체로 시작한 곳도 있고, 자선가나 사립재단, 정부 기관의 자금 지원을 받는 곳도 있다. 히말라야산맥의 아시람(힌두교도들이 거주하며 수행하는 곳)에서 바로 그런 출판사가 아슬아슬하게 운영되고 있고, 어느 대형 음식 포장 업체의 상속 재산으로 후원을 받는 출판사도 있다. 미국이나 유럽뿐만 아니라 더 먼 곳까지 퍼져 있는 수많은 독립 출판사들이 우리 삶을 풍요롭게 하는 중요한 문학·인문과학 작품을 상당량 발표하고 있다. 출판업계의 창의적 시도는 한 번도 수월했던 적이 없지만, 오늘날의 저작권법마저도 그 앞을 가로막지는 못했다.

저작권법의 엄격함은 콘텐츠를 소유하고 배포하는 자들에게도 위협이 된다. 시장을 장악하는 것과, 음악·영화·소설·비디오 게임에 대한 사람들의 취향을 제어하는 건 완전히 별개의 일이다. 차세대 거대 시장—케이팝이나 브라질 드라마나 이집트의 로맨틱 코미디 같은—이 전혀 새로운 곳에서 등장하여, 라이선스 계약금의 흐름이 이제까지의 균형(아니 불균형)을 깨고 역행한다면 어떻게 될까? 국내에서는 여전히 뒷방이나 정원 창고 같은 개인 작업실에서 베스트셀러와 미래의 고전이 탄생할 것이다. 국제적 차원으로는, 베른 협약 가맹국인 179개 나라 중 어느 한 곳에서 수익성 높은 또 다른 소프트웨어가 발명되어 저작권을 얻을지도 모른다. 만약 그런 사건이 벌어진다면—그런 일이 영영 없을 거라 생각하면 너무 우울하지 않은가—엄격하게 울타리를 치는 법 때문에 신속하고도 실질적인 여파가 있을 것이다.

그러나 현시점에서 저작권의 가장 애매모호한 영역은 인공지능을 작동하는 컴퓨터 프로그램들이다. 프로그램 자체는 저작권 보호를 받고 있지만, 예전의 소프트웨어와 달리 AI 프로그램은 인간의 추가 관여 없이 결과물을 산출해낸다. 디즈니는 인간 얼굴의 3차원 형태와 움직임을 추적하여 포착하는 MOVA 시스템에 대한 라이선스를 취득한 뒤, 몇 편의 영화에서 해당 시스템으로 가상 캐릭터를 만들어냈다. 하지만 디즈니가 홍보나 다른 작품에 그 영화들의 자료를 사용하자 MOVA 측은, 프로그램의 산출물이 프로그램 자체의 저작권에 의해 보호받는다는 근거로 소송을 제기했다. MOVA는 캘리포니아 지방법원에서 패소했지만,[238] 승소 가능성을 생각했다는 사실 자체가 업계에 경종을 울렸을 것이다. 예를 들어 오롯이 기계 번역 장치로 생성된 번역은 보통 저작권의 보호를 받을 수 없다. MT 소프트웨어 사용자는 저작권법이 요구하는 최소한의 '창작성'이나 '독창성'도 발휘하지 않았기 때문이다. 그렇다면 번역에 대한 저작권은 누구의 것일까? 자연은 진공 상태를 싫어하고, 법도 마찬가지다. 음악 분야의 상황 역시 애매하긴 매한가지다. 엥겔(Engel)이라는 소프트웨어 개발 팀이 AI 생성 오디오로 제작한 600곡을 워너 뮤직에 팔았을 때 "워너는 누구의 이름으로 저작권을 등록해야 하느냐고 물었고, 엥겔 팀은 수익을 나눠 갖기로 결정했다. 미국 저작권법에 따르면, 누군가를 창작물의 저작자로 내세우기만 하면 된다. 실제 창작자가 아니더라도 상관없다."[239] 현행법으로 해결이 안 되는 문제에 대한 임시방편으로밖에 보이지 않는다.

AI가 '학습'이나 '훈련'을 위해 자주 접해야 하는 1차 자료들—이미지, 음향, 정보 데이터베이스—은 대부분 저작권 보호를 받고 있기 때문에, 새로운 AI 도구 개발은 다시금 저작권 소송 시대를 열어젖힐 것이고, AI 자체는 아니더라도 그 산출물은 저작권 침해 혐의에 휘말릴 수도 있다. 다른 시대에 다른 매체를 상대로 만들어진 기존의 저작권 제도가 새로운 유의 분쟁을 해결할 수 있을지, AI가 현 시스템의 방해를 극복할 수 있을지는 계속 지켜보아야 할 것이다.

우리는 AI가 무엇을 할지, 그 소프트웨어가 어디에서 나올지 알 수 없고, 당장 가까운 미래에 AI의 생산물에 대한 저작권 주장을 법원과 법률이 어떻게 처리할지 예견할 수 없다. 세계의 창작 자산이 수거하는 임대료가 불평등하게 분배되고 있는 현 상황은 변화를 막기 위해 고안된 법들과 조약들이 초래한 결과다. 그러나 그런 법들이 경직되고 광범위한 만큼, 변화가 일어나기만 하면 순식간에 형세가 뒤집어질 수도 있다.

이것이 저작권의 현주소다. 일관성 있는 원칙에 근거하기보다는 말들로 구축되었기에 저작권은 지난 314년간 그랬듯 오늘도 변화의 위기를 맞고 있다.

44장

만약에…

인간의 상호작용과 정치적 삶에는 매순간 너무도 많은 우연
이 발생하기에, 과거 역사는 그럴 수밖에 없었노라고, 그래서
우리가 지금의 상황에 이른 거라고 단언하기는 힘들다. 현재
를 분석하려면 과거를 돌아보는 것이 중요하지만, 지금 우리
가 있는 이곳이 당연한 종착지라고 할 수는 없다.

-티모시 브룩, 《타임스 리터러리 서플러먼트》, 2022년 4월 8일 자

저작권이 다른 길을 갔다면 어땠을까? 그 역사에 있었던 이런
저런 기묘한 우여곡절을 그냥 지나쳤다면 어떻게 됐을까?

만약에… 그 결정적인 1886년 베른 협약의 대표단이 번역에
대한 전통적 관점을 고수했다면? 앞선 두 세기 동안 수없이 거
듭된 판결을 따라, 번역은 그 자체로 새로운 저작이며 원전의 주
인과 관계없이 저작권 보호를 받을 자격이 충분하다고 말했을

것이다. 채프먼의 『호메로스』, 드라이든의 『베르길리우스』, 어커트의 『라블레』, 볼테르의 『햄릿』처럼 말이다.

(베른에서 실제로 내려진 다른 결정들과 함께) 이 결정이 21세기까지 전 세계 저작권의 기본 원칙이 되었다면?

불가능한 일은 아니다. 고대부터 아무런 논쟁 없이 이어져온 관례였으니, 당시엔 합당하기 그지없는 결정으로 보였을 것이다. 현대의 시선으로 보면, 인정받기를 바라는 요즈음 번역가들의 열망을 그대로 담은 선견지명 있는 결정으로 보이기도 한다.

번역권이 없다면 지난 세기에 번역된 작품은 거의 모두 저작권이 적용되지 않을 것이다. 그러면 여러 번역판이 나올 수 있고, 많은 경우 그럴 것이다. 독자들은 번역판들을 비교해보고, 그 과정에서 배우는 것이 있을 것이다. 이탈로 칼비노나 피터 싱어, 이사벨 아옌데나 토베 얀손, 알렉산드르 솔제니친이나 J. K. 롤링의 이야기를 다른 언어로 옮기는 방식이 하나밖에 없는 건 아니라는 사실을 알게 될 것이다. 전 세계 독자들이 한강과 밀란 쿤데라의 작품을 활발하게 토론할 수 있을 것이다.

분명 손실도 있을 것이다. 괜찮은 해외 도서를 발굴하는 사람과 저작권 대리인, 출판사의 저작권 담당자는 할 일이 크게 줄어들 테고, 그래서 그들의 수도 줄어들 것이다. 대개 40~50개 언어로 번역되는 영어권 작품의 저자나 엘레나 페란테, 파울로 코엘료, 토마 피케티처럼 전 세계 독자들이 주목하는 몇 안 되는 비영어권 작가의 수입이 크게 줄어들 것이다.

그러나 오늘날의 대다수의 작가, 특히 중국어 · 힌디어 · 인도

네시아어 · 스와힐리어 · 아랍어 · 칸나다어 등 다른 언어로 거의 번역되지 않는 언어로 저술하는 수많은 작가들로서는 큰 이득이 아닐 수 없다. 그들의 작품을 전 세계 독자에게 소개할 기회가 생길 테고, 그 결과 영어·프랑스어·독일어 같은 '주요 언어권' 독자들은 훨씬 더 다양한 외국 작품을 접할 수 있다.

번역권이 사라지면 현대의 픽션·논픽션을 작업하는 번역가도 큰 혜택을 누리게 될 것이다. 저작권이 소멸된 고전의 번역가나 심지어는 국내 신작 작가와 동등한 수준의 인세를 요구할 수도 있다.* 이런 상황이라면 번역가들은 자국 출판사에 더욱 많은 해외 작품을 제안할 테고, 그 결과 새로운 책, 새로운 사상, 새로운 비전이 전 세계에 더 활발히 순환될 것이다.

황당무계한 생각이 아니다. 유럽 전체에 문학적·지적 창작이 화려하게 꽃피던 19세기의 분위기가 재연될 수도 있다. 세계 문화의 관점에서 보면 아주 이로운 변화지만, 아마도 출판업계는 저항할 것이다. 현재 세계 출판업계를 휘어잡고 있는 거대 기업들이 반대 운동에 온 힘을 쏟아부을 것이다. 그러나 이제까지의 역사가 암시하듯, 노련하고 재간 많은 사업가들은 그들의 생존력을 유지할 다른 방법을 곧 찾아낼 테고, 대니얼 스틸과 존 그리샴 같은 작가가 길거리에서 구걸하게 되는 사태는 벌어지지 않을 것이다.

---

* 영국과 미국에서, 저작권이 적용되는 작품의 번역 인세율은 소매가의 약 1.5퍼센트다. 저작권이 없는 작품의 번역 인세율은 5퍼센트, 가끔은 그 이상이 되기도 한다. 신작의 번역 인세율은 대부분 10퍼센트지만, 잘 팔리는 책은 최대 15퍼센트까지 받을 수 있다.

만약에… 1793년 프랑스에서 도입된 '사후 10년 보호 정책'이 미국 헌법 제8조 제8항과 1790년 저작권법 전문처럼 그대로 유지되었다면? 1774년에 영국 상원이 잉글리시 스톡을 쓸어버린 후 출판업자들이 그랬듯, 콘텐츠 소유자들은 재빨리, 약삭빠르게 비즈니스 모델을 수정할 것이다. 영화, 만화, 노래, 소프트웨어의 소유자가 독점권을 행사할 수 있는 기간이 100년에서 사후 10년으로 줄어들면, 인기를 끌 것으로 점쳐지는 저작물의 예상 순익 역시 크게 줄어든다. 그러면 헤지펀드 업계는 72세 가수나 황혼기에 접어든 베스트셀러 작가의 작품 권리를 얻겠다고 수억 달러를 쓰지는 않을 테고, 유명 창작자의 배우자와 후손들은 거액의 소송을 걸면서까지 선조의 유산을 지킬 필요가 없어진다. 마찬가지로 A급 창작자에게 새 작품을 의뢰할 때, 100년 치 매출액과 저작권료를 추산해 선인세를 지불하는 관례도 사라질 것이다. 하지만 손해를 보는 창작자는 부유한 유명인들뿐이다. 전 세계의 다른 작가들과 예술가들은 한 푼의 손해도 없이 평생 인세를 받을 수 있다. 더욱 중요한 사실은, 지난 세기에 창작된 보물 같은 작품들이 우리의 공유 재산이 되어 마음껏 즐기고 인용하고 개작하고 변형할 수 있게 된다는 점이다.

　저작자의 권리가 사후 10년으로 제한되었다면, 법인의 저작권도 첫 공표 또는 공개 후 42년에서 56년, 75년, 95년으로 점점 늘어나지 않았을 것이다. 19세기의 미국에서처럼, 저작권의 가치가 그리 높지 않아 기업들이 눈독 들이지 않을 테니 말이다. 디즈니 같은 기업은 그리 큰 영향을 받지 않을 것이다. 다만 옛날 만화 캐릭터를 재활용하기보다는 새로운 캐릭터를 창작하는 데 힘을 쏟아야 한다. 꼭 나쁜 일은 아니다.

법인의 저작권은 얼마나 존속되어야 할까? 정답은 없다. 대부분의 저작권(법인의 저작권조차)은 몇 년만 지나면 한 푼의 수익도 올리지 못하기 때문에, 보호 기간이 사후 10년으로 짧다 해도 많은 사업체들은 지금과 같은 모양새로 굴러갈 것이다. 하지만 훨씬 더 많은 공공재가 풀리고, 고아 저작물 문제는 거의 사라질 것이다. 특효약을 개발한 제약회사도 고작 20년밖에 특허권을 갖지 못하는데, 왜 도널드 덕은 거의 100년이나 디즈니에 묶여 있어야 하는가? 이 질문에 대한 합리적 답은 없는 듯하다. 역사에서 그 답을 찾을 수 있을 뿐이다. 대중이 즐기는 영화와 노래가 얼마나 오래 사유 재산으로 남아 있어야 할까? 지금이야말로 이해 당사자들, 특히 일반 대중이 참여하는 토론을 개시해야 한다.

만약에… 1909년 미국 저작권 개정법에 그 치명적인 제62조항—이후 '저작자'라는 단어가 '고용주'를 의미하게 되리라 명시한 조항—이 포함되지 않았다면? 단어의 의미를 존중할 줄 아는 어느 의원이 나서서, 헌법에 모순되는 몰상식한 조처를 달변으로 따끔히 혼내줬다면 그 조항은 삭제되었을 것이다.

법인의 저작권이 미국에 이어 전 세계의 법에 뿌리내리지 못했다면 어떻게 됐을까? 20세기에 엔터테인먼트 및 소프트웨어 업계가 특정한 구조를 통해 큰 발전을 이루었기 때문에, 다른 환경을 가정하고 그 실제 결과를 헤아리기는 쉽지 않다. 그러나 영화 제작사, 텔레비전 프로그램 제작사, 워너 뮤직, 구글이 하룻 밤 사이에 망할 리는 없다. 18세기 런던의 서적출판업자 조합이 그랬듯, 법이 그런 식으로 바뀌면 자기들이 망할 거라고 주장하 겠지만 말이다. 법인의 저작권이 없어지면 콘텐츠 산업은 비즈 니스 모델을 수정할 수밖에 없고, 지금의 힘을―전부는 아니더 라도―일부 잃게 될 것이다. 기업이 자금을 대고 배포하는 저작 물의 창작자는 더 많은 돈을 벌지는 못하겠지만, 매콜리가 말한 '돈주머니를 찬 자들'과 '머리 좋은 자들'이 누리는 명성과 통제 력의 균형에는 큰 변화가 생길 것이다.

이 세 가지 가정대로 저작권이 얼마 전의 모습으로 돌아간다 면, 여기저기서 아우성이 빗발칠 것이다. 로비 단체, 대변인, 정 치인, 은행가 들은 우리가 아는 세상이 종말을 맞으리라 경고할 것이다. 어쨌든 많은 사람들이 변화를 좋아하지 않는 건 사실이 고, 편한 돈벌이를 막는 변화라면 더더욱 그렇다. 그러나 이런 고통의 비명은 상상력 부족을 증명해 보일 뿐이다. 현존하는 창 작자에게 얼마간의 지원을 해준다는 저작권의 본래 목적으로 돌아간다면 덜 불평등한 새로운 시대가 열리기 시작할 것이다.

저작권은 말로 이루어진 구조물로, 장황하고도 복잡한 은유 와 이중적 의미에 의존한다. 그래서 여타 사회적 구조물처럼 언 제든 변화할 수 있지만 변화가 더 쉬운 것도 아니다. 저작권은 이미 여러 번의 수정과 조정을 거쳤다. 이제 바람직한 법의 변화 에 대해 폭넓게 토론할 때가 왔다. 15세기의 베네치아가 끌어들 이고 칭찬하고 보호하려 했던 '재간 많고 영리한 사람들'을 합당

하게 지원해주면서도 전 세계의 일반 대중에게 이득이 될 수 있
는 길을 찾아야 한다.

　너무 많은 걸 기대하는 건 어리석은 짓이겠지만, 두 손 놓고
있는 건 미친 짓이다.

참고 문헌

법률 및 협약

John of Speyer's Printing Privilege (Venice), September 18, 1469, from P.S.C.

Statute on Industrial Brevets (Venice), March 19, 1474, from P.S.C.

Monopolies Act (U.K.), 1624. Full title: *An Act concerning Monopolies and Dispensations with Penal Laws and the forfeitures thereof*, 21 Jac.I, c.3

Licensing of the Press Act (U.K.), 1662. Full title: *An Act for Preventing Abuses in Printing Seditious, Treasonable, and Unlicensed Books and Pamphlets, and for Regulating of Printing and Printing Presses*, 13 & 14 Car.II, c.33

Statute of Anne (U.K.), 1710. Full title: *An Act for the Encouragement of Learning by Vesting the Copies of Printed Books in the Authors or Purchasers of such Copies, During the Times therein mentioned*, 8 Anne, c.19

Regulation of Paris Printers (France), 1725. Full title: *Arrêt du conseil portant règlement sur le fait de la librairie et imprimerie*

Hogarth's Act (U.K.), 1735. Full title: *An Act for the encouragement of the arts of designing, engraving, and etching historical and other prints, by vesting the properties thereof in the inventors and engravers, during the time therein mentioned*, 8 Geo. II, c.13

Decree on book privileges (France), August 30. 1777. Full title: *Arrest du Conseil d'État du Roi, Portant Règlement sur la durée des Privilèges en Librairie*

Calico Printers' Act (U.K.), 1787. Full title: *An Act for the Encouragement of the Arts of designing and printing Linens, Cottons, Callicoes, and Muslins, by vesting the Properties thereof, in the Designers, Printers and Proprietors, for a limited time*, 27 Geo.III, c.38

Copyright Act (U.S.)., 1790: *An Act for the encouragement of learning, by securing the copies of maps, Charts, And books, to the authors and proprietors of such copies, during the times therein mentioned*

Le Chapelier Decree on Dramatic Authors' Property, (France), 1791: *Loi du 13 janvier relative aux spectacles, Loi et Actes du gouvernement*, vol. II, p. 343

Lakanal Law on Literary Property (France), July 19, 1793. Full title: *Décret de la Convention Nationale relatif aux droits de propriété des Auteurs d'écrits en tout genre, des Compositeurs de musique, des Peintres et des Dessinateurs*

Models and Busts Act (U.K.), 1798: *An Act for Encouraging the Art of Making New Models and Casts of Busts* 38 Geo. III, c.71

Statute on Censorship (Russia), May 4 (N.S.), 1828. *Polnoe Sobranie Zakonov*, Part II, vol. 3, 1828

International Copyright Act (U.K.), 1838, 1 & 2 Vict. c.59

French International Copyright Act, 1852. Full title: *Rapport et Decret sur la Contrefaçon d'Ouvrages étrangers.*

Fine Art Copyright Act (U.K.), 1862, 25 & 26 Vict., c.68

Copyright Act (U.S.), 1870. Full title: *An Act to revise, consolidate, and amend the Statutes relating to Patents and Copyrights*, 16 Stat. 198

Patent Law (Germany), 187. Full title: *Patentgesetz vom 25. Mai 1877* Paris Convention for the Protection of Industrial Property, 1883, 25 Stat. 1372; Treaty Series 379

Patent Law (Switzerland), 1888. Full title: *Bundesgesetz betreff end die Erfi ndungspatente vom 29. Juni 1888*, BBl 1888 III 719

Berne Convention, 1886; Full title: *Berne Convention for the Protection of Literary and Artistic Works*

International Copyright Act (U.S.), (the "Chace Act"), 1891. Full title: *An act to amend title sixty, chapter three, of the Revised Statutes of the United States, relating to copyright*, 26 Stat. 1106

Copyright Reform Act (U.S.), 1909. Full title: *An Act to Amend and Consolidate the Acts respecting Copyright*, US Stat 60 – 349

Patent Law (Holland), 1910. Full title: *Patent Act of the Kingdom of Netherlands of November 7*, 1910

Buenos Aires Agreement, 1911. Full title: *Copyright convention between the United States and other American Republics, signed at Buenos Aires, August 11, 1910*

Copyright Act (U.K.), 1911. Full title: *An Act to amend and consolidate the Law relating to Copyright*, Geo.6 5 (1911) c.46

Copyright Act (U.S.S.R.), 1925: Central Executive of the USSR, *Osnovi avtorskova prava.*

Universal Copyright Convention, United Nations Registration no. 2937, 1952

Geneva Convention for the Protection of Producers of Phonograms Against Unauthorized Duplication of their Phonograms, 1971, 25 U.S.T. 309

Sound Recording Act (U.S.), 1971, 85 Stat. 39

Copyright Act (U.S.), 1976, 90 Stat. 2541

Commission on New Technological Uses of Copyrighted Works (C.O.N.T.U.) (U.S.), Final Report July 31, 1978

Celebrities Rights Act (California), 1986, Cal. Civil Code §3344 and §3344.1

Copyright, Designs and Patents Act (U.K.), 1988, 1988 c.48

Copyright Law of the People's Republic of China, September 7, 1990

Code la Propriété Intellectuelle (France), July 1, 1992, Law no. 92-597

Agreement on Trade-Related Aspects of Intellectual Property Rights (T.R.I.P.S.), 1994, annex 15 to the Agreement Establishing the World Trade Organization

Communications Decency Act (C.D.A.) (U.S.), 1996. Full title: *Telecommunications Act of 1996*, s. 652

Digital Millennium Copyright Act (D.M.C.A.) (U.S.), 1998, 112 Stat. 2860

Copyright Term Extension Act (C.T.E.A.) (U.S.), 1998 (the "Sonny Bono" Act), 112 Stat. 2827

Chavez Bill (California), 2006. Full title: *An act to amend Section 51871.5 of the Education Code, relating to education technology*, AB 307

Image Rights (Bailiwick of Guernsey) Ordinance, 2012

Right of Publicity Law (New York), May 29, 2021 (New York Civil Rights Law §50, §51)

판례

Andy Warhol Found. For the Visual Arts, Inc. v. Goldsmith, 992 F. 3rd 99 (2nd Cir. 2021)

Andy Warhol Foundation for the Visual Arts, Inc. v. Goldsmith, 598 U.S. ___, (2023)

Authors Guild v. Google, 721 F.3d 132 (2nd Cir. 2015)

Bach v. Longman (1777) 98 Eng. Rep. 1274; 2 Cowp. 623; 1 Chit. 26 (Gr. Brit.)

Baigent & Another v. Random House Group, [2007] E.W.C.A. (Civ) 247

Baker v. Selden, 101 U.S. 99 (1880)

Barclays Capital v. Thefl yonthewall.com, 650 F.3d 876 (2nd Cir. 2011)

Bleistein v. Donaldson Lithographing, 188 U.S. 239 (1903)

Bogart v. Burberry, Case no. CV12-4491-CAS (CWx) (C.D. Cal. Jun. 14, 2012)

Bridgeman Art Library v. Corel, 36 F. Supp. 2d 191 (S.D.N.Y. 1999)

Brown v. Perdue, 177 F. Appendix 121 (2006)

Burnet v. Chetwood (1721) 35 Eng. Rep. 1008; 2 Mer. 441 (Gr. Brit.)

Campbell v. Acuff-Rose Music, 510 U.S. 569 (1994)

Cariou v. Prince, 714 F.3d 694 (2nd Cir. 2013)

Christian Louboutin v. Yves Saint Laurent America, 778 F. Supp 2d 445 (S.D.N.Y 2011)

Christian Louboutin v. Yves Saint Laurent America, 709 F. 3d 140 (2nd Cir. 2013)

Davis v. Electronic Arts, 775 F.3d 1172 (9th Cir. 2015)

De Berenger v. Wheble (1819) 171 Eng. Rep. 732; 2 Stark. 548 (U.K.)

Donaldson v. Beckett (1774) 1 Eng. Rep. 837; 2 Brown's P.C. 129; 98 Eng. Rep. 257; 4

Burr. 2408 (Gr. Brit.)

DVD Copy Control Ass'n v. Bunner, 10 Cal. Rptr. 3d 185 (Cal. Ct. App. 2004)

Eldred v. Ashcroft, 537 U.S. 186 (2003)

Emerson v. Davies, 8 F. Cas. 615 (C.C.D. Mass. 1845) (No. 4436)

Feist Publications v. Rural Telephone Service, 499 U.S. 340 (1991)

Folsom v. Marsh, 9 F. Cas. 342 (C.C.D. Mass. 1841) (No. 4901)

Google LLC v. Oracle America, 593 U.S. ___ (2021)

Gramophone Co. v. Stephen Cawardine (1934) 1 Ch. 450 (U.K.)

Gyles v. Wilcox (1740) 26 ER 489

Hall v. Swift, 782 F. App'x 639 (9th Cir. 2019)

Hofheinz v. A & E Television Networks, 146 F. Supp. 2d 442 (S.D.N.Y. 2001)

International News Service v. Associated Press, 248 U.S. 215 (1918)

Judi Boisson v. Banian, 273 F.3d 262 (2d Cir. 2001)

Le Roy v. Tatham, 55 U.S. 14 How. 156 (1852)

Litchfield v. Spielberg, 736 F.2d 1352 (9th Cir. 1984)

Lugosi v. Universal Pictures, 25 Cal. 3d 813, 603 P.2d 425 (1979)

Mazer v. Stein, 347 U.S. 201 (1954)

Millar v. Taylor (1769) 98 Eng. Rep. 201; 4 Burr. 2303 (Gr. Brit.)

Nichols v. Universal Pictures, 45 F. 2d 119 (1930)

O'Reilly v. Morse, 56 U.S. 15 How. 62 (1853)

Pavesich v. New England Life Insurance, 122 Ga. 190, 50 S.E. 68 (1905)

Perfect 10, Inc. v. Google, Inc., 508 F.3d 1146 (9th Cir. 2007)

R. v. Closs (1857) Dearsley & B. 460; 27 LJMC 54 (U.K.)

Rearden v. The Walt Disney Company, nos. 3:17-cv-04006, 04191 & 04192 (N.D. Cal.)

Rogers v. Koons, 960 F.2d 301 (2d Cir. 1992)

Salinger v. Colting, 607 F.3d 68 (2d Cir. 2010)

Shenzhen Tencent Computer System v. Shanghai Yingxun Technology (2019) Yue 0305 Min Chu 14010) ((2019) 0 305 14010) on Nov. 25, 2019

Silvertop Assocs. v. Kangaroo Mfg., 931 F.3d 215 (3rd Cir. 2019)

Société Plon v. Pierre Hugo, 04-15.543 Arrêt n° 125 (Jan. 30, 2007)

Solomons v. United States, 137 U.S. 342 (1890)

Sony Corp. of America v. Universal City Studios, 464 U.S. 417 (1984)

Stowe v. Thomas, 23 F. Cas. 201 (C.C.E.D. Pa. 1853) (No. 13,514)

Suntrust Bank v. Houghton Mifflin, 268 F.3d 1257 (11th Cir. 2001)

Universal City Studios v. Reimerdes, 273 F.3d 429 (2nd Cir. 2001)

Wal-Mart v. Samara, 529 U.S. 205 (2000)

Walter v. Steinkopff, [1892] 3 Ch. 489

Whimsicality v. Rubie's Costumes, 721 F. Supp. 1566 (E.D.N.Y. 1989)

White-Smith v. Apollo, 209 U.S. 1 (1908)

도서

Adam, Alexander, *The Principles of Latin and English Grammar*, Edinburgh, 1772

Alexander, Isabelle, "The Genius and the Labourer: authorship in eighteenth- and nineteenth-century copyright law", pp. 300 – 8 in Lionel Bently, Jennifer Davis and Jane Ginsburg, *Copyright and Piracy: An Interdisciplinary Critique*, Cambridge, Cambridge University Press, 2010

Alford, William, *To Steal a Book Is an Elegant Off ense: Intellectual Property Law in Chinese Civilization*, Stanford, Stanford University Press, 1995

Anon., *La Propriété littéraire sous le régime du domaine public payant*, Paris, Hachette, 1853

Anon., *The Deipnosophists, or Banquet of the Learned of Athenaeus*, London, Bohn, 1854

Arago, François, *Rapport sur le Daguerréotype*, 1839

Baker, Dean, *Is Intellectual Property the Root of All Evil?* Utah Conference on Patents, Copyright and Inequality, 2018

Baldwin, Peter, *The Copyright Wars. Th ree Centuries of Transatlantic Battle,* Princeton, Princeton University Press, 2014

Balzac, Honoré de, *Illusions perdues* (1842), ed. Antoine Adam, Paris, Classiques Garnier, 1961

Barnes, James, and Patience Barnes, *Hitler's Mein Kampf in Britain and America: A publishing history, 1930–39*, Cambridge, Cambridge University Press, 1980

Bellos, David, "Literary Quotations in *La Vie mode d'emploi*", *French Studies* 41.2 (1987), pp. 181 – 94

Bellos, David, *The Novel of the Century*, London, Penguin, 2017

Boileau, *Art poetique* (1674), Paris, Larousse, 1972

Bowker, R.R., *Copyright, its history and law*, New York, Houghton Miffl in, 1912

Boyle, James, *Shamans, Soft ware, and Spleens: Law and the Construction of the Information Society*, Cambridge MA, Harvard University Press, 1996

Boyle, James, *The Public Domain: Enclosing the Commons of the Mind*, New Haven, Yale University Press, 2008

Bracha, Oren, *Owning Ideas: The Intellectual Origins of American Intellectual Property, 1790–1909*, Cambridge, Cambridge University Press, 2016

Bradford, L. R., "Inventing Patents: A Story of Legal and Technical Transfer", *West Virginia Law Review*, 118.1 (2015), pp. 276 – 326

Breyer, Stephen, "The Uneasy Case for Copyright: A Study of Copyright in Books, Photocopies and Computer Programs", *Harvard Law Review*, vol. 84, no. 2, 1970

Brown, Gregory S., and Donald C. Spinelli, "The *Société Des Auteurs Dramatiques*, Beaumarchais and the *Mémoire Sur La Préface de Nadir*", *Romance Notes* 37.3, pp. 239 – 49

Burger, Peter, "The Berne Convention. Its History and Its Key Role in the Future", *Journal of Law and Technology* 3 (1988), pp. 1 – 69

Chafee, Zechariah, "Refl ections on the Law of Copyright", *Columbia Law Review*, 45.4, (1945), pp. 503 – 29 and 719 – 38

Clutton-Brock, Juliet, "George Garrard's Livestock Models", *Agricultural History Review*, 24.1 (1976), pp. 18 – 29

Compagnon, Antoine, *La Seconde main, ou le travail de la citation*, Paris, Le Seuil, 1979

Condorcet (Nicolas de Caritat, marquis de Condorcet), "Fragment sur la liberte de la presse" (1776), in *OEuvres complètes de Condorcet*, vol. 9

Constant, Charles, *Union internationale pour la protection des oeuvres littéraires et artistiques*, Paris, Kugelman, 1897

Croskey, Robert, *The Legacy of Tolstoy*, Seattle, University of Washington Press, 2008

Cummings, Alex Sayf, *Democracy of Sound: Music Piracy and the Remaking of American Copyright in the Twentieth Century*, Oxford, Oxford University Press, 2013

Dabhoiwala, Faramierz, "The Appropriation of Hogarth's Progresses", *Huntington Library Quarterly*, 75.4 (2013), pp. 577 – 95

Darch, Colin, "Intellectual Property Rights and their Diff usion Around the World", in Mat Callahan and Jim Rogers (eds), *A Critical Guide to Intellectual Property*, London, Zed, 2017, pp. 33 – 55

Darnton, Robert, and Daniel Roche, *Revolution in Print: The Press in France, 1775–1800*, Berkeley, University of California Press, 1989

David, Paul A., "The Evolution of Intellectual Property Institutions and the Panda's Th umb", Paper given at the International Economic Association, Moscow, 1992

Davies, Gillian, *Copyright and the Public Interest*, Munich, Max Planck Institute for Foreign and International Patent, Copyright and Competition Law, 1994

Debord, Guy, *Society of the Spectacle* (1967), Detroit, Black and Red, 1970

Decherney, Peter, "Gag Orders. Comedy, Chaplin and Copyright", in Paul K. Saint-Amour (ed.), *Modernism and Copyright*, Oxford, Oxford University Press, 2011

Decherney, Peter, *Hollywood's Copyright Wars: From Edison to the Internet*, New York, Columbia University Press, 2012

Defoe, Daniel, *An Essay on the Regulation of the Press*, 1704

Defoe, Daniel, article in *Review*, issue 130 (February 4, 1710), in Defoe, Works, London, Pickering and Chatto, 2008, vol. 6

Dickens, Charles, *The Public Readings*, ed. Philip Collins, Oxford, Oxford University Press, 1975

Diderot, Denis, *Lettre Sur Le Commerce de La Librairie* (1761), Paris, Hachette, 1861

Durantaye, Katarina de la, "The Origins of the Protection of Literary Authorship in Ancient Rome", *Boston University International Law Journal* 25.1, 2007

Feather, John, "The Book Trade in Politics: The Making of the Copyright Act of 1710",

Publishing History 8 (1980)

Feather, John, *Publishing, Piracy and Politics: An Historical Study of Copyright in Britain*, Mansell, 1994

Fine, Richard, "American Authorship and the Ghost of Moral Rights", *Book History*, vol. 13, 2010, pp. 218 – 50

Fisher, William, "Theories of Intellectual Property" (2000), in Stephen Munzer, ed., *New Essays in the Legal and Political Theory of Property*, Cambridge University Press, 2001

Fisk, Catherine L., "Authors at Work: The Origins of the Work-for-Hire Doctrine", *Yale Journal of Law and the Humanities*, vol. 15, 2003

Foucault, Michel, *What Is an Author?* (1969), trans. Josue Harari

Fournel, Paul, *Dear Reader*, London, Pushkin Press, 2014, trans. David Bellos

Fox, Harold G., *Monopolies and Patents*, Toronto, Toronto Press, 1947

Frantsvog, Dean, "All Rights Reversed: A study of copy-left, open-source and opencontent licensing", *Contemporary Issues in Education Research* 5.1 (2012): 15

Frumkin, M., "The Origin of Patents", *Journal of the Patent and Trademark Office Society 27* (1945), p. 143

Gaines, Jane M., *Contested Culture: The Image, the Voice and the Law*, Chapel Hill, University of North Carolina Press, 1991

Gillespie, Tarleton, "Characterizing Copyright in the Classroom: The Cultural Work of Antipiracy Campaigns", *Communication, Culture and Critique* 2.3 (2009), pp. 274 – 318.

Ginsburg, Jane, "From Hypatia to Victor Hugo and Larry and Sergey", *Journal of the British Academy* 1 (2013), pp. 71 – 94

Goldsmith, Kenneth, *Uncreative Writing*, New York, Columbia University Press, 2011

Griffi ths, Jonathan, "The U.K.'s Integrity Right and Freedom of Expression", pp. 212 – 43 in Jonathan Griffi ths and Uma Suthersanen (eds), *Copyright and Free Speech. Comparative and International Analyses*, Oxford, Oxford University Press, 2005

Gvosdev, Yuri, "Publishing and Book Distribution in the U.S.S.R.", *Library Quarterly* 28.4 (1958), pp. 269 – 76

Hartley, Alexander, "Beckett's Legal Scuffl es and the Interpretation of the Plays", *Journal of Modern Literature*, vol. 43, no. 3, 2020, pp. 132 – 49

Hesse, Carla, "Enlightenment epistemology and the Laws of Authorship in Revolutionary France", *Representations* 30 (1990)

Hesse, Carla, *Publishing and Cultural Politics in Revolutionary France, 1789–1810*, Berkeley, University of California Press, 1991

Hughes, Justin, "Locke's 1694 Memorandum", *Cardozo Arts and Entertainment Law Journal*, vol. 27, no. 2, 2010

Hugo, Victor, "Le Domaine Public Payant", in *Actes et paroles: depuis l'exil*, vol. 4, pp. 100 – 8

Hugo, Victor, letter to Gino Daelli, October 18, 1862

Hunter, David, "Copyright Protection for Engravings and Maps in Eighteenth- Century Britain", *The Library*, vol. 9, no. 2, 1987

Hyde, Lewis, *Common As Air: Revolution, Art and Ownership*, New York, Farrar, Straus and Giroux, 2010

Jaszi, Peter, and Patricia Aufderheide, *Reclaiming Fair Use: How to Put Balance Back in Copyright*, Chicago, University of Chicago Press, 2018

Jefferson, Ann, *Genius in France: An Idea and Its Uses*, Princeton, Princeton University Press, 2015

Johns, Adrian, *Piracy: The Intellectual Property Wars from Gutenberg to Gates*, Chicago, University of Chicago Press, 2009

Jung, Carl-Gustav, "On the psychology and pathology of so-called occult phenomena" (1902), in *Collected Works*, Pantheon, 1953, vol. 1.

Kant, Immanuel, "Von der Unrechtmassigkeit des Buchernachdrucks", *Berlinische Monatsschrift*, vol. 5, 1785, pp. 403 – 17

Keymer, Th omas, and Peter Sabor, *Pamela in the Marketplace*, Cambridge, Cambridge University Press, 2005

Kurtz, Leslie A., "Copyright: The Scenes a Faire Doctrine", *Florida Law Review*, vol. 79, 1989

Lessig, Lawrence, *Free Culture: How Big Media Uses Technology and the Law to Lock Down Culture and Control Creativity*, London, Penguin, 2004

Lethem, Jonathan, "The Ecstasy of Infl uence: A Plagiarism", *Harpers Magazine*, February 2007

Leval, P. N., "Toward a Fair Use Standard", *Harvard Law Review* 103 (1990), pp. 1105 – 36

Litman, Jessica, *Digital Copyright*, Ann Arbor, MI, Maize Books, 2017

London, Jack, *Martin Eden* (1909), London, Penguin Classics, 1993

Longinus, *On the Sublime*, trans. H.L. Havell, London, Macmillan, 1890

Los Angeles Copyright Society, *Copyright and Related Topics*, Berkeley, University of California Press, 1964

Lowenthal, David, "Forging the Past" in Mark Jones (ed.), *Fake? The Art of Deception*, London, British Museum, 1990, p. 17

Macaulay, Th omas Babington, *Speeches on copyright*, C. Gaston, 1914

Machlup, Fritz, and Edith Penrose, "The Patent Controversy in the Nineteenth Century", *Journal of Economic History* 10.1, May 1950

Mazower, Mark, *Governing the World: The History of An Idea, 1815 to the Present*, London, Penguin, 2012

Mazzone, Jason, *Copyfraud and Other Abuses of Intellectual Property Law*, Redwood City, CA, Stanford Law Books, 2011

McBride, Joseph, *Stephen Spielberg: A Biography*, Jackson, University of Mississippi Press, 2010

McGill, Meredith, "Copyright and Intellectual Property: The State of the Discipline", *Book History* 16 (2013), pp. 387 – 427

Monod, Sylvere, "Translating Dickens into French", in Anny Sadrin (ed.), *Dickens, Europe and the New Worlds*, London, Macmillan, 1999

Montagu, Alexandre, *Intellectual Property: Money and Power in a New Era*, New York, Westlaw, 2012

Mukaka, G.S. (ed.), *Reap What You Have Not Sown: Indigenous Knowledge Systems and Intellectual Property Laws in S. Africa*, Pretoria, Pretoria University Law Press, 2010

Netanel, Neil, *Copyright's Paradox*, Oxford, Oxford University Press, 2008

Nordhaus, William D., *Invention, Growth, and Welfare: A Theoretical Treatment of Technological Change*, Cambridge MA, M.I.T. Press, 1969

Patterson, Lyman R., *Copyright in Historical Perspective*, Nashville, Vanderbilt University Press, 1968

Perec, Georges, and Jacques Lederer, *Cher, tres cher, admirable et charmant ami···*, Paris, Sillage, 2019

Pfister, Laurent, *Privilege and Property, Essays on the History of Copyright*, Open Editions, 2013

Pravilova, Ekaterina, *A Public Empire: Property and the Quest for the Common Good in Imperial Russia*, Princeton, Princeton University Press, 2014

Proudhon, Pierre-Jean, *Les Majorats litteraires*, Brussels, Offi ce de Publicite, 1862

Rimmer, Mathew, "Damned to fame: the moral rights of the Beckett estate", *Incite*, May 2003

Ritter, Dominique, "Switzerland's Patent Law History", *Fordham Intellectual Property, Media and Entertainment Law Journal* 14.2 (2004), pp. 463 – 96

Roger-Ferdinand, "L'Aff aire Carmen Jones", *Revue internationale du droit d'auteur,* no. 8, 1955

Rooney, Sally, *Beautiful World, Where Are You?*, New York, Farrar, Straus and Giroux, 2021

Rose, Mark, *Authors and Owners: The Invention of Copyright*, Cambridge MA, Harvard University Press, 1993

Rose, Mark, *Authors in Court: Scenes from the Theater of Copyright*, Cambridge MA, Harvard University Press, 2016

Rothman, Jennifer E., *The Right of Publicity. Privacy Reimagined for a Public World,* Cambridge MA, Harvard University Press, 2018

Rousseau, Jean-Jacques, *Discourse on the Origin and Basis of Inequality among Men* (1755)

Rovere, Maxime, *How to Deal with Idiots (and stop being one yourself)*, London, Profi le Books, 2021

Sag, Matthew, "The Prehistory of Fair Use", *Brooklyn Law Review* 76.4 (2011)

Saint-Amour, Paul K., Michael Grodén, Carol Loeb Shloss and Robert Spoo, "James

Joyce: Copyright, Fair Use, and Permissions: Frequently Asked Questions", *James Joyce Quarterly* 44. 4 (2007), pp. 753 – 84

Saint-Amour, Paul K., *The Copywrights. Intellectual Property and the Literary Imagination*, Ithaca NY, Cornell University Press, 2003

Samuelson, Pamela, "The Story of *Baker v. Selden*", in Jane Ginsburg and Rochelle Dreyfuss (eds), *Intellectual Property Stories*, St Paul MN, Foundation Press, 2006

Seville, Catherine, *The Internationalisation of Copyright Law: Books, Buccaneers and the Black Flag in the Nineteenth Century*, Cambridge, Cambridge University Press, 2006

Sherman, Brad, and Lionel Bently, *The Making of Modern Intellectual Property Law: The British Experience, 1760–1911*, Cambridge, Cambridge University Press, 2008

Shōji, Yamada 山田 奨治, *"Pirate" Publishing: The Battle over Perpetual Copyright in Eighteenth Century England*, trans. Lynne Riggs, Kyoto, Nichibunken Monograph Series no. 13, 2012

Slauter, Will, *Who Owns the News?*, Stanford, Stanford University Press, 2019

Söderberg, Johan, *Hacking Capitalism: The Free and Open Source Soft ware Movement*, Abingdon, Routledge, 2007

Souriau, Etienne, *Les Deux cent mille situations dramatiques*, Paris, Flammarion, 1950

St. Clair, William, *The Reading Nation in the Romantic Period*, Cambridge, Cambridge University Press, 2004

Stahlberg, Christian, "Towards a New Paradigm in Justifying Copyright: An Universalistic-Transcendental Approach", *Fordham Intellectual Property, Media and Entertainment Law Journal*, 18.2 (2007)

Stoner, Robert, and Jessica Dutra, *Copyright Industries in the U.S. Economy: The 2020 Report*, International Intellectual Property Alliance

Streibich, Harold C., "The Moral Right of Ownership to Intellectual Property", *Memphis State University Law Review* 6 (1975), pp. 1 – 35

Székely, János, *Temptation* (*Kísértés*, 1946), trans. Mark Baczoni. New York, N.Y.R.B. Classics, 2020

Towse, Ruth, *Creativity, Incentive and Reward: An Economic Analysis of Copyright and Culture in the Information Age*, Cheltenham, Elgar, 2001

Vigny, Alfred de, "De Mlle Sedaine et de la propriété littéraire" (1841), in *OEuvres complètes*, Paris, Gallimard, Bibliothèque de la Pléiade, 1950, vol. 1, pp. 853 – 91

Wang, Fei-Hsien, *Pirates and Publishers: A Social History of Modern Copyright in China*, Princeton, Princeton University Press, 2019

Warburton, William, *An Enquiry into the Nature and Origin of Literary Property*, London, Flexney, 1762

Wilkins, William G., *Charles Dickens in America*, London, Chapman and Hall, 1911

Wood, Derek, "A State Pension for L.J.M. Daguerre for the Secret of His Daguerreotype Technique", *Annals of Science*, vol. 54, 1997, pp. 489 – 506

Woodmansee, Martha, "The Genius and Copyright: Economic and Legal Conditions for the Emergence of 'the Author'", *Eighteenth-Century Studies* 17.4 (1984), pp. 425 – 48

Woods, Michelle, *Translating Milan Kundera*, Cheltenham, Multilingual Matters, 2006

Xin, Guangwei, *Publishing in China: An Essential Guide*, Singapore, Cengage/Thomson, 2010

Young, Edward, *A Letter to the Author of Sir Charles Grandison (Conjectures on Original Composition)*, London, Millar and Dodsley, 1759

Young, Edward, *Über den Geist der Originalwerke*, Leipzig, Beygang, 1787

Zhao, Jianing, "Copyright Protection in Pre-modern China", unpublished paper, 2019

Zimmerman, Diane Leenheer, "The Story of *Bleistein v. Donaldson Lithographing Company*: Originality as a Vehicle for Copyright Inclusivity", pp. 77 – 109 in Jane Ginsburg and Rochelle Cooper Dreyfuss (eds), *Intellectual Property Stories*, St Paul MN, Foundation Press, 2006

미주

PSC는 『저작권에 관한 1차 자료(1450~1900년) [Primary Sources on Copyright(1450 - 1900)]』 (www.copyrighthistory.org)의 약칭이다. 영국 예술 인문학 연구회(U.K. Arts and Humanities Research Council)의 재정 지원으로 마련된 국제 문서 저장소로, 원본을 옮긴 내용과 해설이 수록되어 있다. 원 편집자들 그리고 이 자료에 정보와 해석을 계속 추가해온 전 세계 수많은 학자들에게 깊이 감사드린다.

1장

1 *New York Times*, December 15, 2021; 소니 뮤직 보도자료(2012년 12월 16일).

2 *Rearden v. Walt Disney Co.*, 2018.

3 *Shenzen Tencent v. Shanghai Yingxun Technology*, 2019; *China Justice Observe*r, October 30, 2020.

2장

4 Katharina de la Durantaye, "The Origins of the Protection of Literary Authorship in Ancient Rome", *Boston University International Law Journal* 25.1 (2007), p. 60.

5 같은 책, p. 61.

6 Harold C. Streibich, "The Moral Right of Ownership to Intellectual Property", *Memphis State University Law Review* 6 (1975), pp. 1~35, begins: "지식 재산권이라는 인격권은 신성하다. 언제나 존재했으며 언제까지나 존재할 것이다." 이런 유의 과장법은 법학 분야에서 흔히 볼 수 있다.

7 *The Deipnosophists, or Banquet of the Learned of Athenaeus*, London, Bohn, 1854, vol. III에서 처음 발견된 이 일화는 참고문헌 없이 그리고 일련의 학문적 차용 및 와전을 통해, 텍사스의 지식 재산권 로펌인 제프 윌리엄스 PLLC의 웹페이지와 온라인 백과사전들에 기재되어 있다. Colin Darch, "Intellectual Property Rights and their Diffusion Around the World", in Mat Callahan and Jim Rogers (eds), *A Critical Guide to Intellectual Property*, London, Zed, 2017, pp. 33~55는 시바리스에 관한 현대의 잘못된 생각을 상세히 반박한다.

8 Durantaye, "The Origins", pp. 68~72.

9 Ekaterina Pravilova, *A Public Empire: Property and the Quest for the Common Good in Imperial Russia*, Princeton, Princeton University Press, 2014, p. 216.

10 David Lowenthal, "Forging the Past", in Mark Jones (ed.), *Fake? The Art of Deception*, London, British Museum, 1990, p. 17.

11 Longinus, *On the Sublime*, trans. H. L. Havell, London, Macmillan, 1890, sections xii~xiii.

12 William Alford, *To Steal a Book Is an Elegant Off ense: Intellectual Property Law in Chinese Civilization*, Stanford, Stanford University Press, 1995, pp. 26, 28에 인용됨.

13 Durantaye, "The Origins", pp. 65~66.

14 Jonathan Lethem, "The Ecstasy of Influence: A Plagiarism", *Harpers Magazine*, February 2007.

15 Barbara Chase-Riboud, Joseph McBride, Steven Spielberg: *A Biography*, 1997에 인용됨. second edition, Jackson, University of Mississippi Press, 2010, p. 458.

16 William Warburton, *An Enquiry into the Nature and Origin of Literary Property*, Flexney, 1762, p. 10.

17 T. B. Macaulay, *Speeches on Copyright* 25, C. Gaston (ed.), 1914.

18 *International News Service v. Associated Press*, 1918, 소수 의견.

19 Jonathan Lethem, "The Ecstasy of Influence. A Plagiarism."

3장

20 L. R. Bradford, "Inventing Patents: A Story of Legal and Technical Transfer", *West Virginia Law Review*, vol. 118, no. 1, 2015, p. 315. 특히 이 논문은 현대 세계가 서양에서만 시작된 건 아니라는 사실을 일깨워주는 중요한 자료다.

21 PSC에서 전사 및 번역(약간의 수정), 2021년 7월 22일에 접속함.

22 PSC에서 전사 및 번역(축약), 2021년 7월 22일에 접속함.

23 Robert Wroth (1601), Harold G. *Fox, Monopolies and Patents*, Toronto, University of Toronto Press, 1947, p. 71에 인용됨.

4장

24 2020년 10월 28일에 마이클 워런과 제이미 갠절이 보도한 C.N.N. 뉴스, 2020년 4월 18일의 발언을 인용함. https://www.cnn.com/2020/10/28/politics/woodward-kushner-coronavirus-doctors/index.html, 2012년 7월 10일에 접속함.

25 Michel Foucault, "What Is an Author?", trans. Josu Harari, Soci t Fran aise de Philosophie, 1969.

26 Daniel Defoe, An Essay on the Regulation of the Press (1704), p. 21.

27 https://www.facebook.com/terms.php, 2022년 3월 7일에 접속함.

6장

28 János Székely, *Temptation (Kisértés*, 1946), trans. Mark Baczoni, New York, N.Y.R.D. Classics, 2020, pp. 98~99.

29 예를 들어, G. S. Mukaka (ed.), *Reap What You Have Not Sown: Indigenous Knowledge Systems and Intellectual Property Laws in S. Africa*, Pretoria, Pretoria University Law Press, 2010.

30 Daniel Defoe, *Review*, issue 130 (February 4, 1710), Daniel Defoe, Works, London, Pickering and Chatto, Vol. 6 (2008), p. 649에 인용됨.

31 Addison, *The Tatler*, issue 101(December 1, 1709), Mark Rose, *Authors and Owners: The Invention of Copyright*, Cambridge MA, Harvard University Press, 1993, p. 41에 인용됨.

7장

32 *Boileau, Art poétique* (1669~1674), 3~5행.

33 1984년에 열린 컴퓨터 해커 회의에서 스튜어트 브랜드의 연설, https://en.wikipedia.org/wiki/Information_wants_to_be_free.

34 「전도서」 1장 9절. "지금 있는 것은 언젠가 있었던 것이요, 지금 생긴 일은 언젠가 있었던 일이라. 하늘 아래 새것이 있을 리 없다."

35 Ann Jefferson, *Genius in France: An Idea and Its Uses*, Princeton, Princeton University Press, 2015, pp. 2~3.

36 Edward Young, *Über den Geist der Originalwerke*, Leipzig, Beygang, 1787.

37 *Son caractère se répand sur tout ce qu'il touche; & ses lumières s'élançant au-delà du passé & du présent, éclairent l'avenir: il devance son siècle qui ne peut que le suivre.*

8장

38   John Locke, *Memorandum* (1694 혹은 1695년); Justin Hughes, "Locke's 1694 Memorandum", *Cardozo Arts and Entertainment Law Journal*, vol. 27, no. 2, 2010, p. 558에 전재.

39   John Feather, *Publishing, Piracy and Politics: An Historical Study of Copyright in Britain*, London and New York, Mansell, 1994, p. 59에 실린 내용을 요약하여 현대식으로 수정한 것이다.

40   Daniel Defoe, "A Review", February 2, 1710; Ronan Deazley, "*Commentary* on the Statute of Anne", PSC에 인용됨.

41   Ronan Deazley, "Commentary on *Burnet v. Chetwood*", PSC.

42   *More Reasons Humbly Offered to the Honourable House of Commons*, 1710; Mark Rose, Authors and Owners: The Invention of Copyright, Cambridge MA, Harvard University Press, 1993, p. 44에 인용됨.

9장

43   William D. Nordhaus, *Invention, Growth, and Welfare: A Theoretical Treatment of Technological Change*, Cambridge MA, M.I.T. Press, 1969; William Fisher, "Theories of Intellectual Property" (2000), in Stephen Munzer, ed., *New Essays in the Legal and Political Theory of Property*, Cambridge, Cambridge University Press, 2001, p. 5에 인용됨.

44   Christian Stahlberg, "Towards a New Paradigm in Justifying Copyright: An Universalistic-Transcendental Approach", *Fordham Intellectual Property, Media and Entertainment Law Journal*, 18.2 (2007), p. 23.

45   *Authors Guild v. Google*, U.S. Court of Appeals, Second Circuit, 2015.

46   J. Feather, "The Book Trade in Politics: The Making of the Copyright Act of 1710", *Publishing History*, 8 (1980), p. 37.

47   L. R. Patterson, *Copyright in Historical Perspective*, Nashville, Vanderbilt University Press, 1968, p. 150.

48   Ronan Deazley, "Commentary on the Statute of Anne", PSC.

49   https://d16dqzv7ay57st.cloudfront.net/uploads/2018/06/ALCS-Authors-earnings-2018.pdf. 2021년 7월 20일에 접속함.

50   Gwendolin Vollat, *Auteurs du livre affiliés à l'Agessa: dégradations des perspectives de revenu au fi l des générations*, Paris, Ministère de la Culture, 2016.

51   Ruth Towse, *Creativity, Incentive and Reward: An Economic Analysis of Copyright and Culture in the Information Age*, Cheltenham, Elgar, 2001, p. 60.

52   Maxime Rovere, *How to Deal with Idiots (and stop being one yourself)*, London, Profi le Books, 2021 trans. David Bellos.

53   Stephen Breyer, "The Uneasy Case for Copyright: A Study of Copyright in Books, Photocopies and Computer Programs", *Harvard Law Review*, vol. 84, no.

2, 1970, pp. 285, 287, 289.

54 "Eurostat Statistics Explained", https://ec.europa.eu/eurostat/statistics-explained/index.php?title=R%26D_expenditure&oldid=551418#R.26D_expenditure_by_source_of_funds, 2022년 6월 28일에 접속함.

55 National Science Foundation, *Federal R&D Funding, by Budget Function: Fiscal Years 2019–21* (NSF 21-315), Table 23, February 22, 2021, https://ncses.nsf.gov/pubs/nsf21315.

56 미국 특허 번호 7058628B1(2006년 6월에 승인됨)의 '정부 지원 관련 성명'.

57 Sheryl Stolberg, Rebecca Robbins, "Moderna and U.S. at Odds Over Vaccine Patent Rights", *New York Times*, November 9, 2021.

58 James Boyle, *The Public Domain: Enclosing the Commons of the Mind*, New Haven, Yale University Press, 2008, pp. 205~229.

59 https://www.pharmacychecker.com/askpc/pharma-marketing-research-development/#!, 2021년 7월 24일에 접속함.

60 https://www.wipo.int/edocs/mdocs/mdocs/en/wipo_gc_ip_ge_16/wipo_gc_ip_ge_16_brief.pdf에 실린 WIPO(세계 지식 재산권 기구)의 보고서를 참고하라.

61 Georges Perec, *Cher, très cher, admirable et charmant ami⋯*, Paris, Sillage, 2019, p. 143.

62 Zechariah Chafee, "Reflections on the Law of Copyright", *Columbia Law Review*, vol. 45, no. 4, 1945, p. 508.

63 Los Angeles Copyright Society, *Copyright and Related Topics*, Berkeley, University of California Press, 1964, p. 6.

10장

64 Carla Hesse, "Enlightenment Epistemology and the Laws of Authorship in Revolutionary France", *Representations* 30 (1990), p. 111.

65 Abbé d'Aubignac, T*roisième dissertation concernant le poëme dramatique en forme de remarques sur la tragédie de M. Corneille* (Paris, 1663), pp. 11~12; Martin Kretschmer, Lionel Bently and Ronan Deazley (eds), *Privilege and Property: Essays on the History of Copyright*, Cambridge, Open Editions, 2013, p. 16에서 로랑 피스터(Laurent Pfister)가 인용함.

66 https://gallica.bnf.fr/ark:/12148/bpt6k70445g/f2.item. 서로 다른 국가에서 인쇄되었다고 하는 네 가지의 다른 초판이 존재하는 것으로 알려져 있다.

67 Aubry, *Mémoire sur la contestation qui est entre les libraires de Paris et ceux de Lyon au sujet des privilèges et des continuations que le Roy accorde*, Bibliothèque Nationale de France, Manus. Fçs. 22071, n. 177; Pfister, "Author and Work in the French Print Privileges System", in *Privilege and Property*, p. 18에 인용됨.

68 *Mémoire de Louis d'Héricourt à Monseigneur le Garde des Sceaux* (1725), PSC에 실려 있음.

69 *Denis Diderot, Lettre sur le commerce de la librairie* (1761), Paris, Hachette, 1861, p. 16.

70 PSC의 Luneau de Boisjermain (1770) 항목을 참고하라.

71 *Arrest du Conseil d'État du Roi Portant Règlement sur la durée des privilèges en librairie, August 30*, 1777; PSC를 참고하라.

11장

72 Condorcet, "Fragment sur la libert de la presse" (1776), *Œuvres complètes de Condorcet*, vol. 9, p. 309.

73 Jean-Jacques Rousseau, *Discourse on the Origin and Basis of Inequality among Men* (1755), Part II, trans. David Bellos.

74 Immanuel Kant, "Von der Unrechtmässigkeit des Büchernachdrucks", *Berlinische Monatsschrift*, vol. 5, 1785, pp. 403~417.

75 Gaius, *Institutiones* 2.12~14 (170 ce); Durantaye, "The Origins", p. 91에 인용됨.

12장

76 John Feather, *Publishing, Piracy and Politics: An Historical Study of Copyright in Britain*, London, Mansell, 1994, pp. 88~89에 근거함.

77 山田奬治 (Yamada Shōji), *"Pirate" Publishing: The Battle over Perpetual Copyright in Eighteenth Century England*, trans. Lynne Riggs, Kyoto, Nichibunken Monograph Series no. 13, 2012, pp. 7~9에 도널드슨의 출간 도서 목록이 실려 있다.

78 Yamada Shōji, *"Pirate" Publishing*, p. 52.

13장

79 David Hunter, "Copyright Protection for Engravings and Maps in Eighteenth-Century Britain", *The Library*, vol. 9, no. 2, 1987, p. 131에 인용됨.

80 Hunter, "Copyright Protection", p. 135.

81 *Bach v. Longman*, June 10, 1777; *English Reports*, p.172.

82 *New York Times*, December 17, 1996, 엘리자베스 버밀러(Elisabeth Bumiller)의 보도.

83 *New York Times*, February 9, 2016, 벤 시사리오(Ben Sisario)의 보도.

14장

84 John Nichols, *Biographical Anecdotes of William Hogarth* (London, 1782), pp. 32~33에 실린 로버트 월폴(Robert Walpole)의 발언; Faramierz Dabhoiwala, "The Appropriation of Hogarth's Progresses", *Huntington Library Quarterly*, vol. 75, no. 4, 2013, p. 579에 인용됨.

85 Thomas Keymer and Peter Sabor, *Pamela in the Marketplace*, Cam bridge, Cambridge University Press, 2005, 특히 2, 3, 5장을 참고하라.

86 Hunter, "Copyright Protection"에 좀 더 상세한 이야기가 담겨 있다.

87 Juliet Clutton-Brock, "George Garrard's Livestock Models", *Agricultural History Review*, vol. 24, no. 1, 1976, pp. 18~29

15장

88 이 주제를 다룬 다수의 흥미로운 책들 가운데 특히 다음의 저서를 추천한다. Robert Darnton and Daniel Roche, *Revolution in Print: The Press in France, 1775~1800*, Berkeley, University of California Press, 1989.

89 Charles Pancoucke, "Sur l'état actuel de l'imprimerie", *Mercure de France*, March 6, 1790, p. 38; Carla Hesse, *Publishing and Cultural Politics in Revolutionary France, 1789–1810*, Berkeley, University of California Press, 1991, p. 113에 인용됨.

16장

90 Diderot, *Lettre sur le commerce de la librairie*, pp. 39~40.

91 Paul Fournel, *Dear Reader*, trans. David Bellos, London, Pushkin Press, 2014, pp. 28~29.

92 Balzac, *Illusions perdues* (Lost Illusions) (1842), Paris, Garnier, 1961, p. 305. trans. David Bellos.

17장

93 Arrest du Conseil d'état privé du roi, September 14, 1761; PSC, "La Fontaine Case"를 참고하라.

94 Alfred de Vigny, "De Mlle Sedaine et de la propriété littéraire" (1841), in *Œuvres complètes*, Paris, Gallimard, Bibliothèque de la Pléiade, 1950, vol. I, pp. 853~891 (p. 857).

95 한 예로, *Livres-Hebdo*(August 2, 2021)에 실린 에마뉘엘 피에라(Emmanuel Pierrat)의 논평을 참고하라.

18장

96 *Millar v. Taylor*; Matthew Sag, "The Prehistory of Fair Use", *Brooklyn Law Review* 76.4 (2011), p. 1384에 인용됨.

97 *Folsom v. Marsh*, 1841.

98 Gregory S. Brown and Donald C. Spinelli, "*The Société des Auteurs Dramatiques,*

Beaumarchais and the Mémoire Sur La Préface de Nadir", *Romance Notes*, vol. 37, no. 3, pp. 239~249.

99　축약본에 관해서는 Charles Dickens, *The Public Readings*, ed. Philip Collins, Oxford, Oxford University Press, 1975를 참고하라.

100　Peter Decherney, "Gag Orders. Comedy, Chaplin and Copyright", in Paul K. Saint-Amour (ed.), *Modernism and Copyright*, Oxford, Oxford University Press, 2011, p. 136.

101　Decherney, "Gag Orders", p. 146.

102　Ibid., p. 151.

19장

103　Oren Bracha, *Owning Ideas: The Intellectual Origins of American Intellectual Property*, 1790 – 1909, Cambridge, Cambridge University Press, 2016, pp. 65, 67.

104　Alexander Adam, *The Principles of Latin and English Grammar*, Edinburgh, 1772.

105　*Emerson v. Davies*; Bracha, Owning Ideas, p. 69에 인용됨.

106　뒤에 이어지는 내용은 다음을 참고했다. Diane Leenheer Zimmerman, "The Story of *Bleistein v. Donaldson Lithographing Company*: Originality as a Vehicle for Copyright Inclusivity", in Jane Ginsburg and Rochelle Cooper Dreyfuss (eds), *Intellectual Property Stories*, St Paul MN, Foundation Press, 2006, pp. 77~109. 역사적·법적 정보와 설명이 아주 풍부하게 담겨 있다.

107　Ibid., p. 82.

20장

108　Catherine Seville, *The Internationalisation of Copyright Law: Books, Buccaneers and the Black Flag in the Nineteenth Century*, Cambridge, Cambridge University Press, 2006, p. 51.

109　David Bellos, *The Novel of the Century*, London, Penguin, 2017, p. 150.

110　Mark Mazower, *Governing the World: The History of An Idea, 1815 to the Present*, London, Penguin, 2012.

111　Victor Hugo, "Le Domaine Public Payant" (Congrès littéraire international, June 21, 1878), *in Actes et paroles: depuis l'exil*, vol. 4, pp. 100~108.

112　*Bulletin de l'Association littéraire et artistique internationale*, no. 5, July 1879, pp. 2~3.

113　Richard Wendorf, *Sir Joshua Reynolds: The Painter in Society*, Cambridge MA, Harvard University Press, 1996, pp. 90~91; Ronan Deazley, "Commentary on the 1862 Fine Arts Act", PSC에 인용됨.

114　R. C. Alberts, *Benjamin West: A Biography*, p. 109; Deazley, "Commentary"에 인

용됨.

115 *R. v. Closs*, 1857; Deazley, "Commentary"에 인용됨.

116 드 베랑제 대 웨블 재판(*De Berenger v. Wheble*), 1819년.

117 순수예술 법안에 관한 의회 토론에서 나온 연설, *Hansard*, vol. 165, p. 1891; Deazley, "Commentary"에 인용됨.

21장

118 Peter Baldwin, *The Copyright Wars: Three Centuries of Transatlantic Battle*, Princeton, Princeton University Press, 2014에 이 문제가 상세히 설명되어 있다.

119 Sylvère Monod, "Translating Dickens into French", in Anny Sadrin(ed.), *Dickens, Europe and the New Worlds, London, Macmillan*, 1999, pp. 231~232.

120 빅토르 위고가 기노 다엘리에게 보낸 서한(1862년 10월 18일). 위고 생전에 마지막으로 출판된 『레 미제라블』의 발문에 실려 있다.

121 이 수치는 http://portal.unesco.org/culture/en/ev.php의 *Index translationum*에서 볼 수 있다. 2022년 2월 8일에 접속함.,

22장

122 샌드위치 포장 방식에 특허가 발부되었다(미국 특허 번호 6245368, 2001년 6월 12일).

123 Adrian Johns, *Piracy: The Intellectual Property Wars from Gutenberg to Gates*, Chicago, University of Chicago Press, 2009, pp. 86~93에 이 사연이 아주 상세하게 기술되어 있다.

124 Johns, *Piracy*, pp. 250~251.

125 François Arago, *Rapport sur le Daguerréotype*, trans. David Bellos, July 3, 1839, p. 52. 사건의 전모를 보려면 다음을 참고하라. Derek Wood, "A State Pension for L J M Daguerre for the Secret of His Daguerréotype Technique", *Annals of Science*, vol. 54, 1997, pp. 489~506.

126 Fritz Machlup and Edith Penrose, "The Patent Controversy in the Nineteenth Century", *Journal of Economic History* 10.1, May 1950, pp. 1~29.

127 R. A. Macfie, "Notes of Speech of Mr. Macfie, M. P.," in William Armstrong et al., *Recent Discussions on the Abolition of Patents for Inventions in the United Kingdom, France, Germany, and the Netherlands*, London, Longmans, 1869, p. 63; Paul K. Saint-Amour, *The Copyrights: Intellectual Property and the Literary Imagination*, Ithaca, Cornell University Press, 2003, p. 57에 인용됨.

128 Johns, *Piracy*, pp. 275~258.

129 Machlup and Penrose, "The Patent Controversy in the Nineteenth Century", p. 3 and note 5에 인용됨.

130 Ibid., p. 6.

131   Paul K. Saint-Amour, "Committing Copyright: The Royal Copyright Commission of 1876 – 78", in *The Copywrights*, pp. 53~89.

23장

132   Ekaterina Pravilova, *A Public Empire: Property and the Quest for the Common Good in Imperial Russia*, Princeton, Princeton University Press, 2014, p. 220.

133   Ibid., p. 231.

134   Ibid., pp. 245~246.

135   Robert Croskey, *The Legacy of Tolstoy*, Seattle, University of Washington Press, 2008, pp. 8~21에 더 상세한 내용이 담겨 있다.

136   Paul K. Saint-Amour et al.,"James Joyce: Copyright, Fair Use, and Permissions: Frequently Asked Questions", *James Joyce Quarterly* 44. 4 (2007), pp. 753~784.

137   Alexander Hartley, "Beckett's Legal Scuffles and the Interpretation of the Plays," *Journal of Modern Literature*, vol. 43, no. 3, pp. 132~149.

138   Jack Valenti, *A Plea For Keeping Alive the U.S. Film Industry's Competitive Energy*: Hearings on S. 483 before the S. Judiciary Comm., 104th Cong. 1(1995).

139   *Washington Post*, March 28, 2001.

140   *Washington Post*, February 5, 2018.

24장

141   William G. Wilkins, *Charles Dickens in America*, London, Chapman & Hall, 1911, p. 94에 인용됨.

142   Mark Rose, *Authors in Court: Scenes from the Theater of Copyright*, Cambridge MA, Harvard University Press, 2016, pp. 36~63에 스토 대 토머스 재판(1853년) 이 상세히 기술되어 있다.

143   Jack London, *Martin Eden* (1909), London, Penguin Classics, 1993, p. 471.

144   James and Patience Barnes, *Hitler's* Mein Kampf *in Britain and America: A Publishing History, 1930–39*, Cambridge, Cambridge University Press, 1980.

25장

145   Catherine L. Fisk, "Authors at Work: The Origins of the Work-for-Hire Doctrine", *Yale Journal of Law and the Humanities*, vol. 15, 2003, p. 2.

146   1890년의 솔로몬스 대 미국 재판(Solomons v. U.S.)에서 대법원이 명시한 바 있다. Oren Bracha, *Owning Ideas*, p. 243을 참고하라.

26장

147 *Leroy v. Tatham*, 1853; Bracha, pp. 265~267에 인용되고 논의됨.

148 *O'Reilly v. Morse*, 1853.

149 *Baker v. Selden*, 101 U.S.; Pamela Samuelson, "The Story of *Baker v. Selden*", in Jane Ginsburg, Rochelle Dreyfuss (eds), *Intellectual Property Stories*, St Paul MN, Foundation Press, 2006, p. 177에 인용됨.

150 Samuelson, "The Story of *Baker v. Selden*", p. 178.

151 *Feist v. Rural*, 1991.

152 *Walter v. Steinkopff*, 1892; Will Slauter, Who Owns the News?, Stanford, Stanford University Press, 2019, p. 175에 인용됨.

153 *Barclays Capital v. Theflyonthewall.com*, 2008; 코린 맥셔리(Corinne McSherry) 가 eff.org에 보도함(2011년 6월 24일).

27장

154 켈러가 11살에 쓴 단편소설 「서리 임금님(The Frost King)」은 마거릿 T. 캔비의 「버디와 그의 요정 친구들(Birdie and his Fairy Friends)」과 유사한 점이 많다.

155 마크 트웨인이 헬렌 켈러에게 쓴 편지(1903년 3월 17일). 미국 시각장애인 재단 (American Foundation for the Blind)의 웹사이트에서 볼 수 있다.

156 Carl-Gustav Jung, "On the psychology and pathology of so-called occult phenomena" (1902), in Jung, *Collected Works*, vol. 1., New York, Pantheon, 1953.

157 Judge Eugene Wight, in *Litchfield v. Spielberg*, Ninth Circuit Court of Appeals, 1984.

158 Justice Smith, https://pinsentmasons.com/out-law/news/why-the-da-vinci-code-lawsuit-failed에 인용됨.

159 *Rogers v. Koons*, 1992; Alexandre Montagu, *Intellectual Property: Money and Power in a New Era*, Westlaw, 2012, pp. 26~27.

160 이제까지 사용된 모든 극적 줄거리를 정리해놓은 카탈로그까지 있다. Étienne Souriau, Les Deux cent mille situations dramatiques, Paris, Flammarion, 1950.

161 Leslie A. Kurtz, "Copyright: The Scenes a Faire Doctrine", *Florida Law Review*, vol. 79, 1989.

162 *Nichols v. Universal Pictures*, 1930.

28장

163 *Pavesich v. New England Life Insurance* (1905); Jennifer E. Rothman, *The Right of Publicity: Privacy Reimagined for a Public World*, Cambridge MA, Harvard University Press, 2018, p. 27에 인용됨.

164 *Lugosi v. Universal Pictures*, 1979.

165 *Davis v. Electronic Arts*, 2015.

166 *Bogart v. Burberry*, 2012.

167 Luke Baker, "Max Mosley wins Damages in Sex Privacy Case", Reuters, July 24, 2008.

168 BBC News, November 8, 2011.

169 Pinsent Masons, *Out-Law News*, June 28, 2004. https://www.pinsent-masons.com/out-law/news/princess-caroline-of-monaco-wins-privacy-ruling.

29장

170 Roger-Ferdinand, "L'Aff aire Carmen Jones", *Revue internationale du droit d'auteur*, no. 8, 1955, p. 12에 인용됨.

171 Richard Fine, "American Authorship and the Ghost of Moral Rights", *Book History*, vol. 13, 2010, pp. 218~250; Reuters report, December 18, 2008.

172 *New York Times*, December 7, 1989, 앨런 라이딩(Alan Riding)의 보도.

173 자세한 설명을 보려면 다음을 참고하라. Michelle Woods, *Translating Milan Kundera*, Bristol, Multilingual Matters, 2006

30장

174 처음의 두 용도는 '최초 판매 원칙(first-sale doctrine)'에 명시되어 있고, 나머지 두 가지는 비영리적 사용으로서 미국의 '공정 이용' 원칙에 따라 허용된다

175 *White-Smith v. Apollo*, 1908.

176 1909년 미국 저작권법 제1조(e). 이 조항은 수년간 무시되다시피 하다가 1976년에 폐지되었다.

177 '뇌물 수수' 스캔들, 그리고 음반 관련 저작권 문제의 개요에 관해서는 다음을 참고하라. Alex Sayf Cummings, *Democracy of Sound: Music Piracy and the Remaking of American Copyright in the Twentieth Century*, Oxford, Oxford University Press, 2013, pp. 132~123.

178 *Gramophone Co. v. Stephen Cawardine*, 1934.

31장

179 Copyright Office Circular no. 61, 1964 version.

180 *Eldred v. Ashcroft*, 2003. https://en.wikipedia.org/wiki/Eldred_v._Ashcroft.

32장

181 James Boyle, *The Public Domain*, pp. 26~27.

182 *Sun Trust Bank v. Houghton Mifflin*, 2001.

183 1988년 미국 저작권법 제80조; 프랑스 지식 재산권법전(CPI) 제L1212-1조.

184 Jonathan Griffiths, "The U.K.'s Integrity Right and Freedom of Expression", in Jonathan Griffiths and Uma Suthersanen (eds), *Copyright and Free Speech: Comparative and International Analyses*, Oxford, Oxford University Press, 2005, pp. 223~229.

185 Peter Jaszi and Röslein Aufderheide, *Reclaiming Fair Use: How to Put Balance Back in Copyright*, Chicago, University of Chicago Press, 2018.

33장

186 *Sony Corp. of America v. Universal City Studios*, 1984, 일명 '베타맥스 소송'.

187 *Universal v. Reimerdes, 1999; DVD Copy Control Association v. Bunner*, 2000

34장

188 Lawrence Lessig, *Free Culture: How Big Media Uses Technology and the Law to Lock Down Culture and Control Creativity*, London, Penguin, 2004, p. 117에 인용됨.

189 잭 밸런티, 제시카 다크넷(Jessica Darknet)과의 인터뷰, 2003년 11월.

190 White Paper on Intellectual Property and the National Information Infrastructure (the Lehman report) July 1994; Jessica Litman, *Digital Copyright*, Ann Arbor, Maize Books, 2017, pp. 93~99에 논의됨.

191 Jessica Litman, *Digital Copyright*, Ann Arbor, Maize Books, 2017, pp. 93, 99, note 3.

192 *Los Angeles Times*, May 3, 2005; *Seattle Times*, October 23, 2006 등 다수의 매체에 보도. 보이 스카우트는 2020년에 파산 신청을 했다.

193 MPAA/Junior Achievement, *What's the Diff? A guide to digital citizenship for volunteers and teachers*, 12; Tarleton Gillespie, "Characterizing Copyright in the Classroom: The Cultural Work of Antipiracy Campaigns", *Communication, Culture and Critique* 2.3 (2009), pp. 274~318에 인용됨.

194 Lewis Hyde, *Common As Air: Revolution, Art and Ownership*, New York, Farrar, Straus and Giroux, 2010, p. 8에 인용됨.

195 *Hall v. Swift* , 2019.

36장

196 *Whimsicality v.* Rubie's Costume Co, 1989.

197 *Yves Saint Laurent v. Christian Louboutin*, 2012.

198 한 예로 *Boisson v. Banian*, 2001.

199 *Walmart Stores v. Samara Bros*, 2000.

200 Gioia Diliberto, "Vive Le Knockoff ", *Los Angeles Times*, October 10, 2007.

201 *Silvertop Assocs. v. Kangaroo Mfg.*, 2018.

37장

202 Fei-Hsien Wang, *Pirates and Publishers: A Social History of Modern Copyright in China*, Princeton, Princeton University Press, 2019, pp. 21~23.

203 *International Comparative Legal Guides*, "China Report 2022".

204 Xin Guangwei, *Publishing in China: An Essential Guide*, Singapore, Cengage/ Thomson, 2010, encyclopedia.com에 인용됨.

38장

205 법무 통계국(Bureau of Justice Statistics)으로부터 입수한 정보(마크 모티번스 제공).

206 Jason Mazzone, *Copyfraud and Other Abuses of Intellectual Property Law*, Stanford, Stanford Law Books, 2011, pp. 9~10. 더 알려져야 마땅한 마조니의 훌륭한 저서가 이 장의 집필에 큰 도움이 되었다.

207 Paul K. Saint-Amour, *Modernism and Copyright*, 2011.

208 베르텔스만은 자회사인 펭귄 랜덤 하우스를 통해 여러 나라에서 320개 이상의 임프린트를 운영하며, 영어권 도서의 약 25퍼센트를 출판하고 있다.

209 *Bridgeman Art Library v. Corel*, 1999.

210 "Museums' fees for image reproduction", *The Times*, November 6, 2017, p. 34.

211 "Terms and conditions", para. B, https://www.artres.com.

212 1992년 스위스 저작권법 수정안, 2020년 4월 1일부터 시행. https://www.fedlex. admin.ch/eli/cc/1993/1798_1798_1798/en#fn-d6e181.

39장

213 Mazzone, *Copyfraud*, p. 19에 인용됨.

214 Lessig, *Free Culture*, pp. 95~97.

215 Jaszi and Aufderheide, *Reclaiming Fair Use. How to Put Balance Back in*

Copyright, Chicago, University of Chicago Press, 2018, p. 103.

40장

216 Guy Debord, *Society of the Spectacle* (1967), Detroit, Black and Red, 1970; D. Bellos, "Literary Quotations in *La Vie mode d'emploi*", *French Studies* 41.2 (1987), pp. 181~194.

217 Kenneth Goldsmith, "Uncreative Writing", 클럽 마마(Klub Mama) 강연, 2013; *Uncreative Writing*, New York, Columbia University Press, 2011.

218 Antoine Compagnon, *La Seconde main, ou le travail de la citation*, Paris, Le Seuil, 1979.

219 Goldsmith, "Uncreative Writing".

220 *Harvard Law Review* 103 (1990), pp. 1105~1136.

221 *American Geophysical Union v. Texaco Inc.* 일명 '텍사코 소송'. 텍사코는 항소했지만, 대법원 심리가 열리기 직전 소송 당사자들 간에 합의가 이루어졌다. 세부 내용에 관해서는 다음을 참고하라. https://fairuse.stanford.edu/texaco/settlement/.

222 *Campbell v. Acuff-Rose Music*, 1994.

223 *Hofheinz v. A&E Television Network*, 2001. 이 소송이 프랑스에서 진행되었다면, 명예와 명성을 보호받을 창작자의 권리(인격권)가 침해당했다는 판결이 내려졌을지도 모른다.

224 https://www.pinsentmasons.com/out-law/news/google-thumbnails-are-fair-use-says-court-of-appeals.

225 *Carou v. Prince*, 2013.

226 *Andy Warhol Found. for the Visual Arts, Inc., v. Goldsmith*, 2021.

227 *Andy Warhol Foundation for the Visual Arts, Inc. v. Goldsmith*, 598 U.S. _, (2023).

41장

228 Richard Barbrook, "The High-Tech Gift Economy", *Cybersociology Magazine*, 1998, https://www.cybersociology.com/files/5_barbrook.html에 2022년 2월 5일 접속함.

229 Johan Söderberg, *Hacking Capitalism: The Free and Open Source Software Movement*, Abingdon, Routledge, 2007, p. 153.

230 https://creativecommons.org/about/.

231 https://creativecommons.org/about/cclicenses/.

42장

232 Dean Baker, *Is Intellectual Property the Root of All Evil?* Utah Conference on

Patents, Copyright and Inequality, 2018, Table 2(2017년에 《포브스》가 발표한 '부
자 명단'에 근거함). https://www.cepr.net/images/stories/reports/ip-2018-10.
pdf.

233 Ibid., p. 14.

234 Robert Stoner and Jessica Dutra, *Copyright Industries in the U.S. Economy.
The 2020 Report*(IIPA를 위해 작성됨). https://www.iipa.org/files/
uploads/2020/12/2020-IIPA-Report-FINAL-web.pdf(2022년 2월 7일에 접속
함).

235 *Litman, Digital Copyright*, pp. 11~22.

43장

236 USC 18-956, p. 28. 오라클 대 구글 재판의 대법원 판결(2021년 4월 5일).

237 Lizzie Plaugic, "Spotify's Year in Music Shows How Little We Pay Artists", *The
Verge*, December 7, 2015, https://www.theverge.com/2015/12/7/9861372/
spotify-year-in-review-artist-payment-royalties, Baker, Is Intellectual Property
the Root of All Evil?, p. 6에도 인용됨.

238 *Rearden v. Walt Disney Co.*, 2018.

239 David Bagley, 비스텍스 블로그(Vistex Blog)에 작성(2021년 1월 11일), https://
www.vistex.com/blog/music/ai-generated-music-who-gets-the-royalties/.